Die Bibel

Das Alte und Neue Testament für Kinder erzählt

Mit ausführlichem Sachteil

Text bearbeitet von
Joaquín María García de Dios und María Menéndez-Ponte

Aus dem Spanischen von
Antoinette Gittinger und Renate Weitbrecht

Mit Bildern von
Rocío Martínez und Teresa Novoa

Lizenzausgabe der Ediciones SM, Madrid
Die spanische Originalausgabe erschien unter dem Titel »La Biblia. Historias de Dios«.
© Illustrationen im ersten Teil: Rocío Martínez und Teresa Novoa
© Text: Joaquín María García de Dios und María Menéndez-Ponte
© Ediciones SM und PPC
Textauswahl: Antonio Vázquez
Illustrationen im zweiten Teil:
Arturo Asensio, Fuencisla del Amo, Carlos Fernández, José Luis Navarro,
Carlos Puerta, Francisco Roa, Francisco Solé
Fotos:
Archiv SM; Luis Agromayor; Jesús G. Ullastres; PHOTONICA-COVER;
Yolanda Álvarez; J. M. Navia; PHOTOLINK

4. Auflage 2009
© Arena Verlag GmbH, Würzburg 2002
Alle Rechte der deutschen Ausgabe vorbehalten
Aus dem Spanischen von Antoinette Gittinger und Renate Weitbrecht
Umschlagillustration: Rocío Martínez
Umschlaggestaltung: Frauke Schneider
Gesamtherstellung: Westermann Druck Zwickau GmbH
ISBN 978-3-401-06540-3

Die Bibel

Die Bibel ist vermutlich das meistgelesene und am häufigsten übersetzte Buch der Welt. Die Bibel zu lesen, das ist wie eine Unterhaltung mit Gott.

In diesem Buch sind die schönsten Geschichten des Alten und Neuen Testaments zusammengefasst. Sie sind unterhaltsam geschrieben und mit reizvollen Illustrationen versehen. Mit ihnen kannst du bewegende Augenblicke erleben und Dinge aus einer Welt voller Geheimnisse erfahren. Die Geschichten erzählen das Leben der Vorläufer des Jesus von Nazaret, das von Jesus selbst und das seiner Anhänger, die sich entschlossen seinem Vorbild zu folgen und so zu leben wie er. Es sind Menschen wie du und ich, die eines Tages Gott begegnen und von deren Abenteuern, Reisen und Freundschaften berichtet wird. Der Hauptdarsteller all dieser Geschichten ist Gott, ein Gott, der Anteil nimmt, der die Menschen und die Welt, die er erschuf, liebt. Im Grunde handeln alle Geschichten, in deren Mittelpunkt die Liebe steht, von Gott.

Auf den letzten Seiten lernst du Palästina und die Orte kennen, in denen Jesus und seine Vorläufer gewirkt haben. Du erfährst auch, wie das Volk Gottes gelebt hat, welche Bräuche es pflegte, wie es sich kleidete und ernährte und noch viel mehr.
All das hilft dir diese Geschichten besser zu verstehen.

Dieses Buch wird dich immer begleiten.

Inhalt

Geschichten von Gott 6
Ein Streifzug durch das Alte Testament 8
Ein Streifzug durch das Neue Testament 10

DIE VORLÄUFER JESU 13

Gott erschuf die Welt 14
Gott erschuf Mann und Frau 18
Der Sündenfall und seine Folgen 20
Kain und Abel 22
Die Arche Noach 24
Babel und die Sprachverwirrung 28
Gott schließt ein Bündnis mit Abraham 30
Abrahams Opfer 34
Die Brüder Esau und Jakob 36
Josefs Träume 40
Die Träume des Pharaos 44
Josefs Brüder in Ägypten 48
Mose wird aus den Fluten gerettet 52
Mose kehrt nach Ägypten zurück,
um die Israeliten zu retten 56
Der Auszug der Israeliten aus Ägypten 60
Das Paschafest 62
Die Durchquerung der Wüste 64
Die Zehn Gebote und der Bund 66
Das Goldene Kalb und der neue Bund 68
Das Heiligtum und die Bundeslade 70
Testament und Tod des Mose 72
Israel zieht durch den Jordan 74
Die Eroberung Jerichos 76
Josuas Abschied und die
Erneuerung des Bundes 78
Debora rettet die Israeliten 80
Die Geschichte Gideons 82
Simson 84
Rut, die gute Schwiegertochter 88
Samuels Berufung 90
David wird zum König gesalbt 92
David und Goliat 94

Saul gegen David 98
Gottes Versprechen gegenüber David 100
Die Psalmen Davids 102
Salomos Vision 106
Das salomonische Urteil 108
Einweihung von Salomos Tempel 110
Tobits Unglück 112
Tobias' Reise 114
Die Hochzeit von Tobias und Sara 118
Tobias kehrt nach Hause zurück 122
Der König Artaxerxes und Ester 124
Die Geschichte von Daniel 128
Die Geschichte von Jona 134

JESUS VON NAZARET 139

Ein Engel verkündet die Geburt Jesu 140
Maria besucht Elisabet 142
Die Geburt Jesu 144
Die Weisen aus dem Morgenland 146
Die Flucht nach Ägypten und die
Rückkehr nach Nazaret 148
Jesus im Tempel 150
Die Taufe Jesu und die Versuchungen
in der Wüste 152
Jesus wählt seine Jünger aus 154
Jesus lehrt in der Synagoge 160
Eine Hochzeit in Kana 162
Die Bergpredigt 164
Das Gleichnis vom Sämann 166
Jesus hilft einer Witwe
und einem Hauptmann 168
Jesus heilt den Gelähmten vom Teich 170
Das Gleichnis vom Pharisäer
und vom Zöllner und das Gleichnis
vom unbarmherzigen Gläubiger 172
Jesus und die Aussätzigen 176
Jesus und Zachäus 178
Das Gleichnis vom guten Hirten
und das Gleichnis vom verlorenen Sohn . . . 180

Das Wunder von den Broten und den Fischen 184	
Jesus besänftigt den Sturm 186	
Jesus gibt sich seinen Jüngern als der Messias zu erkennen 188	
Der barmherzige Samariter 192	
Jesus und die Kinder 194	
Der Einzug in Jerusalem 196	
Jesus zahlt die Steuer an den Cäsar 198	
Jesus verzeiht einer Frau 200	
Jesus erweckt seinen Freund Lazarus wieder zum Leben 202	
Das letzte Abendmahl 206	
Jesus geht in einen Garten am Ölberg, um zu beten, und wird verhaftet 212	
Jesus wird Kajaphas vorgeführt 214	
Jesus wird von einem Gericht zum andern geschickt 216	
Jesus wird zum Tode verurteilt 218	
Jesus stirbt am Kreuz 220	
Jesus ist auferstanden! 222	
Jesus erscheint auf dem Weg nach Emmaus . 226	
Jesus erscheint seinen Jüngern 228	
Jesus erscheint am See 230	
Jesus fährt zum Himmel auf 234	

DIE ANHÄNGER JESU 237

Die Berufung des Matthias und der Pfingsttag 238
Das Leben der ersten Anhänger Jesu 242
Petrus heilt einen Gelähmten 244
Petrus und Johannes vor dem Hohen Rat . . . 246
Die Steinigung des Stephanus 248
Die Bekehrung eines Äthiopiers 250
Die Bekehrung des Saul 252
Die Befreiung des Petrus aus dem Gefängnis 256
Die ersten Reisen des Paulus 260
Paulus reist nach Philippi 264
Paulus reist nach Athen, Korinth und Ephesus . 268
Paulus wird in Jerusalem verhaftet 272
Paulus' Berufung beim römischen Kaiser . . . 274
Paulus' Reise nach Rom 276
Verzeichnis der zitierten Bibeltexte 280

IN BIBLISCHER ZEIT 283

Schauplätze des Alten Testaments 284
Vor 4000 Jahren 286
Ein von Gott erwähltes Volk 288
Das Volk Israel wandert nach Ägypten aus . . 290
Gott befreit die Israeliten aus der Sklaverei der Ägypter 292
Das Volk Israel im Gelobten Land 294
Die Könige Israels 296
Ein geteiltes, entwurzeltes Volk 298
Ein tiefreligiöses Volk 300
Die großen jüdischen Feste 302
Die jüdische Familie 304
Die Häuser in Jerusalem 306
Das Leben in den Dörfern 308
Das Essen in der Familie 310
Sitten und Bräuche des Volkes Israel 312
Orte, an denen sich Jesus aufhielt 314
Die Herrschaft der Römer 316
Die Gesellschaft zur Zeit Jesu 318
Jesus wird verfolgt 320
Die ersten Jünger Jesu 322
Die Botschaft Jesu verbreitet sich immer weiter 324
Christliche Symbole und Gebete 326
Das christliche Kirchenjahr
Die Bibel in der Kunst: das Alte Testament . . 330
Die Bibel in der Kunst: das Neue Testament . 332
Die Bibel im Film 334
Biblische Gestalten 336
Verzeichnis der Bibelbegriffe 339

Geschichten von Gott

Die Bibel ist das bekannteste Buch aller Zeiten. Sie berichtet von Gott, beschreibt, wie er ist und was er aus Liebe zu den Menschen tut. In der Bibel spricht vor allem Gott. Die Verfasser wurden von Gott inspiriert, als sie die mündlich überlieferten Geschichten aufschrieben.

Der Begriff »Bibel« kommt aus dem Griechischen und bedeutet »Bücher«. Die Bibel ist eine Sammlung von 73 Büchern, innerhalb von etwa tausend Jahren von 73 Autoren verfasst. Man kann sie mit einer kleinen Bibliothek vergleichen. Sie setzt sich aus zwei Teilen zusammen: dem Alten und dem Neuen Testament.

ALTES TESTAMENT

Es besteht aus 46 Büchern, die vor Christi Geburt verfasst wurden. Sie erzählen die Geschichte des Volkes Israel und berichten vom Bund, den Gott mit diesem Volk schloss.

DIE FÜNF BÜCHER DES MOSE

Es handelt sich um die fünf ersten Bücher der Bibel. Sie erzählen von der Erschaffung der Welt und des Menschen, von den Patriarchen und den Vorfahren des Volkes Israel. Sie berichten außerdem, wie Israel unter der Führung von Mose das Volk Gottes wurde.

> Das Buch Genesis
> Das Buch Exodus
> Das Buch Levitikus
> Das Buch Numeri
> Das Buch Deuteronomium

DIE BÜCHER DER GESCHICHTE DES VOLKES GOTTES

Es sind zwölf Bücher, die die Geschichte des Volkes Israel und seiner Beziehungen zu Gott erzählen.

> Das Buch Josua
> Das Buch der Richter
> Das erste Buch Samuel
> Das zweite Buch Samuel
> Das erste Buch der Könige
> Das zweite Buch der Könige
> Das erste Buch der Chronik
> Das zweite Buch der Chronik
> Das Buch Esra
> Das Buch Nehemia
> Das erste Buch der Makkabäer
> Das zweite Buch der Makkabäer

DIE BÜCHER DER LEHRWEISHEIT

Diese vier Bücher erzählen die Ruhmestaten bestimmter Personen, um die Menschen so zu belehren.

> Das Buch Rut
> Das Buch Tobit
> Das Buch Judit
> Das Buch Ester

WEITERE BÜCHER

Die Bibel umfasst außerdem drei Bücher in Versform und weitere fünf mit Sprüchen der Volksweisheit.

> Die Psalmen
> Das Hohelied
> Die Klagelieder
>
> Das Buch der Sprichwörter
> Das Buch Ijob
> Das Buch Kohelet
> Das Buch Jesus Sirach
> Das Buch der Weisheit

DIE BÜCHER DER PROPHETEN

Die Propheten sind Boten, die im Namen Gottes zum Volk sprechen. In der Bibel gibt es siebzehn Bücher, die die Botschaft der Propheten enthalten.

> Das Buch Jesaja
> Das Buch Jeremia
> Das Buch Baruch
> Das Buch Ezechiel
> Das Buch Daniel
> Das Buch Hosea
> Das Buch Joël
> Das Buch Amos
> Das Buch Obadja
> Das Buch Jona
> Das Buch Micha
> Das Buch Nahum
> Das Buch Habakuk
> Das Buch Zefanja
> Das Buch Haggai
> Das Buch Sacharja
> Das Buch Maleachi

NEUES TESTAMENT

Es besteht aus 27 Büchern, die seit Jesu Geburt geschrieben wurden. Sie berichten vom Leben und der Botschaft Jesu und den Anfängen der Kirche.

DIE EVANGELIEN

Der Begriff »Evangelium« bedeutet Frohe Botschaft. Hier werden die wichtigsten Ereignisse aus dem Leben und die Botschaft Jesu berichtet. Die Frohe Botschaft lautet, dass Jesus der von Gott im Alten Testament verheißene Messias ist. Es gibt vier Evangelien, das von Matthäus, Markus, Lukas und Johannes.

DIE APOSTELGESCHICHTE

Der Apostel Lukas beschreibt die Lebensweise der ersten Christen, wie sie, angetrieben vom Geist Jesu, in vielen Dörfern und Städten das Wort Gottes verbreiteten.

DIE BRIEFE

Sie wurden von Paulus und anderen Aposteln an verschiedene christliche Gemeinden gerichtet und wollen die Christen ermuntern brüderlich und schwesterlich zusammenzuleben und treu im Glauben an Jesu zu sein.

PAULUS SCHRIEB DREIZEHN BRIEFE:

> Der Brief an die Römer
> Der erste Brief an die Korinther
> Der zweite Brief an die Korinther
> Der Brief an die Galater
> Der Brief an die Epheser
> Der Brief an die Philipper
> Der Brief an die Kolosser
> Der erste Brief an die Thessalonicher
> Der zweite Brief an die Thessalonicher
> Der erste Brief an Timotheus
> Der zweite Brief an Timotheus
> Der Brief an Titus
> Der Brief an Philemon

ACHT BRIEFE SIND VON APOSTELN ODER VON ANDEREN KIRCHENHÄUPTERN VERFASST:

> Der Brief an die Hebräer
> Der Brief des Jakobus
> Der erste Brief des Petrus
> Der zweite Brief des Petrus
> Der erste Brief des Johannes
> Der zweite Brief des Johannes
> Der dritte Brief des Johannes
> Der Brief des Judas

DIE OFFENBARUNG DES JOHANNES

Das ist das letzte Buch der Bibel. Darin wird mittels vieler Symbole und Visionen die Zukunft der Welt und der Menschheit in einem neuen Himmel und auf einer neuen Erde angekündigt.

**Die Bücher der Bibel wurden in drei Sprachen verfasst. Einige Bücher des Alten Testaments wurden in Hebräisch, andere in Griechisch geschrieben; es gibt auch Texte, die in Aramäisch verfasst wurden. Alle Bücher des Neuen Testaments wurden auf Griechisch abgefasst.
Die Autoren der Bibel schrieben nicht auf Papier, das es damals noch nicht gab, sondern auf Papyrus, das aus den Blättern einer Pflanze namens Papyrus bestand. Die Blätter wurden mit anderen zusammengeleimt, bis eine Rolle entstand. Nach Erfindung der Buchdruckkunst war die Bibel das erste Buch, das gedruckt wurde.**

Ein Streifzug durch das Alte Testament

Das Alte Testament beginnt mit der Erschaffung der Welt. Der übrige Teil bezieht sich auf das Leben und die Geschichte des Volkes Israel und sein Verhältnis zu Gott. Das wichtigste Ereignis stellt der Exodus, der Auszug des Volkes Israel aus Ägypten dar, als Gott es aus der Sklaverei befreite und ein Bündnis mit ihm schloss.

Ursprung der Welt und der Menschheit

»Im Anfang schuf Gott Himmel und Erde...« Gott erschuf Adam und Eva nach seinem Ebenbild. Adam und Eva leben glücklich im Paradies, bis sie Gott ungehorsam werden.

Kain und Abel waren die ersten Söhne von Adam und Eva. Kain hat Abel aus Neid getötet.

Eine große Sintflut vernichtet das Leben auf der Erde. Gott rettet Noach und seine Familie sowie die Tiere.

Die Menschen wollen einen Turm bauen, der bis zum Himmel reicht, um wie Gott zu sein.

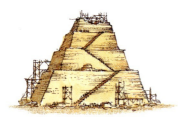

Die Patriarchen 1800 v. Chr.

Gott erwählt Abraham zum Stammvater eines großen Volkes.

Abraham lässt sich in Kanaan, dem verheißenen Land, nieder. Es wird ihm ein Sohn geboren, Isaak.

Isaak hat zwei Zwillingssöhne: Esau und Jakob.

Josef, der Lieblingssohn Jakobs, wird von seinen Brüdern verkauft und nach Ägypten gebracht, wo er Statthalter wird.

Die Israeliten ziehen nach Ägypten und enden als Sklaven.

Mose und der Exodus 1300 v. Chr.

Gott erwählte Mose, um die Israeliten aus der Sklaverei zu befreien und erneut nach Kanaan zu führen.

Die Israeliten verlassen unter der Führung von Mose Ägypten und ziehen nach Kanaan. Gott schließt einen Bund mit ihnen und befiehlt ihnen die Einhaltung der Zehn Gebote.

Mose stirbt, kurze Zeit bevor sie nach Kanaan gelangen. Josua folgt ihm nach. Er erobert Jericho, eine Stadt in Kanaan, und zieht in das Gelobte Land ein.

Richter und Könige 1000 v. Chr.

In Kanaan organisieren sich die Israeliten in Stämmen; später bilden sie ein Königreich. Um sich gegen andere Völker zu verteidigen, wählen sie Anführer, die sie Richter nennen.

Die Jahre vergehen und die Israeliten wollen einen König. Samuel, ein Richter, wählt Saul zum König.

David, ein Hirte, folgt Saul auf den Thron. Er macht Jerusalem zur Hauptstadt des Königreichs und zur Heiligen Stadt. Es ist eine Zeit des Friedens und des Wohlstands.

Nach Salomos Tod wird das Reich geteilt.

Eine Zeit des Unheils 700 v. Chr.

Kanaan wird von anderen Ländern erobert. Die Propheten, Boten Gottes, bitten das Volk Gott zu vertrauen und zu gehorchen.

Das Volk Israel hört nicht auf die Propheten. Das Land ist verwüstet, Jerusalem zerstört und die Israeliten sind aus ihrem Land vertrieben. Während der Verbannung gewinnen die Israeliten ihr Vertrauen in Gott zurück. Die Propheten verkünden, dass Gott sie retten und wieder in ihre Heimat zurückführen werde.

Die Israeliten kehren nach Kanaan zurück, aber sie werden weiterhin von anderen Ländern beherrscht. Sie vertrauen auf Gott und hoffen auf den Tag, an dem Gott ihnen einen Messias sendet, der sie errettet.

Ein Streifzug durch das Neue Testament

Die Israeliten hoffen auf die Ankunft eines von Gott gesandten Messias. Für die Christen ist dieser Messias Jesus, der im Mittelpunkt des Neuen Testaments steht. Das wichtigste Ereignis ist der Tod und die Auferstehung Jesu, wodurch Gott alle Menschen rettet. Das Alte Testament umfasst einen Zeitraum von über 1500 Jahren; das Neue dagegen nur 100. In dieser Zeit wird das Volk Israel von den Römern unterdrückt.

Vor zweitausend Jahren ...

Maria, einer Frau aus Nazaret, wird verkündet, dass Gott sie als Mutter Jesu auserwählt hat. Maria fügt sich dem Wunsch Gottes.

Die Vorfahren von Josef, dem Ehemann von Maria, stammten aus Betlehem; dorthin musste sich Josef begeben, um sich in eine Liste eintragen zu lassen. Jesus wird dort geboren.

Jesus wird von allen angebetet: von Hirten und Königen.

Maria und Josef fliehen nach Ägypten, da Herodes das Kind töten will. Nach Herodes' Tod kehren Josef und Maria mit Jesus nach Nazaret zurück.

Dreissig Jahre später ...

Johannes der Täufer tauft Jesus im Jordan.

Jesus verkündet die Botschaft Gottes in allen Dörfern und Gemeinden.

Jesus wählt zwölf Freunde aus, die ihm überallhin folgen.

Jesus wirkt Wunder, heilt viele Kranke und teilt sein Brot mit Sündern.

Jesus ist der Freund der Kinder.

Jesus schenkt seine Liebe den Bedürftigen.

Drei Jahre später ...

Jesus zieht zum Paschafest in Jerusalem ein.
Jesus feiert das Abendmahl, bei dem er Brot und Wein an seine Freunde austeilt.

Jesus wird festgenommen und zum Tode verurteilt.

Am dritten Tag steht Jesus von den Toten auf und erscheint den Jüngern.

Jesus trägt den Aposteln auf, das Evangelium auf der ganzen Welt zu verbreiten und steigt hinauf in den Himmel.

In den folgenden Jahren ...

Jesus sendet den Aposteln den Heiligen Geist, damit sie in der ganzen Welt verkünden, dass er auferstanden ist.

Diejenigen, die an Jesus glauben, erhalten die Taufe. So entsteht die erste christliche Gemeinde.

Die Christen leben vereint wie eine Familie.

Die Behörden verfolgen die Anhänger Jesu.

Paulus bekehrt sich zum Christentum, zieht von Land zu Land und verkündet die Botschaft Jesu.

Die Zahl der Christen, die verfolgt werden, nimmt zu.

Die Vorläufer Jesu

Das Alte Testament beginnt mit der Erschaffung der Welt durch Gott und schildert das Leben der ersten Menschen.

Im Mittelpunkt dieser Geschichten steht Gott. Es wird erzählt, wie die bedeutendsten Personen des Volkes Israel, wie Abraham, Mose, David, Salomo und viele andere Gott begegnen.

Es sind ungewöhnliche Persönlichkeiten, die irgendwann einen Freundschaftsbund mit Gott schließen. Durch diesen Bund erhält ihr Leben jeweils eine neue Richtung.

Es handelt sich um die Vorläufer Jesu, die vor seiner Geburt lebten. Jesus gehört ebenfalls dem Volk Israel an. Er stammt von König David ab.

In diesen Berichten erfährst du die Geschichte eines Volkes, das mit Gott einen Bund geschlossen hat.

Gott erschuf die Welt

ÜBER DIESE GESCHICHTE:

Die erste Geschichte in der Bibel, der Schöpfungsbericht, handelt von der Erschaffung der Welt. Die Geschichte erzählt auf poetische Weise, wie Gott in sieben Tagen die Welt erschuf. Heute wissen wir zwar, dass es sich so nicht abgespielt hat, doch der Schöpfungsbericht will keine wissenschaftliche Erklärung für die Erschaffung der Welt sein.

Vor vielen Jahren erschuf Gott Himmel und Erde. In jener Zeit aber war die Erde so dunkel wie ein schwarzer Abgrund. Alles war in Finsternis gehüllt.
Da sprach Gott: »Es werde Licht!«
Und auf der Erde wurde es hell und warm und alles leuchtete in tausend Farben. Als Gott sah, dass das Licht gut war, beschloss er Licht und Finsternis zu trennen. Er nannte das Licht Tag und die Finsternis Nacht.
Es wurde Abend und es wurde Morgen: Das war der erste Tag. Alles war in unendliches Blau getaucht, denn die Welt bestand ausschließlich aus Wasser. Da beschloss Gott die Wasser zu trennen.
Er sprach: »Es werde ein Firmament, das die Wasser trennt.«
Dieses Firmament, das die Wasser oberhalb des Firmaments von denen unterhalb des Firmaments trennte, nannte er Himmel.
Es wurde Abend und es wurde Morgen: Das war der zweite Tag.
Und Gott fand, dass es gut wäre, die Wasser unterhalb des Firmaments zu vereinen, und sprach: »Die Wasser unter dem Himmel sollen an einer Stelle zusammenfließen und an einer anderen entstehe festes Land.«
Und so geschah es. Gott nannte das feste Land Erde und den Zusammenfluss der Wasser Meer. Und Gott sah, dass es gut war, und dachte: Wie leer die Erde ist! Ich werde dafür sorgen, dass etwas darauf wächst.
Und er sprach: »Die Erde bringe grünes Kraut, das Samen treibt, und Obstbäume aller Art hervor.«
Auf der Erde entstanden grüne Felder, auf denen wunderschöne duftende Blumen und Pflanzen in allen Farben gediehen. Tausende von Bäumen wuchsen, die die verschiedensten Früchte trugen. Und Gott sah, dass all das sehr gut war.
Es wurde Abend und es wurde Morgen: Das war der dritte Tag. Und Gott dachte

sich zwei riesige Leuchten aus, die dazu dienen sollten, Tag und Nacht zu trennen. Die größere war die Sonne; sie diente dazu, den Tag zu erhellen. Die kleinere war der Mond. Er sollte zusammen mit den Sternen die Nacht erhellen.

Was für ein Wunderwerk!, dachte Gott bei sich.

Es wurde Abend und es wurde Morgen: Das war der vierte Tag. Da nahm Gott sich vor lebendige Wesen zu schaffen, um die Erde zu beleben.

Und er sprach: »Die Wasser sollen von Fischen wimmeln und Vögel sollen am Himmel ihre Bahnen ziehen.«

Sogleich tummelten sich Wale, Delfine und Seepferdchen im Meer. Aus dem Sand krochen Krabben, Langusten und Langschwanzkrebse hervor. In den Felsen erblickte man Muscheln, Miesmuscheln und Seesterne. Und die Luft war vom Zwitschern und dem Flügelschlag aller möglichen Vögel erfüllt: Spatzen, Distelfinken, Schwalben und Möwen. . .

Gott war sehr zufrieden, segnete sie und sprach: »Seid fruchtbar und vermehrt euch; füllet die Meere mit Fischen und den Himmel mit Vögeln.«

Es wurde Abend und es wurde Morgen: Das war der fünfte Tag. Und Gott fand, dass es auch auf dem Land Tiere geben sollte.

Also sprach er: »Die Erde bringe Tiere sowie Raubtiere aller Art hervor.«

Sogleich füllte sich die Erde mit Elefanten, Löwen und Tigern. Auch Kühe, Schweine, Pferde sowie Schaf- und Büffelherden belebten die Erde. Und Gott war mit seinem Werk zufrieden. Aber er wollte all das mit jemandem teilen.

Also sprach er: »Ich werde Mann und Frau so formen, dass sie mir ähnlich sind. Sie sollen herrschen über die Fische des Meeres, über die Vögel des Himmels und über die Tiere auf der Erde und sie sollen für all diese Tiere sorgen.«

Gott erschuf Mann und Frau, segnete sie und sprach: »Seid fruchtbar und vermehrt euch. Schenkt der Erde Söhne. Herrscht über die Fische des Meeres, über die Vögel des Himmels und alle Tiere, die die Erde bevölkern. Ich schenke euch alles Kraut, das Samen hervorbringt. Und alle Obstbäume, damit ihr deren Früchte esst. Und alle Tiere, damit sie euch nützlich sind.«

Es wurde Abend und es wurde Morgen: Das war der sechste Tag. So wurden Himmel, Erde und alle lebendigen Geschöpfe, die die Erde bevölkern, sowie Mann und Frau, nach dem Ebenbild Gottes geschaffen, vollendet. Und Gott sah, dass alles, was er erschaffen hatte, sehr gut war.

Am siebten Tag hatte er sein Schöpfungswerk vollendet und beschloss auszuruhen. Er heiligte den siebten Tag der Woche als Ruhetag.

Gott erschuf Mann und Frau

ÜBER DIESE GESCHICHTE:

Es gibt viele Legenden darüber, wie der erste Mensch erschaffen wurde. Die Geschichte der Bibel ist eine dieser Legenden. Sie erzählt, wie Gott aus Lehm Mann und Frau erschuf.

Als Gott Himmel und Erde erschuf, gab es niemanden, der die Felder bebaute und die Erde bewässerte. Also nahm der Herr Erde vom Acker und formte daraus einen Menschen. Dann blies er ihm den Lebenshauch in die Nase und so wurde der Mensch ein lebendes Wesen.

Und Gott, der Herr, pflanzte im Osten einen Garten Eden und setzte den Menschen, den er erschaffen hatte, hinein. In diesem Garten ließ er hübsche Bäume aller Art wachsen, an denen köstliche Früchte hingen. Inmitten all dieser Bäume standen der Baum des Lebens und der Baum der Erkenntnis des Guten und Bösen.

Der Herr setzte den Menschen in den Garten Eden, damit er ihn behüte und bebaue.

Aber er warnte ihn: »Du kannst von allen Bäumen des Gartens essen, außer vom Baum der Erkenntnis des Guten und des Bösen. Denn an dem Tag, an dem du davon isst, wirst du sterben.«

Als Gott den Menschen allein im Garten sah, dachte er: Es ist nicht gut, dass der Mensch allein sei: Ich werde ihm eine Gefährtin geben.

Dann formte er aus Lehm Raubtiere, alle Vögel des Himmels und anderes Getier und zeigte sie dem Menschen, damit er ihnen einen Namen gebe. Da gab der Mensch dem Elefanten und dem Nilpferd einen Namen, der Lerche und dem Kolibri, dem Hund und der Katze.

Aber die Gesellschaft, die er suchte, fand er nicht unter diesen Tieren.

Als Gott das erkannte, ließ er den Menschen in einen tiefen Schlaf fallen. Und während er schlief, entnahm er ihm eine Rippe und ließ die Stelle wieder verwachsen. Aus der Rippe formte er eine Frau und zeigte sie dem Menschen.

Als der Mensch sie sah, rief er: »Sie ist Bein von meinem Bein und Fleisch von meinem Fleisch. Sie wurde aus dem Mann geschaffen und soll Frau genannt werden.«

So kommt es, dass der Mann Vater und Mutter verlässt und sich mit seiner Frau vereint; und beide werden eins.

Und Mann und Frau lebten glücklich im Garten Eden.

Der Sündenfall und seine Folgen

ÜBER DIESE GESCHICHTE:

Früher wurden Legenden erfunden, die alles erklären sollten, was unverständlich ist. Zum Beispiel verstand man nicht, weshalb es so viel Unglück gibt auf der Welt, die ja von Gott erschaffen war. Und alles, was Gott erschaffen hatte, war doch gut. In dieser Geschichte wird erzählt, wie Adam und Eva, der erste Mann und die erste Frau, Gott ungehorsam waren und so das Unheil in die Welt kam.

Die Schlange war im Garten Eden das listigste Tier.

Eines Tages näherte sie sich der Frau und fragte: »Hat Gott wirklich gesagt, dass ihr von keinem der Bäume des Gartens essen dürft?«

»Doch, das dürfen wir. Er hat uns nur verboten von einem zu essen. Denn wenn wir von dem einen essen, sterben wir.«

»Ihr werdet nicht sterben! Aber Gott weiß, dass ihr, wenn ihr davon esst, genauso weise und mächtig seid wie er.«

Die Frau verspürte Verlangen, von den Früchten des verbotenen Baumes zu kosten. Eines Tages brach sie die Frucht des Baumes und aß davon. Sie gab davon auch ihrem Mann und er kostete ebenfalls. Da gingen ihnen die Augen auf und sie erkannten, dass sie nackt waren. Sie vernahmen, wie Gott durch den Garten ging, und sie verbargen sich vor ihm.

Gott rief den Mann: »Wo bist du?«

Er antwortete ihm: »Ich habe deine Schritte gehört und mich verborgen, weil ich nackt bin.«

Und Gott fragte ihn: »Wer hat dir gesagt, dass du nackt bist? Hast du etwa vom verbotenen Baum gekostet?«

Adam erwiderte: »Die Frau, die du mir zur Gefährtin gegeben hast, hat eine Frucht vom Baum gebrochen und gab sie mir zu kosten.«

Da sprach Gott zu der Frau: »Weißt du, was du da getan hast?«

Und sie erwiderte ihm: »Die Schlange hat mich betrogen, deshalb habe ich davon gekostet.«

Da schimpfte Gott sie aus. Zur Schlange sprach er: »Weil du das getan hast, bist du unter den Tieren der Erde verflucht und sollst künftig auf dem Bauch kriechen.«

Zur Frau sprach er: »Unter Schmerzen sollst du gebären.«

Und zu Adam sprach er: »Künftig musst du mühselig dafür arbeiten, dass die Erde dich ernährt. Und eines Tages wirst du sterben und zur Erde zurückkehren, aus der du geschaffen wurdest.«

Adam gab seiner Frau den Namen Eva, was »Leben« bedeutet, denn sie wurde die Mutter aller Menschen. Und Gott, der Herr, vertrieb sie aus dem Garten Eden. An den Toren stellte er Kerubim auf, Engel, die mit Feuerschwertern das Paradies bewachen. Denn er wollte nicht, dass sich jemand dem Baum des Lebens näherte.

Kain und Abel

ÜBER DIESE GESCHICHTE:

Gott hatte alles gut gemacht, aber Adam und Eva haben durch ihren Ungehorsam das Böse erfahren und es an ihre Söhne weitergegeben. Sie besaßen die Freiheit, das Gute zu wählen, statt es ihren Söhnen Kain und Abel gleichzutun. Diese Geschichte erzählt, wie Kain seinen Bruder Abel dermaßen beneidete, dass er ihn schließlich sogar hasste.

Adam und Eva hatten einen Sohn, den sie Kain nannten.
Als Eva ihn in den Armen hielt, sagte sie überglücklich: »Dem Herrn sei Dank für diesen Sohn, den ich geboren habe.«
Nach einiger Zeit wurde Abel geboren, ihr Zweitgeborener.
Eines Tages wollte Kain Gott danken und brachte ihm von den Früchten seiner Ernte ein Opfer dar. Auch Abel wollte Gott danken, weil Gott seine Arbeit segnete. Abel bot ihm die besten Lämmer seiner Herde an. Der Herr blickte aber mehr auf Abels Opfer als auf das von Kain. Das machte Kain zornig und er ging den ganzen Tag mit gesenktem Blick herum.
Da sprach der Herr zu ihm: »Warum bist du zornig und senkst deinen Blick? Wenn du recht handelst, gehst du mit hocherhobenem Kopf einher; wenn du aber nicht recht handelst, steht die Sünde vor deiner Tür, noch bevor du sie beherrschen kannst.«
Das machte Kain nur noch zorniger. Er grübelte, wie er sich an seinem Bruder rächen könnte.
Eines Tages dann sprach Kain zu ihm: »Abel, komm mit mir aufs Feld.«
Als sie auf dem Feld waren, stürzte sich Kain auf seinen Bruder Abel und tötete in. Doch als er sah, was er getan hatte, erfasste ihn Furcht und er wollte sich vor dem Herrn verbergen.
Aber dieser fragte ihn: »Wo ist dein Bruder Abel?«
Kain erwiderte: »Ich weiß nicht. Bin ich denn der Hüter meines Bruders?«
Da sprach der Herr: »Was hast du getan, Kain? Das vergossene Blut deines Bruders auf der Erde beweist deine Schuld. Deshalb verfluche ich die Erde, auf der du deinen Bruder getötet hast. Wenn du das Feld bestellst, soll es dir keine Früchte mehr bringen. Du wirst ruhelos herumirren.«
Kain erwiderte dem Herrn: »Meine Schuld ist zu groß, als dass ich sie ertragen könnte. Wenn du mich von diesem Boden vertreibst, muss ich immer auf der Flucht sein

und mich verbergen; und wer mich gerade findet, der wird mich töten.«
Aber der Herr sprach zu ihm: »Aber nein. Wer dich tötet, wird siebenmal bestraft.«

Und der Herr machte an Kain ein Zeichen, damit niemand ihn zu töten wagte. Kain entfernte sich vom Angesicht Gottes und lebte im Lande Nod, östlich von Eden.

Die Arche Noach

Über diese Geschichte:

Am Anfang verstanden die Menschen nicht, weshalb es Katastrophen wie Überschwemmungen oder Erdbeben gibt. Deshalb erfanden sie Geschichten, die all das erklären sollten. Diese Geschichte erzählt, dass die Katastrophen in der Welt deshalb entstanden, weil die Menschen Gott vergessen und sich nicht richtig verhalten hatten.

Adam und Eva bekamen noch mehr Söhne. Und auch diese zeugten Söhne. Und so vermehrten sich die Menschen. Aber es vermehrten sich auch die bösen Taten der Menschen. Das betrübte Gott und er bereute es, sie erschaffen zu haben. Aber er erkannte auch, dass Noach gut und gerecht war.

Also sprach er zu ihm: »Ich will eine Sintflut über die Erde kommen lassen, die alles Böse und alle Lebewesen, die dafür verantwortlich sind, vernichtet. Du bist der Einzige, der recht gehandelt hat, und ich will, dass du gerettet wirst. Bau eine Arche aus harzigem Holz mit verschiedenen Kammern und bestreiche diese Arche innen und außen mit Pech, damit kein Wasser eindringt. Sie soll 150 Meter lang, 25 Meter breit und 15 Meter hoch sein. Lass ein Fenster ein, bring an einer Seite eine Tür an und sorge für drei übereinander liegende Decken. Dann geh mit deiner Familie in die Arche. Nimm auch zwei Tiere jeder Gattung mit, ein Männchen und ein Weibchen, damit sie ihre Art erhalten. Reptilien und andere Tiere, die auf der Erde leben, dürfen mit in die Arche. Sorge für ausreichende Lebensmittel für dich und die Tiere. Denn in sieben Tagen lasse ich es vierzig Tage lang regnen.«

Noach tat alles, was der Herr ihm aufgetragen hatte. Nach Ablauf von sieben Tagen brach die Flut über die Erde herein. Noach war damals sechshundert Jahre alt.

Der Regen strömte vierzig Tage und vierzig Nächte lang auf die Erde. Das Wasser sammelte sich und hob die Arche empor, sodass sie über der Erde schwamm. Das Wasser stieg immer mehr an, bis es die höchsten Berge unter sich begrub. Dabei kamen alle Lebewesen um: die Menschen, die Herden, die Reptilien und die Vögel des Himmels. Nur Noach und die Tiere in der Arche blieben übrig.

Hundertfünfzig Tage lang war die Erde von Wasser überschwemmt.

Dann ließ Gott den Wind über die Erde wehen. Die Wasser fielen und der Regen hörte auf. Das Wasser ging zurück und die Arche landete auf dem Gebirge Ararat.

Als weitere vierzig Tage um waren, öffnete Noach das Fenster, das er an der Arche angebracht hatte, und schickte einen Raben aus. Der flog umher, bis das Wasser auf der Erde versickert war.

Dann ließ er eine Taube fliegen. Diese kehrte aber zur Arche zurück, denn sie hatte keine Stelle gefunden, an der sie sich hätte niederlassen können. Noch immer bedeckte Wasser die Erde.

Noach wartete noch weitere sieben Tage und ließ abermals die Taube hinausfliegen. Sie kehrte am Abend mit einem Olivenzweig im Schnabel zurück. Da erkannte Noach, dass der Wasserspiegel stark gesunken war. Er wartete nochmals sieben Tage und ließ dann die Taube erneut losfliegen. Diesmal kehrte sie nicht zurück. Noach blickte zum Fenster hinaus und sah, dass die Erde trocken war.

Da sprach Gott zu Noach: »Verlass mit deiner Frau, deinen Söhnen und den Frauen deiner Söhne die Arche. Alle Tiere, die bei dir sind, die Vögel, die Reptilien und die übrigen, sollen es dir gleichtun. Sie sollen sich wieder auf der Erde bewegen, fruchtbar sein und sich vermehren.«

Noach tat, wie der Herr ihm gesagt hatte. Er ging mit seiner Frau, seinen Söhnen und den Frauen seiner Söhne aus der Arche. Und alle Tiere gingen ebenfalls hinaus. Als sie draußen waren, errichtete Noach einen Altar. Er nahm Tiere aller Gattungen und opferte sie dem Herrn auf dem Altar.

Der Herr dankte ihm für dieses Opfer und dachte: Ich will die Erde nicht noch einmal wegen des Menschen verfluchen. Solange es die Erde gibt, soll es immer Ernte, Kälte und Hitze, Sommer und Winter, Tag und Nacht geben.

Gott segnete Noach und seine Söhne und sprach: »Seid fruchtbar und mehret euch und füllet die Erde. Alle Tiere der Erde werden euch fürchten und euch achten: die Vögel des Himmels, die Reptilien auf dem Boden und die Fische im Meer. Alles, was lebt und sich bewegt, diene euch als Nahrung; wie die Pflanzen überlasse ich euch alles. Wachset und mehret euch und erfreut die Erde mit eurem Leben.« Und er fügte hinzu: »Ich möchte einen Pakt mit euch und euren Nachkommen schließen: Es soll keine Sintfluten mehr geben, die die Erde und das Leben darauf vernichten. Als Zeichen dieses Bundes stelle ich meinen Bogen in den Himmel. Wenn ich die Wolken am Himmel zusammenballe, erscheint der Regenbogen. Dann werde ich ihn ansehen und mich an meinen Bund mit euch und allen Lebewesen auf der Erde erinnern.«

Babel und die Sprachverwirrung

ÜBER DIESE GESCHICHTE:

Die Bewohner des Landes Israel wollten wissen, weshalb auf der Welt so viele verschiedene Sprachen gesprochen werden. Die folgende Geschichte will das erklären. Die Menschen wollten nämlich Gott ähnlich sein. Doch als Strafe ließ der Herr sie verschiedene Sprachen sprechen, sodass sie sich untereinander nicht mehr verständigen konnten.

Früher gab es auf der ganzen Welt nur eine Sprache und alle konnten sich verständigen.
Viele Menschen widmeten sich der Schafzucht und zogen von einem Ort zum anderen, auf der Suche nach guten Weiden und Trinkwasser.
Als eine Gruppe von Schafhirten nach Osten aufbrach, gelangte sie zu einer Ebene in Schinar und ließ sich dort nieder. Eines Tages beschlossen sie während einer Versammlung einen großen Turm zu bauen.
Einer sprach: »Lasst uns Ziegel formen und brennen und sie dann mit Mörtel zusammenfügen.«

Diese neue Bauweise gefiel ihnen, denn bisher hatten sie mit Stein und Teer gebaut.
Ein anderer sprach: »Wir wollen eine Stadt und einen Turm bauen, der bis zum Himmel reicht. Damit werden wir berühmt und müssen nicht mehr von einem Ort zum anderen ziehen. Überall in der Welt wird man über uns reden.«
Als Gott den Aufruhr auf der Erde sah, stieg er herab, um den Turm anzusehen, den die Menschen gebaut hatten. Und er dachte bei sich: Sie sind ein einziges Volk und sprechen eine Sprache. Alle können sich untereinander verständigen. Jetzt wollen sie diese Stadt erbauen. Kein Vorhaben erscheint ihnen unmöglich. Ich werde ihrem Treiben ein Ende bereiten, um ihrem Stolz Einhalt zu gebieten. Ich werde hinabsteigen und ihre Sprache verwirren, sodass keiner mehr die Sprache des anderen versteht.
So entstand ein großes Chaos unter den Menschen: Sie konnten sich nicht mehr verstehen. Somit konnten sie auch den Bau des Turms nicht fortführen und auch nicht mehr miteinander leben. Deshalb zerstreuten sie sich über die ganze Erde und die Stadt wurde nicht gebaut. Sie wurde Babel genannt, was bedeutet »Chaos und Verwirrung der Sprachen«.

Gott schließt ein Bündnis mit Abraham

ÜBER DIESE GESCHICHTE:

Abraham war ein Hirte, der vor etwa viertausend Jahren in der Stadt Ur in der Nähe von Kanaan geboren wurde. Im Unterschied zu den meisten Menschen seiner Zeit glaubte Abraham an Gott, den Schöpfer des Himmels und der Erde. Und Gott schlug ihm ein Bündnis vor. Er wählte ihn als Stammvater eines großen Volkes aus. Mit Abraham wurde das Volk Gottes geboren, das aus all denen besteht, die an einen einzigen Gott glauben. Deshalb wird Abraham der Vater aller Gläubigen genannt.

Eines Tages befand sich Abraham mit seiner Schafherde auf dem Feld, als der Herr zu ihm sprach: »Abraham, ziehe fort von deinem Land und dem Haus deines Vaters in das Land, das ich dir zeigen werde. Ich mache dich zum Vater eines großen Volkes, ich segne dich und verhelfe deinem Namen zu Ruhm. Durch dich sollen alle Völker der Erde gesegnet sein.«

Abraham zog in Richtung Kanaan, wie der Herr ihm befohlen hatte.

Er nahm seine Frau Sara und seinen Neffen Lot mit, außerdem alles, was sie besaßen, und die Diener.

Abraham zog durch das Land bis nach Sichem, bis zur Eiche More, wo die Kanaaniter lebten.

Da erschien ihm der Herr erneut und sprach: »Abraham, ich werde deinen Nachfahren dieses Land geben.«

Abraham errichtete an der Stelle einen Altar zu Ehren des Herrn.

Als eine Hungersnot ausbrach, zog Abraham nach Ägypten. Lot dagegen begab sich zum Jordantal. So trennten sich ihre Wege.

Als sie in Ägypten angelangt waren, sagte Abraham zu Sara, seiner Frau: »Du bist eine schöne Frau. Wenn dich die Ägypter sehen, werden sie mich töten und dich am Leben lassen. Bitte, sag ihnen, dass du meine Schwester bist, damit ich am Leben bleibe.«

Als sie nach Ägypten kamen, bemerkten die Ägypter, dass Sara sehr schön war. Auch hohe Hofbeamte des Pharaos wurden auf sie aufmerksam und meldeten es ihrem Herrn. Der Pharao wollte Sara kennen lernen und ließ sie in seinen Palast bringen. Ihr zuliebe behandelten sie Abraham sehr gut, gaben ihm Schafe, Kühe, Esel, Eselinnen, Diener und Kamele. Als Abraham und seine Frau Ägypten den Rücken kehrten, waren sie sehr reich.

Die Zeit verging und Abraham erfuhr, dass Lot gefangen genommen worden war. Er versammelte 318 Knechte und brach zu dem Ort auf, wo sein Neffe gefangen war.

Bei Einbruch der Nacht traf er dort ein, befreite Lot und erhielt alles, was er besessen hatte, zurück.

Nach diesen Erfolgen erschien der Herr vor Abraham und sprach: »Abraham, ich bin dein Schild und dein Lohn ist üppig.«

Abraham erwiderte: »Herr, was nützen mir deine Geschenke, wenn ich keine Söhne haben kann? Du hast mir keine Söhne geschenkt und einer meiner Knechte wird mein Erbe sein.«

Aber der Herr sprach zu ihm: »Nein, kein Knecht, sondern dein eigener Sohn.«

Und er führte ihn hinaus ins Freie, zeigte ihm die Nacht und sagte: »Schau hinauf zum Himmel und zähle die Sterne, wenn du sie zählen kannst.«

»Das ist unmöglich, Herr«, erwiderte Abraham.

»Genauso zahlreich wird deine Nachkommenschaft sein«, sprach Gott zu ihm.

Als Abraham 99 Jahre alt war, schloss der Herr mit Abraham einen Bund und sagte: »Du wirst der Stammvater vieler Völker sein. Und ich werde dein Gott und der deiner Nachkommen sein. Ich gebe euch das gesamte Land Kanaan. Ich werde Sara segnen und ihr werdet einen Sohn bekommen.«

Als Abraham das hörte, sagte er: »Kann denn ein Mann von hundert Jahren einen Sohn haben und Sara mit neunzig Jahren Mutter werden?«

Aber Gott versicherte ihm, dass er innerhalb eines Jahres einen Sohn bekommen werde.

Ein paar Tage später erblickte Abraham drei Männer auf dem Weg und ging ihnen entgegen. Er forderte sie auf sich auszuruhen.

Sie nahmen gerne an.

Bevor sie weiterzogen, sprachen sie zu ihm: »Wir werden im nächsten Jahr um

diese Zeit wieder kommen. Dann hat Sara einen Sohn.«

Sara hörte sie und fing an zu lachen, aber der Herr sprach zu Abraham: »Warum hat Sara gelacht? Gibt es denn etwas, das Gott nicht zu Wege bringen kann?«

Und was der Herr versprochen hatte, traf ein. Sara gebar einen Sohn und sie gaben ihm den Namen Isaak.

Damit erfüllte Gott sein Bündnis mit Abraham.

Abrahams Opfer

ÜBER DIESE GESCHICHTE:

Bei den Völkern des Altertums herrschte der Brauch, Tiere zu schlachten und sie den Göttern als Opfergabe darzubringen, um ihren Schutz zu erhalten. Dazu gehörte auch die Sitte, den ältesten Sohn zu opfern und mit ihm das Beste, was man besaß. Diese Geschichte erzählt, wie Gott Abraham bat seinen Sohn zu opfern. Damit wollte er prüfen, ob Abraham ihm völlig vertraute.

Eines Tages, als Isaak bereits ein Junge war, vernahm Abraham die Stimme Gottes, der ihn rief: »Abraham!«

»Herr, hier bin ich«, erwiderte er.

Und Abraham hörte erneut die Stimme Gottes: »Nimm deinen einzigen Sohn, deinen geliebten Isaak; geh mit ihm in das Land Morija und bring ihn mir dort auf dem Berg, den ich dir bezeichnen werde, als Opfer dar.«

In jener Nacht konnte Abraham vor Sorge und Traurigkeit nicht schlafen. Trotzdem stand er am anderen Morgen früh auf, sattelte seinen Esel und machte sich mit seinem Sohn Isaak auf den Weg. Unterwegs spaltete er Brennholz und begab sich nach Morija.

Am dritten Tag hob Abraham den Blick und sah aus der Ferne den Ort, den Gott ihm genannt hatte. Er nahm das Holz für das Opfer und lud es seinem Sohn Isaak auf; er selbst trug das Feuer und das Messer. So gingen die beiden ihren Weg.

Isaak sprach zu Abraham: »Vater, wir haben Feuer und Holz, aber wo ist denn das Lamm für das Opfer?«

Abraham empfand große Trauer, aber er erwiderte: »Gott wird für das Opferlamm sorgen, mein Sohn.«

Zusammen schritten sie weiter. Als sie an den Ort gelangten, den Gott ihm bezeichnet hatte, errichtete Abraham einen Altar und schichtete das Holz auf. Er fesselte seinen Sohn Isaak und legte ihn auf das Holz. Dann griff Abraham nach dem Messer, um seinen Sohn zu töten.

Da rief der Engel des Herrn vom Himmel: »Abraham, Abraham!«

»Hier bin ich«, antwortete er.

Und Gott sprach zu ihm: »Lass deinen Sohn frei, töte ihn nicht. Ich weiß jetzt, dass du mir vertraust. Du bist bereit mir deinen einzigen Sohn zu opfern, aber ich brauche dieses Opfer nicht.«

Da blickte Abraham hoch und sah einen Widder, der sich mit den Hörnern im Dickicht verfangen hatte. Er packte ihn und opferte ihn Gott. In Erinnerung daran

nannte Abraham diesen Ort »Der Herr sieht voraus«. Und noch heute kennt man ihn als »Der Berg, wo der Herr vorsieht«.
Der Herr wandte sich erneut an Abraham und sprach: »Weil du bereit warst mir deinen Sohn, deinen kostbarsten Besitz, zu opfern, will ich dich segnen und werde dir so viele Nachkommen schenken, wie Sterne am Himmel stehen. Durch deine Nachkommen sollen alle Völker der Erde gesegnet sein, denn du hast mir vertraut.«

Abraham und sein Sohn kehrten gemeinsam zu ihren Knechten zurück.
Dann machten sich alle auf den Weg nach Beerscheba, wo sie fortan lebten.

Die Brüder Esau und Jakob

ÜBER DIESE GESCHICHTE:

Im Altertum erbte nur der älteste Sohn, der Erstgeborene, den Besitz und die Reichtümer der Väter; die anderen Söhne hatten kein Erbrecht. Diese Geschichte erzählt, wie sich der jüngere von zwei Brüdern als der ältere ausgab, um sich das Erbrecht des Erstgeborenen zu nehmen.

Isaak, Abrahams Sohn, heiratete Rebekka. Da Rebekka unfruchtbar war, hatten sie keine Söhne. Deshalb betete Isaak zu Gott. Sein Gebet wurde erhört und Rebekka wurde schwanger. Als sie merkte, dass das Kind in ihrem Leib sie heftig stieß, wandte sie sich an den Herrn.

Dieser erklärte ihr: »Mach dir keine Sorgen, Rebekka. Du trägst in deinem Schoß zwei Stämme; einer wird stärker sein als der andere und der ältere wird dem jüngeren dienen.«

Als nun die Zeit der Niederkunft gekommen war, gebar Rebekka Zwillinge. Der erste Sohn war rötlich und stark behaart wie ein Fell. Sie nannten ihn Esau. Dann folgte sein Bruder, der mit seiner Hand Esaus Ferse umfasste. Er bekam den Namen Jakob.

Die Knaben wuchsen heran. Esau wurde ein erfahrener Jäger und Landmann, Jakob wurde Schäfer. Isaak hatte Esau lieber, weil er gerne Wild aß; Rebekka dagegen zog Jakob vor.

Eines Tages, als Jakob gerade ein Mahl zubereitete, kam Esau erschöpft vom Feld. Er sagte zu Jakob: »Lass mich von dem roten Gericht, das du da zubereitest, essen, denn ich sterbe vor Hunger.«

»Ich gestatte es dir, wenn du mir dein Erstgeburtsrecht verkaufst.«

»Ich muss ja ohnehin sterben, was nutzt mir da mein Erstgeburtsrecht.«

Jakob beharrte: »Schwör es mir!«

Esau schwor es ihm und verkaufte somit sein Erstgeburtsrecht an Esau.

Darauf bot ihm Jakob Brot und ein Linsengericht an. Esau aß und trank. Dann erhob er sich und ging seines Weges. So verschleuderte Esau sein Erstgeburtsrecht.

Einige Jahre später rief Isaak, der alt und blind geworden war, nach Esau und sprach zu ihm: »Mein Sohn, ich bin alt und weiß nicht, wann ich sterben werde. Nimm deinen Bogen und jage ein Wildbret für mich. Dann bereite es nach meinem Geschmack zu und bring es mir, denn ich will essen, auf dass ich dir vor meinem Tod den Segen gebe.«

Rebekka hatte Isaaks Worte belauscht. Als Esau auf die Jagd ging, sprach sie zu ihrem Sohn Jakob: »Ich habe gehört, dass dein Vater deinen Bruder vor seinem Tod segnen möchte. Geh zur Herde und wähle zwei schöne Ziegenböcke aus. Ich bereite sie für deinen Vater so zu, wie er es liebt, und du bringst sie dann deinem Vater zum Essen, damit er dich segnet, bevor er stirbt.«

Jakob begab sich zur Herde, wählte die beiden schönsten Ziegenböcke aus und brachte sie der Mutter. Rebekka bereitete sie so zu, wie sein Vater es liebte. Dann nahm sie das Festtagsgewand ihres ältesten Sohnes Esau und streifte es Jakob, ihrem jüngeren Sohn, über. Mit dem Fell der Ziegenböcke bedeckte sie ihm Hände und Hals. Dann reichte sie ihm das Gericht, das sie zubereitet hatte, damit er es mit dem Brot zum Vater bringe.

Jakob betrat das Zimmer seines Vaters und sagte: »Mein Vater!«

Dieser erwiderte: »Hier bin ich. Wer bist du, mein Sohn?«

Jakob antwortete: »Ich bin Esau, dein Erstgeborener. Ich habe getan, wie du mir aufgetragen hast. Setz dich und iss vom Wildbret.«

»Wie hast du so schnell etwas finden können, mein Sohn«, wunderte sich Isaak.

»Dein Herr und Gott ließ die Tiere meinen Weg kreuzen«, erwiderte Jakob.

Isaak aber zweifelte und sagte: »Tritt näher, damit ich dich betaste, mein Sohn, ob du wirklich mein Sohn Esau bist.«

Jakob näherte sich seinem Vater. Als dieser das Ziegenfell fühlte, das Jakobs Hände bedeckte, sagte er: »Es ist Jakobs Stimme, aber es sind die Hände von Esau. Bist du wirklich Esau?«

»Ja, Vater, ich bin es«, bestätigte er.

»Mein Sohn, gib mir das Wildbret. Wenn ich es gegessen habe, segne ich dich.«

Jakob reichte es ihm und servierte ihm Wein. Als Isaak fertig war, sagte er: »Tritt näher und küss mich, mein Sohn.«

Jakob trat heran und küsste ihn. Als Isaak den Geruch seines Gewandes roch, hatte er keinen Zweifel mehr und segnete ihn. Als er den Segen über Jakob gesprochen hatte, kehrte Esau von der Jagd zurück. Er bereitete dem Vater das Mahl zu und brachte es ihm, damit er ihn segne.

Da fragte Isaak erschrocken: »Wen habe ich denn eben gesegnet? Ach Esau! Dein Bruder hat sich mit List meinen Segen erschlichen.«

»Jakob hat mich schon zweimal betrogen!«, rief Esau. »Er hat mir mein Erstgeburtsrecht genommen und nun noch deinen Segen. Hast du denn keinen für mich übrig, Vater?«

Und er weinte bitterlich. Er war so wütend, dass er schwor, nach dem Tod des Vaters seinen Bruder zu töten. Als Rebekka davon erfuhr, riet sie Jakob zu ihrem Bruder Laban nach Haran zu fliehen. Und er tat, wie sie ihm befohlen hatte.

Josefs Träume

ÜBER DIESE GESCHICHTE:

Früher hielt man Träume für Botschaften Gottes. Einmal erschien ein Engel; dann wieder hörte man die Stimme des Herrn. Oder Gott zeigte sich wie in der nächsten Geschichte in Träumen, die eine Bedeutung hatten.

Als Jakob, Isaaks Sohn, bereits verheiratet war und mehrere Söhne hatte, kehrte er nach Kanaan, dem Land seines Vaters, zurück und ließ sich für immer dort nieder. Er liebte Josef, seinen jüngsten Sohn, über alles, weil er ihm im Greisenalter geboren worden war. Er liebte ihn auf eine besondere Art und zeigte ihm ständig seine Zuneigung.

Eines Tages schenkte er ihm ein Gewand mit langen Ärmeln. Das erweckte die Eifersucht von Josefs Brüdern. Sie hassten ihn und redeten nicht mehr mit ihm.

Da hatte Josef eines Tages einen Traum, den er seinen Brüdern erzählte. »Hört, was ich geträumt habe. Wir waren beim Garbenbinden auf dem Feld, als sich meine Garbe plötzlich aufrichtete und stehen blieb, während eure sich ringsum aufstellten und sich vor meiner Garbe verneigten.«

Seine Brüder waren voller Argwohn und fragten: »Willst du etwa König sein und über uns herrschen?«

Und sie hassten ihn nur noch mehr. Aber Josef hatte noch einen Traum. Er erzählte ihn seinen Brüdern und diesmal auch seinem Vater: »Hört, ich hatte einen weiteren Traum. Darin verneigten sich die Sonne, der Mond und elf Sterne vor mir.«

Sein Vater schalt ihn: »Was soll dieser Traum, den du da geträumt hast? Sollen wir, deine Mutter, deine Brüder und ich, uns vor dir niederwerfen?«

Josefs Brüder wurden noch eifersüchtiger auf ihn und sein Vater dachte weiter über diese Worte nach.

Als Josefs Brüder weggegangen waren, um die Schafe in Sichem zu weiden, sprach Jakob zu Josef: »Mein Sohn, deine Brüder hüten in Sichem Schafe. Geh und sieh nach, wie es ihnen geht, und gib mir Bescheid.«

Josef brach aus dem Tale Hebron auf und gelangte nach Sichem.

Wie er da so auf dem Feld umherirrte, begegnete ihm ein Mann und fragte: »Was suchst du?«

»Ich suche meine Brüder. Weißt du, wo sie sind?«

Der Mann sagte: »Sie sind bereits von hier weggegangen. Ich habe sie sagen hören, dass sie nach Dotan wollen.«

Josef ging seinen Brüdern nach. Als sie sich umblickten, sahen sie ihn in der Ferne. Bevor er sie einholte, planten sie seinen Tod.

Sie sagten zueinander: »Da kommt der Träumer! Wir werden ihn töten und in eine Zisterne werfen. Und dann behaupten wir, ein wildes Tier habe ihn gefressen.«

Aber Ruben, der Älteste, rief: »Nein, wir wollen ihn nicht töten! Vergießt nicht sein Blut; werft ihn in eine Zisterne in der Wüste, aber legt nicht Hand an ihn.«

Er sagte das, weil er Josef vor dem Tod erretten und dann zurück zum Vater schicken wollte.

Sobald Josef seine Brüder eingeholt hatte, zogen sie ihm das Gewand aus, das ihm der Vater geschenkt hatte, und warfen ihn in eine Zisterne ohne Wasser. Dann setzten sie sich, um zu essen.

Sie waren noch mit ihrer Mahlzeit beschäftigt, da sahen sie eine Karawane von Kaufleuten, die auf dem Weg nach Ägypten waren. Die Kaufleute führten Kamele mit, die mit Düften, Balsam und Myrrhe beladen waren.

Da schlug Juda seinen Brüdern vor: »Welchen Vorteil haben wir davon, wenn wir Josef töten? Wir verkaufen ihn lieber an diese Kaufleute. Immerhin ist er unser Bruder.«

Die anderen Brüder waren einverstanden.

Als die Kaufleute vorbeikamen, zogen sie Josef aus der Zisterne und verkauften ihn für zwanzig Silberstücke an die Kaufleute. Und die brachten Josef nach Ägypten.

Als Ruben zurückkehrte – er hatte sich, während die anderen ihre Mahlzeit verzehrten, entfernt – sah er, dass sein Bruder nicht mehr in der Zisterne war.

Er wandte sich aufgeregt an seine Brüder und sprach: »Josef ist nicht mehr in der Zisterne. Wohin soll ich jetzt gehen?«

Da nahmen seine Brüder Josefs Gewand, schlachteten einen Ziegenbock und tauchten das Gewand in Blut.

Dann schickten sie es dem Vater mit folgender Meldung: »Das haben wir gefunden; sieh nach, ob es das Gewand deines Sohnes ist.«

Jakob erkannte das Gewand und sagte: »Es ist das Gewand meines Sohnes. Ein wildes Tier hat ihn gefressen.«

Jakob war zutiefst betrübt. Er zog ein grobes Gewand an und trauerte lange Zeit um seinen Sohn.

Seine Söhne und Töchter bemühten sich ihn zu trösten, doch er wollte sich nicht trösten lassen und wiederholte immer wieder unter Tränen: »Ich werde trauern, bis ich mit meinem Sohn im Grab vereint bin.«

Inzwischen verkauften die Kaufleute Josef an Potifar, einen Kämmerer des Pharaos.

Die Träume des Pharaos

ÜBER DIESE GESCHICHTE:

Josef wurde nach Ägypten gebracht. Anfangs behandelte man ihn wie einen Sklaven und steckte ihn sogar ins Gefängnis. Eines Tages hatte der Pharao, der König von Ägypten, einen Traum, den niemand deuten konnte. Früher hielt man Träume für Botschaften Gottes. Josef aber konnte den Traum des Pharaos deuten und alles traf so ein, wie Josef es gesagt hatte. Der Pharao erkannte Josefs Klugheit und ernannte ihn zum Verwalter von Ägypten.

Kaufleute hatten Josef nach Ägypten gebracht. Potifar, ein Kämmerer des Pharaos, kaufte Josef den Kaufleuten ab. Als Potifar sah, dass Gott mit Josef war und ihm alles gelang, was er anpackte, fand er Gefallen an ihm und nahm ihn in seine Dienste.

Er bestellte ihn zum Verwalter über sein Haus und vertraute ihm seinen ganzen Besitz an.

Künftig brauchte Potifar sich nur noch um die Speisen zu kümmern, die er aß, denn der Herr segnete alles, was er im Haus und auf dem Feld besaß. Josef aber war schön von Gestalt und von Ansehen und so bot ihm Potifars Frau nach einiger Zeit an ihr Geliebter zu werden.

Aber Josef sagte: »Siehe, mein Herr hat mir seinen ganzen Besitz anvertraut, außer dir, seiner Frau. Wie sollte ich ihn verraten und mich gegen Gott versündigen?«

Sie bedrängte ihn unaufhörlich, aber er gab nicht nach. Eines Tages, als keiner der Diener im Haus war, ergriff sie Josef beim Gewand und machte ihm erneut den Antrag, ihr Geliebter zu werden. Aber Josef rannte hinaus und sie blieb mit seinem Gewand in der Hand zurück.

Sie war so erzürnt, dass sie die Diener herbeirief und sprach: »Seht, man hat uns einen Hebräer gebracht, damit er seinen Mutwillen mit uns treibt. Er ist in mein Gemach eingedrungen, um mich gefügig zu machen, aber ich fing an zu schreien. Als er mich schreien hörte, ließ er das Gewand zurück und lief hinaus.«

Als Potifar zurückkehrte, erzählte sie ihm dieselbe Geschichte und zeigte ihm Josefs Gewand. Da wurde Potifar zornig und ließ Josef ins Gefängnis werfen. Doch der Herr war mit Josef und bewirkte, dass er das Vertrauen des Gefängnisaufsehers gewann. Der Aufseher vertraute Josef die Aufsicht über alle Gefangenen an.

Noch während Josef im Gefängnis war, ließ der Pharao den Mundschenk und den

Bäcker ins Gefängnis werfen, weil sie ihren Herrn beleidigt hatten.

Eines Morgens fand Josef die beiden niedergeschlagen und fragte: »Was ist los mit euch? Warum macht ihr ein so verdrießliches Gesicht?«

Sie erwiderten: »Wir hatten beide einen Traum, den wir nicht deuten können.«

»Erzählt ihn mir«, forderte Josef sie auf, »damit Gott die Träume deute.«

Also erzählte der Mundschenk Josef seinen Traum: »Ich sah einen Weinstock vor mir; der hatte drei Ranken, die grünten, wuchsen und blühten. Und seine Trauben wurden reif. In einer Hand hielt ich den Becher des Pharaos. Ich presste die Bee-

ren in den Becher und reichte ihn dem Pharao.«

Da sagte Josef: »Die drei Ranken bedeuten drei Tage. Innerhalb von drei Tagen wird der Pharao sich an dich erinnern und dich wieder in dein Amt einsetzen. Du wirst dem Pharao den Becher reichen wie früher, als du sein Mundschenk warst. Aber bitte vergiss mich nicht, wenn es dir gut geht, und erwähne meinen Namen gegenüber dem Pharao. Sag ihm, dass man mich hierher entführt hat und ich nichts Böses getan habe.«

Als der Bäcker sah, dass Josef Träume deuten konnte, erzählte er ihm seinen: »Ich trug drei Weidenkörbe auf dem Kopf. Im obersten befand sich allerlei Feingebäck für den Pharao, doch Vögel pickten es auf.«

Und Josef erwiderte: »Die drei Körbe bedeuten drei Tage. Innerhalb von drei Tagen wird sich der Pharao an dich erinnern. Er wird dich an einem Pfahl aufhängen lassen und die Vögel werden das Fleisch von deinem Körper wegpicken.«

Am dritten Tag veranstaltete der Pharao ein Gastmahl und erinnerte sich an den Obermundschenk und an den Oberbäcker. Den Mundschenk setzte er wieder in sein Amt ein und den Bäcker ließ er hängen, so wie Josef es gesagt hatte. Aber der Mundschenk dachte nicht mehr an Josef, sondern vergaß ihn.

So vergingen zwei Jahre. Dann hatte der Pharao einen Traum. Am anderen Morgen sandte er nach allen Weisen und Wahrsagern Ägyptens, damit sie ihm den Traum deuteten, aber keiner war dazu fähig. Da erinnerte sich der Obermundschenk an Josef. Er berichtete dem Pharao, im Gefängnis sitze ein junger Hebräer, der Träume deuten könne.

Der Pharao ließ Josef rufen und sprach zu ihm: »Ich habe einen Traum gehabt, den niemand deuten kann. Ich habe gehört, du kannst so etwas.«

»Das ist nicht mein Verdienst, aber Gott wird dem Pharao Antwort auf seinen Traum geben.«

Darauf berichtete der Pharao Josef seinen Traum: »Ich stand am Ufer des Nils. Da stiegen sieben schöne, wohl genährte Kühe aus dem Fluss und weideten im Gras. Danach stiegen sieben weitere sehr magere und hässliche Kühe heraus. In ganz Ägypten habe ich keine so hässlichen Kühe gesehen wie diese. Die mageren sieben Kühe fraßen die sieben fetten auf. Dennoch war ihnen das nicht anzumerken. Sie waren genauso abgezehrt wie vorher. Da erwachte ich. Dann hatte ich noch einen Traum: Sieben Ähren wuchsen an einem Halm empor, voll und schön. Dann erwuchsen aus ihnen weitere sieben Ähren, dürr und ausgetrocknet. Wieder fraßen die dürren Ähren die sieben schönen auf.«

Da sagte Josef zum Pharao: »Es ist im Grunde nur ein einziger Traum: Gott hat dir gezeigt, was geschehen wird. Die sieben fetten Kühe und die sieben schönen Ähren bedeuten, dass es sieben fette Jahre geben wird. Und die sieben mageren Kühe und die sieben dürren Ähren bedeuten sieben Hungerjahre. Deshalb muss der Pha-

rao einen klugen Mann im Land Ägypten einsetzen, der sich darum kümmert, dass die Ernte in den Überflussjahren eingesammelt wird, damit in den sieben Hungerjahren genug Getreide vorhanden ist.«
Der Pharao, verwundert über die Weisheit des Hebräers, setzte Josef als Verwalter über Ägypten ein. Er zog seinen Siegelring von der Hand und steckte ihn Josef an. Außerdem sorgte er dafür, dass Josef vornehme Gewänder bekam, und legte ihm eine goldene Kette um den Hals.
Und genau, wie Josef es vorausgesagt hatte, folgten sieben Jahre des Überflusses. Josef ließ das Getreide einsammeln und es in die Speicherkammern des Landes füllen. Dann folgten die sieben Hungerjahre. Alle kamen nach Ägypten, um Getreide zu kaufen, denn überall herrschte Hunger. Aber in den Kornspeichern Ägyptens waren genug Vorräte vorhanden.

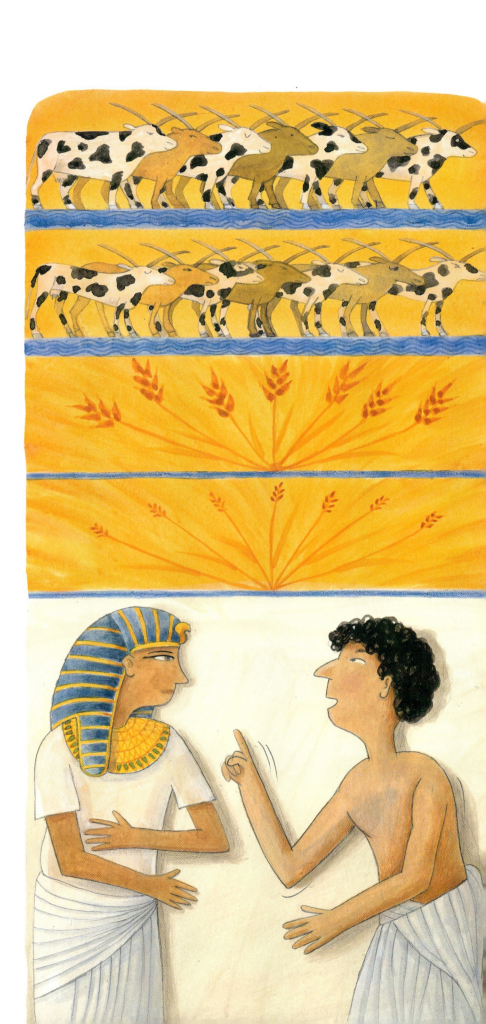

Josefs Brüder in Ägypten

ÜBER DIESE GESCHICHTE:

Während der Hungersnot, die Josef vorausgesagt hatte, begaben sich viele Fremde nach Ägypten, um Getreide zu kaufen. Unter ihnen waren auch Josefs Brüder. Zuerst gab sich Josef nicht zu erkennen, aber schließlich tat er es doch. Josefs Familie und viele Israeliten begaben sich nach Ägypten und ließen sich dort nieder.

Nachdem Josef verschwunden war, hatte Jakob mit derselben Frau noch einen Sohn, den er Benjamin nannte. Als in Israel die Hungersnot ausbrach, sandte Jakob seine Söhne nach Ägypten, damit sie Getreide kauften. Nur Benjamin blieb bei ihm.

Als die Söhne nach Ägypten kamen, begegneten sie Josef, dem Gebieter über das Land. Sie erkannten ihn nicht und verneigten sich tief vor ihm. Josef aber erkannte sie, behandelte sie barsch und warf ihnen vor, sie wären Spione.

Aber sie erwiderten: »Nein, Herr, wir sind deine Knechte. Wir waren zwölf Brüder, alle Söhne desselben Mannes in Kanaan. Der eine ging von uns und der jüngste, Benjamin, ist noch bei unserem Vater.«

Josef beschuldigte sie erneut Spione zu sein und ließ sie ins Gefängnis werfen.

Am dritten Tag sprach er zu ihnen: »Wenn ihr am Leben bleiben wollt, muss einer von euch hier bleiben. Ihr anderen könnt gehen und eurem Vater Getreide bringen. Dann kehrt ihr mit dem jüngsten Bruder zurück. So zeigt ihr mir, dass ihr es ehrlich meint.«

Dann gab Josef den Befehl, ihre Säcke mit Getreide zu füllen und unbemerkt das Geld, das sie für das Getreide bezahlt hatten, hineinzustecken.

Als sie am ersten Abend ihr Lager aufschlugen, öffnete einer von ihnen seinen Sack, um den Esel zu füttern, und entdeckte das Geld. Er sagte zu seinen Brüdern, er fürchte sich, dass man ihnen vorwerfen könne das Geld gestohlen zu haben. Als sie zu Hause angelangt waren, erzählten sie dem Vater, was sich ereignet hatte, auch was sie mit dem Herrn über Ägypten abgemacht hatten.

Aber der Vater erwiderte ihnen: »Ihr nehmt mir alle Söhne: Josef ist nicht mehr da, Simeon ist nicht mehr da und nun wollt ihr mir noch Benjamin nehmen? Nein, er wird nicht mit euch gehen.«

»Töte meine beiden Söhne, wenn ich ihn dir nicht zurückbringe«, sagte Ruben zu ihm.

Aber Jakob weigerte sich. Inzwischen wurde die Hungersnot im Lande immer bedrohlicher und das Getreide, das sie aus Ägypten mitgebracht hatten, war aufgezehrt. Also bat Jakob seine Söhne erneut nach Äypten zu ziehen, um Getreide zu kaufen.

»Wir haben dir bereits gesagt, dass dieser Mann uns nur dann vorlässt, wenn wir ihm Benjamin bringen«, entgegnete Juda.

Nach vielen Zweifeln ließ Jakob seinen Sohn Benjamin ziehen.

Als sie in Ägypten waren, traten sie vor Josef.

Als Josef seinen jüngeren Bruder sah, sagte er zum Hausverwalter: »Schlachte ein Tier und bereite es zu, denn diese Männer sollen heute bei mir speisen.«

Die Brüder misstrauten Josef und dachten, er werde sie ins Gefängnis stecken und ihnen vorwerfen, sie hätten das Geld, das sie in ihren Säcken gefunden hatten, gestohlen. Aber der Hausverwalter beruhigte sie. Josef erkundigte sich, ohne sich zu erkennen zu geben, nach dem Vater. Als er seinen jüngeren Bruder sah, ergriff ihn die Rührung und er wandte sich ab, um seine Tränen zu verbergen. Nach dem Essen befahl Josef, der sich immer noch nicht zu erkennen gab, seinem Hausverwalter, die Säcke der Männer mit Lebensmitteln zu füllen, jedem erneut das Geld zurückzugeben und in den Sack des Jüngsten seinen Silberbecher zu stecken. Als der Morgen anbrach, verabschiedeten sich die Männer und machten sich auf den Weg. Aber sogleich folgte ihnen der Hausverwalter und sprach zu ihnen, wie Josef ihm vorher aufgetragen hatte: »Warum habt ihr den Becher gestohlen, aus dem mein Herr seine Wahrsagungen liest?«

»Wir haben nichts gestohlen. Wenn du deinen Becher in unseren Säcken findest, so werden wir deine Sklaven sein«, erwiderten sie.

Der Hausverwalter fand den Becher in

Benjamins Sack. Sie waren sehr verblüfft und kehrten zurück nach Ägypten. Dort erklärte Josef ihnen, dass Benjamin in Ägypten bleiben würde und sie zu ihrem Vater zurückkehren könnten.

Als Juda das hörte, sagte er: »Mein Herr, ich bleibe an Stelle von Benjamin hier. Wenn wir ohne ihn heimkehren, stirbt unser Vater vor Kummer. Benjamin ist der einzige Sohn, der von derselben Mutter geboren wurde wie Josef, der verstorbene Sohn.«

Da konnte Josef sich nicht mehr beherrschen. Er schickte alle, die außer seinen Brüdern im Raum waren, hinaus. Als sie allein waren, gab er sich zu erkennen. Er brach in Tränen aus und umarmte Benjamin, der ebenfalls Tränen vergoss. Dann küsste er gerührt all seine Brüder.

Als der Pharao erfuhr, dass Josefs Brüder gekommen waren, freute er sich sehr. Er sagte, sie sollten ihren Vater holen und sich alle in Ägypten niederlassen. Und er sagte, dass er ihnen schöne Ländereien schenken würde.

Also ließen sich die Israeliten in Ägypten nieder, in der Gegend von Goschen. Dort sorgten sie für eine zahlreiche Nachkommenschaft.

Mose wird aus den Fluten gerettet

ÜBER DIESE GESCHICHTE:

Die Ägypter nannten die Israeliten »Hebräer«. Die Hebräer stammten von Abraham, Isaak, Jakob und Josef ab. Sie bildeten das Volk, das Gott auserwählt hatte und mit dem er einen Freundschaftsbund geschlossen hatte. In Ägypten aber wurden die Hebräer wie Sklaven behandelt. Gott hat Mose erwählt, damit dieser sein Volk aus der Sklaverei befreite.

Nach dem Tod von Josef und seinen Brüdern war der neue Pharao auf dem Thron beunruhigt. Denn das Volk der Israeliten wurde immer zahlreicher und stärker als die Ägypter. Er fürchtete, die Israeliten könnten schließlich die Ägypter beherrschen. Daraufhin behandelte er sie wie Sklaven und erschwerte ihnen das Leben durch Fronarbeit. Aber je mehr er sie unterdrückte, desto zahlreicher wurden sie.

Darauf befahl der Pharao den Hebammen, alle neugeborenen Knaben im Fluss zu ertränken, die Mädchen aber am Leben zu lassen. Doch einige Hebammen widersetzten sich dem Befehl.

Eine Frau aus dem Hause Levi hatte einen Jungen geboren, den sie drei Monate lang verbarg. Als sie ihn nicht länger verbergen konnte, nahm sie blutenden Herzens einen Weidenkorb und dichtete ihn mit Asphalt und Pech ab, damit er im Wasser nicht unterging.

Dann legte sie das Kind hinein und setzte den Korb am Flussufer, verborgen vom Schilf, ins Wasser.

Eine Schwester des Säuglings hielt beim Schilf Wache. Sie wollte sehen, was nun geschehen würde. Da kam die Tochter des Pharaos, um im Nil zu baden. Als sie ins Wasser tauchte, entdeckte sie den Korb mit dem Säugling.

Sie empfand Mitleid mit ihm und sagte: »Das ist sicherlich ein Kind der Hebräer.«

Die Schwester verließ ihr Versteck im Schilf und fragte die Tochter des Pharaos: »Soll ich eine Hebamme der Hebräer holen, damit sie dir das Kind stillt?«

Die Tochter des Pharaos war einverstanden. Da holte das Mädchen die Mutter. Sie trat vor die Tochter des Pharaos und diese sagte: »Nimm dieses Kind und stille es. Ich will dich dafür bezahlen.«

Die Frau war glücklich, dass sie ihren eigenen Sohn stillen konnte. Als der Knabe nach einigen Jahren größer geworden war, brachte die Frau ihn der Tochter des Pharaos. Diese nahm ihn als Sohn an und nannte ihn Mose, was bedeutet »Ich habe ihn aus dem Wasser gezogen«.

Mose wuchs heran. Eines Tages ging er zu seinen Brüdern, die Lasten schleppten. Er sah, wie ein Ägypter einen Hebräer, einen seiner Brüder, misshandelte. Da tötete Mose den Ägypter und begrub ihn im Sand.

Der Pharao hörte von diesem Vorfall. Er ließ Mose suchen, um ihn zu töten. Aber Mose floh aus Ägypten und begab sich in das Land Midian, um dort Zuflucht zu suchen. Er setzte sich neben einen Brunnen, um Rast zu machen.

Da kamen die Töchter des Priesters von Midian. Sie wollten Wasser schöpfen, um ihre Schafe zu tränken. Auch Hirten tauchten auf und wollten die Mädchen vom Brunnen verdrängen. Aber Mose verteidigte sie und half ihnen die Schafe zu tränken.

Die Mädchen kamen an diesem Tag viel früher nach Hause als sonst.

Ihr Vater fragte: »Warum kommt ihr heute so früh?«

»Ein Ägypter hat uns vor den Hirten verteidigt, Wasser aus dem Brunnen geschöpft und die Schafe damit getränkt«, erwiderten sie.

Da warf ihnen der Vater vor: »Wo ist der Ägypter? Warum habt ihr ihn gehen lassen? Sagt ihm, er soll mit uns essen.«

Mose ließ sich überreden im Haus des Mannes zu wohnen. Und der Priester gab ihm seine Tochter Zippora zur Frau. Sie bekamen einen Sohn und Mose nannte ihn Gerschom, was bedeutet »Fremdling im fremden Land«.

Lange Zeit danach starb der König von Ägypten und die Israeliten flehten zu Gott, er möge sie aus der Sklaverei befreien. Gott erhörte sie und hatte Mitleid mit ihnen.

Mose kehrt nach Ägypten zurück, um die Israeliten zu retten

ÜBER DIESE GESCHICHTE:

Immer wenn Gott Menschen seine Gunst schenkt, so geschieht das mit Hilfe anderer. Diese Geschichte erzählt, wie Gott Mose erwählt hat, um das Volk Israel aus der ägyptischen Sklaverei zu befreien.

Als Mose die Schafe seines Schwiegervaters weidete, kam er zum Berg Horeb, dem Berg Gottes. Dort sah er einen Dornbusch, der in Flammen stand, dabei aber nicht verbrannte. Mose näherte sich, um der Sache auf den Grund zu gehen. Da rief Gott ihn aus dem Dornbusch: »Mose, Mose!«

»Hier bin ich«, antwortete Mose.

»Tritt nicht näher. Zieh deine Sandalen aus, denn du berührst einen heiligen Ort. Ich bin der Gott deines Vaters, der Gott Abrahams, der Gott Isaaks und der Gott Jakobs.«

Mose verhüllte sein Angesicht, denn er fürchtete sich Gott anzublicken.

Aber Gott sprach: »Ich habe gesehen, wie mein Volk in Ägypten lebt. Ich habe seine Klagen vernommen und kenne seine Leiden. Ich bin gekommen, um es aus der Knechtschaft zu befreien. Ich führe es aus Ägypten heraus und in ein schönes großes Land mit fruchtbarem Boden. Also geh nun. Ich schicke dich zum Pharao, damit du mein Volk, die Israeliten, aus Ägypten führst.«

Mose antwortete: »Herr, wer bin ich, dass ich zu dem Pharao gehe und ihn bitte, dass er die Israeliten freilasse?«

Und Gott erwiderte: »Ich werde mit dir sein, an deiner Seite. Und wenn du das Volk aus Ägypten herausgeführt hast, werdet ihr für mich auf diesem Berg einen Gottesdienst abhalten.«

Mose sagte: »Und wenn sie mich fragen, wer mich zu ihnen gesandt hat, was soll ich ihnen antworten?«

Da sprach Gott: »Ich werde sein, der ich sein werde. Du sollst zu den Israeliten sagen: Der ›Ich werde sein‹ hat mich geschickt. Der Gott eurer Väter, der Gott Abrahams, der Gott Isaaks und der Gott Jakobs. Geh und sag ihnen, dass ich beschlossen habe, sie aus ihrer Knechtschaft zu befreien und in ein wunderbares Land zu führen. Sie werden auf dich hören. Dann begib dich zum Pharao und bitte ihn

euch ziehen zu lassen. Ich weiß, dass er euch nicht ziehen lassen wird, aber ich werde eingreifen und er wird euch freilassen.«

Da sagte Mose: »Sie werden mir nicht glauben, dass mir Gott erschienen ist.«
Darauf befahl Gott ihm den Stab in seiner Hand auf den Boden zu werfen. Mose tat wie ihm geheißen und sofort verwandelte sich der Stab in eine Schlange. Mose erschrak und wich zurück.
Aber Gott sprach: »Fürchte dich nicht, sondern pack die Schlange am Schwanz.«
Mose tat wie Gott ihm befohlen hatte und die Schlange wurde wieder zum Stab.
Gott sprach: »So werden sie dir glauben, dass Gott, der Gott ihrer Väter, dir erschienen ist. Und jetzt steck deine Hand unter dein Gewand.«

Mose tat wie ihm geheißen. Als er sie hervorzog, war sie weiß, als ob er Aussatz hätte. Gott befahl ihm, sie wieder unter das Gewand zu stecken. Als Mose die Hand wieder hervorzog, war sie ganz normal.
»Wenn sie dir nicht auf das erste Zeichen glauben, so glauben sie dir auf das zweite. Sollten sie dir dann immer noch nicht glauben, so nimm etwas Nilwasser und gieße es auf den Boden. Das Wasser wird sich in Blut verwandeln.«

Aber Mose entgegnete: »Ach, Herr, ich bin sehr unbeholfen und nicht wortgewandt. Wenn sie mich hören, glauben sie mir nicht.«

Da wurde Gott zornig und sprach: »Dein Bruder Aaron kann sehr gut reden. Ich werde in deinem und in seinem Mund sein und werde euch eingeben, was ihr sagen sollt. Er soll in deinem Namen zu dem Volk sprechen.«

Mose machte sich auf nach Ägypten. Dort trat er vor die Ältesten der Israeliten und verkündete ihnen die Botschaft, die er von Gott überbrachte. Aaron übermittelte ihnen seine Botschaft und Mose wirkte ein paar Wunder, damit sie ihm glaubten. Das Volk glaubte ihnen auch und schöpfte Hoffnung, weil Gott sich an sie erinnert hatte. Den Pharao dagegen machten ihre Worte zornig; er verschärfte die Fronarbeit der Israeliten noch mehr. Mose wandte sich bekümmert an den Herrn.

Aber der Herr beruhigte ihn und sprach: »Mach dir keine Sorgen. Dem Pharao bleibt nichts anderes übrig, als das Volk ziehen zu lassen, ja, er wird es selbst aus dem Lande jagen. Tu, was ich dir sage.«

Der Auszug der Israeliten aus Ägpyten

ÜBER DIESE GESCHICHTE:

Mose bat den Pharao, den König Ägyptens, die Israeliten freizulassen. Der Pharao weigerte sich. Aber seit dem Tag, an dem der Pharao sich weigerte, ereigneten sich Plagen und Katastrophen, die ihn schließlich zwangen nachzugeben.

Gott suchte das Land Ägypten mit schrecklichen Plagen heim, damit der Pharao sein Volk freilasse. Bei der ersten Plage verwandelte sich das Wasser des Nils in Blut und alle Fische starben.
Trotzdem war der Pharao weiterhin nicht bereit die Israeliten aus dem Frondienst zu entlassen.
Es folgte die zweite Plage. Aus den Gewässern Ägyptens kamen Unmengen von Fröschen, die das Land heimsuchten. Daraufhin ließ der Pharao Mose und Aaron holen und befahl ihnen das Volk von den Fröschen zu befreien. Dafür würde er ihrem Volk die Freiheit geben. Also bat Mose Gott die Frösche verschwinden zu lassen und Gott erfüllte seinen Wunsch. Doch der Pharao hielt sein Versprechen, das er Mose gegeben hatte, nicht.
Innerhalb weniger Tage kam die dritte Plage über Ägypten. Stechmücken griffen Mensch und Vieh an und stachen.
Und darauf folgte die vierte Plage: ein Bremsenschwarm.
Dann kam die fünfte Plage über das Land, eine Viehseuche.
Bei der sechsten Plage wurden Mensch und Tier von Geschwüren heimgesucht.
Bei der siebten Plage schließlich gingen schwere Hagelschauer über Mensch und Vieh nieder und töteten alles.
Die achte war eine grauenhafte Heuschreckenplage, welche die gesamte Ernte vernichtete.
Es kam die neunte Plage: Drei Tage lang war ganz Ägypten in völlige Finsternis gehüllt.
Schließlich folgte die zehnte Plage, die schlimmste von allen. Um Mitternacht starben alle erstgeborenen Söhne der Ägypter und alle erstgeborenen Tiere. Im Morgengrauen erhob sich im ganzen Land großes Wehklagen.
Der Pharao fürchtete sich nun vor der Macht Gottes und ließ Mose und Aaron rufen. Er befahl ihnen Ägypten auf der Stelle zu verlassen. Mose trug jeder Familie der Israeliten auf, einen Ziegenbock auszuwählen und das Paschafest zu Ehren des Herrn zu feiern.
Als sie sich auf den Weg machten, bereute der Pharao, dass er sie hatte ziehen lassen, und beschloss sie zu verfolgen. Als die Is-

raeliten ihre Verfolger in der Ferne sahen, wurden sie von Furcht erfüllt. Aber Gott führte und beschützte sie. Er verdunkelte alles mit einer Wolke und die Ägypter konnten sich nicht nähern. Dann streckte Mose seine Hand über dem Meer von Kanaan aus, das seither das Rote Meer genannt wird, und das Wasser teilte sich. Mühelos zogen die Israeliten auf trockenem Boden mitten durch das Meer.

Die Ägypter aber verfolgten sie. Kaum war der letzte der Israeliten auf der anderen Seite angelangt, da streckte Mose erneut die Hand über dem Meer aus. Das Wasser floss wieder zusammen und begrub das gesamte ägyptische Heer unter sich.

Das Paschafest

Über diese Geschichte:

Diese Geschichte erklärt den Ursprung des Paschafestes. Mit diesem Fest danken die Juden Gott, dass er sie mit Hilfe von Mose aus Ägypten geführt und aus der Knechtschaft befreit hat.

Bevor sie aus Ägypten auszogen, hatte Gott zu Mose und Aaron gesprochen: »Dieser Monat wird für euch immer der erste Monat des Jahres und der wichtigste sein. Am Zehnten dieses Monats soll sich jede Familie ein einjähriges Ziegenböckchen oder männliches Schaflamm beschaffen. Wenn die Familie aber zu klein für ein ganzes Tier ist, so soll sie einen Nachbarn einladen. Ihr müsst das Tier bis zum Vierzehnten des Monats aufbewahren. Mit seinem Blut bestreicht ihr die Türpfosten und den Balken über der Tür des Hauses, in dem ihr es verzehrt. Abends wird dann das Fleisch am Feuer gebraten. Dazu gibt es ungesäuertes Brot und bittere Kräuter. Ihr esst alles auf bis auf den Kopf, die Schenkel und die Gedärme. Wenn etwas übrig bleibt, bewahrt es nicht bis zum nächsten Tag auf, sondern verbrennt es. Ihr verzehrt euer Mahl mit einem Gürtel um die Taille, mit Schuhen und einem Stab in den Händen. Esst es in Eile, denn der Tag soll ein Gedenktag an den Auszug aus Ägpyten sein. Dieser Tag und diese Nacht sollen für euch etwas ganz Besonderes sein. Kein Fremder soll vom Paschalamm essen. Ihr verzehrt es in euren Häusern, ohne einen Knochen zu brechen.«

Und das ganze Volk Israel feierte das Paschafest.

Mose sprach zu seinem Volk: »Behaltet für immer den Tag in Erinnerung, an dem Gott euch aus Ägypten geführt und aus der Knechtschaft, der ihr unterworfen wart, befreit hat.«

Dann sangen Mose und alle Israeliten ein Loblied auf den Herrn und dankten ihm für ihre Befreiung:

»Lobpreist den Herrn, erhaben ist sein Sieg. Er hat die Wagen des Pharaos und seine Streitmacht ins Meer geworfen. Seine auserwählten Streiter sind im Schilfmeer versunken. Wer, oh Herr, ist mit dir zu vergleichen? Der Herr wird König sein immer und ewig.«

Die Durchquerung der Wüste

ÜBER DIESE GESCHICHTE:

Der Weg der Israeliten durch die Wüste war sehr beschwerlich und sie beklagten sich sehr darüber. Diese Geschichte erzählt, wie Gott ihnen half alles zu überwinden, was sich ihnen in den Weg stellte.

Die Israeliten zogen zur Wüste Schur. Seit ihrem Auszug aus Ägypten ins Gelobte Land waren anderthalb Monate vergangen.

Sie fingen an gegen Aaron und Mose zu murren und sprachen: »Wären wir doch durch die Hand des Herrn in Ägypten gestorben, als wir genug Fleisch hatten und reichlich Brot.«

Da sprach der Herr zu Mose: »Ich habe die Klagen der Israeliten vernommen. Ich werde Brot vom Himmel regnen lassen. Das Volk soll täglich seinen Bedarf einsammeln und am sechsten Tag die doppelte Menge erhalten. Sag ihnen: ›Am Abend bekommt ihr Fleisch und am Morgen Brot.‹ So wisst ihr, dass ich der Herr, euer Gott, bin.«

Und so geschah es. Am Abend bedeckte ein Wachtelschwarm das ganze Lager. Und am Morgen bildete sich Nebeltau. Als der Tau aufstieg, war der Boden der Wüste mit etwas Feinem, Körnigem bedeckt, das wie Reif aussah.

Mose sprach zu den Israeliten: »Das ist das Brot, das Gott euch zu essen gibt. Jeder nehme davon so viel er gerade braucht und niemand bewahre etwas davon auf.«

Am sechsten Tag aber hatten sie doppelt so viel eingesammelt, da sie am anderen Tag, am Sabbat, nicht arbeiteten. Denn dieser Tag war dem Herrn geweiht. Die Israeliten nannten das Brot, das ihnen der Herr täglich schenkte, Manna. Es war weiß und schmeckte wie Honigkuchen. Die Israeliten aßen das Manna vierzig Jahre lang, bis sie die Wüste hinter sich gelassen und die Grenze des Landes Kanaan erreicht hatten.

Ein andermal lagerte das Volk nach einigen Tagen Marsch in Refidim. Aber hier gab es kein Trinkwasser.

Und das Volk wandte sich erneut murrend an Mose: »Warum hast du uns aus Ägypten herausgeführt? Damit wir, unsere Kinder und unser Vieh vor Durst umkommen?«

Daraufhin wandte sich Mose an den Herrn: »Was soll ich mit diesem Volk tun? Fast hätte es mich gesteinigt.«

Der Herr antwortete Mose: »Nimm den Stab, mit dem du auf das Wasser des Nils geschlagen hast, und geh mit den Ältesten

voraus. Ich werde auf dem Felsen am Horeb auf dich warten. Schlag dann auf den Felsen und es wird genug Wasser heraussprudeln, dass alle trinken können.«
Mose tat wie ihm geheißen und das Volk stillte mit dem Wasser aus dem Felsen seinen Durst. Mose nannte den Ort Massa, was bedeutet »Probe« und Meriba, was bedeutet »Klage«.

Denn die Israeliten hatten den Herrn auf die Probe gestellt und sich über ihn beklagt, als sie wissen wollten: »Ist der Herr unter uns oder nicht?«

Die Zehn Gebote und der Bund

Über diese Geschichte:

Als die Israeliten am Fuß des Berges Sinai standen, erneuerte Gott mit Mose den Bund und Freundschaftspakt, den er einst mit Abraham geschlossen hatte. Dieser Bund bestand darin, dass Gott das Volk der Israeliten allzeit beschützte und dieses ihn als einzigen Gott anbeten sollte. Als Zeichen dafür, dass die Israeliten den Bund annahmen, verpflichteten sie sich die Zehn Gebote, die Gott Mose auf den Gesetzestafeln überreicht hatte, einzuhalten.

Drei Monate nach dem Auszug aus Ägypten gelangten die Israeliten in die Wüste Sinai. Mose stieg auf den Berg und dort sprach der Herr zu ihm: »Sag den Söhnen Israels, sie sollen nicht vergessen, dass ich sie aus der Gewalt der Ägypter befreit und sie hierher gebracht habe, so fürsorglich, wie ein Adler seine Jungen auf seinen Flügeln trägt. Sag ihnen auch, dass ich mit euch einen Bund schließen will, damit ihr mein Volk seid. Ich werde mich dir in einer dichten Wolke nähern, damit das Volk hört, was ich mit dir rede, und dir in Zukunft immer glaubt.«

Es vergingen drei Tage, in denen das Volk alles tat, worum Gott es gebeten hatte: Sie sollten ihre Gewänder waschen und am Fuß des Berges eine Grenze ziehen, damit niemand sich dem Berg näherte.

Am dritten Tag brachen Blitz und Donner los; eine dichte Wolke hüllte den ganzen Berg ein. Es erklang der Ton einer Posaune, der das ganze Lager erbeben ließ. Dann kam der Herr im Feuer auf den Berg herab: Rauch und Posaunenklang wurden immer dichter und lauter.

Als Mose auf dem Gipfel stand, sprach Gott zu ihm:

»Ich bin der Herr, dein Gott, der dich aus der Knechtschaft der Ägypter befreit hat.

Du sollst keinen anderen Gott haben als mich.

Du sollst keine Götterbilder verehren und dich nicht vor ihnen niederwerfen.

Du sollst nie meinen Namen missbrauchen und ihn gering achten oder benutzen, um falsches Zeugnis abzulegen.

Sechs Tage sollst du arbeiten, aber am siebten wirst du ruhn.

Du sollst Vater und Mutter ehren.

Du sollst nicht töten.

Du sollst nicht ehebrechen.

Du sollst nicht stehlen.

Du sollst nicht falsches Zeugnis ablegen gegen deinen Nächsten.

Du sollst nicht begehren den Besitz deines Nächsten.«

Das Volk aber, das den Donner, die Blitze, den Posaunenschall und den Rauch über dem Berg wahrnahm, fürchtete sich. Mose beruhigte es: »Fürchtet euch nicht! Der Herr ist nur gekommen, um euch zu sagen, dass ihr Achtung vor ihm haben sollt.«

Das Goldene Kalb und der neue Bund

ÜBER DIESE GESCHICHTE:

Die Israeliten haben bei vielen Gelegenheiten ihren Bund mit Gott gebrochen. Dennoch hat Gott sie weiterhin beschützt. Diese Geschichte erzählt, wie das Volk Israel untreu wurde, bevor Mose mit den Steintafeln vom Berg Sinai herabstieg. Auf diesen Tafeln waren die Gebote Gottes aufgeschrieben.

nen Kalb Opfer dar. Sie ließen sich nieder, um zu essen, zu trinken und zu tanzen. Gott wurde sehr zornig und er sagte zu Mose, dass er sein Volk vernichten werde. Aber Mose legte Fürbitte für sein Volk ein und bat Gott es nicht zu tun. Dann stieg er mit den beiden Tafeln, auf denen die Gebote des Bundes geschrieben waren, vom Berg herab.

Mose verweilte lange Zeit auf dem Berg.
Da er zögerte herunterzukommen, sammelte sich das Volk um Aaron und sprach: »Mach uns einen Gott, der uns führt, denn wir wissen nicht, was aus Mose geworden ist.«
Aaron bat alle ihm ihre goldenen Ohrringe zu bringen. Sie gehorchten ihm auf der Stelle. Und Aaron sammelte die Ringe in einer Form und goss daraus ein Goldenes Kalb.
Als das Kalb fertig war, riefen die Israeliten: »Israel, das ist dein Gott, der dich aus Ägypten herausgeführt hat.«
Dann errichteten sie einen Altar und am anderen Morgen brachten alle dem Golde-

Als Mose das Goldene Kalb und die Tänze sah, schleuderte er die Tafeln voller Zorn auf den Boden und zerschmetterte sie. Dann packte er das Götzenbild, das sie angefertigt hatten, und zermalmte es zu Staub. Diesen vermischte er mit Wasser und ließ die Israeliten davon trinken.

Darauf sprach er zu Aaron: »Was hat dir dieses Volk getan, dass du zugelassen hast, dass es solch große Schuld auf sich geladen hat?«

Aaron berichtete ihm alles, was geschehen war. Mose bestrafte jene, die das Goldene Kalb errichtet und angebetet hatten, mit aller Strenge. Und dann suchte er erneut Gott auf, um ihn im Namen des Volkes um Vergebung zu bitten.

Und Gott führte sein Volk weiterhin sicher durch die Wüste. Um den Herrn immer bei sich zu haben, schlug Mose vor dem Lager ein Zelt auf und nannte es das Zelt der Offenbarung. Denn hier wollte er Gott befragen, was sie tun sollten.

Mose wollte gern das Angesicht Gottes sehen, aber der Herr sprach zu ihm, keiner könne es sehen, ohne zu sterben. Und er beauftragte ihn zwei Steintafeln wie die vorherigen herzustellen.

Mose stieg erneut mit den Tafeln den Berg Sinai hinauf. Vierzig Tage und Nächte blieb er dort. Er aß weder Brot, noch trank er Wasser. Und Gott erneuerte den Bund, den er mit seinem Volk geschlossen hatte. Und Mose schrieb auf die Tafeln den Text des neuen Bundes: die Zehn Gebote.

Das Heiligtum und die Bundeslade

ÜBER DIESE GESCHICHTE:

Die Israeliten wanderten weiter durch die Wüste. Mose regelte nach den Weisungen Gottes das Leben dieses Volkes. Um Gott zu huldigen und dafür zu sorgen, dass die Israeliten nie vergaßen, dass Gott sie führte, gab er die Herstellung eines Heiligtums in Auftrag. Darin würden sie die Bundeslade aufbewahren, welche die Gesetzestafeln mit den Zehn Geboten enthielt.

Mose bat alle Israeliten mit ihrem Schmuck, mit Stoffen und anderen Kunstgegenständen sowie ihrer Arbeit zur Herstellung eines Heiligtums beizutragen und damit Gott zu ehren. Da ward das Volk so großzügig, dass Mose sogar bitten musste, nicht noch mehr beizusteuern. Denn es war bereits genug vorhanden.

Sie stellten das Heiligtum aus zehn Teppichen aus feinem Garn in blauem und rotem Purpur und Karmesin mit Kerubimfiguren her. Jeder Teppich maß vierzehn Meter Länge und zwei Meter Breite. Dann fertigten sie elf Teppiche aus Ziegenhaaren an, die als Zeltdecke dienen sollten. Für das Innere verwendeten sie acht Bohlen aus Akazienholz. Die Bohlen überzogen sie mit Gold, genauso die Ringe an den Ecken, die zur Aufnahme der Stangen dienten, die ebenfalls mit Gold überzogen wurden.

Die Lade fertigten sie aus Akazienholz, 125 Zentimeter lang, 75 breit und 75 hoch. Sie überzogen sie innen und außen mit Gold.

Sie schmolzen auch Gold, um vier Ringe herzustellen: zwei auf der einen und zwei auf der anderen Seite. Dann stellten sie Stangen aus Akazienholz her, überzogen mit Gold, die durch die Ringe an den Seiten gezogen wurden, um mit diesen Stangen die Lade zu tragen.

Darauf fertigten sie einen Tisch, um darauf die Brote auszubreiten, die sie Gott als Dank für die in der Wüste erhaltenen Nahrungsmittel opferten. Sie stellten einen sechsarmigen Leuchter mit sieben Lampen her: In den sechs Armen steckte je eine Lampe und eine in der Mitte.

Sie errichteten auch den Opferaltar und legten einen Vorhof an, der als Eingang diente. Außerdem fertigten sie die heiligen Gewänder und die Instrumente, die sie für die heiligen Riten benötigten.

Mose segnete die Arbeit, die die Israeliten vollbracht hatten.

Sie hatten sie genauso ausgeführt, wie Gott es ihnen befohlen hatte. Am Tag der Einweihung des Heiligtums stand eine

Wolke über dem Offenbarungszelt und die Herrlichkeit Gottes erfüllte das ganze Heiligtum.
Diese Wolke war ein Zeichen für die Anwesenheit Gottes, der sein Volk führte.

Tagsüber war sie grau und nachts rot wie Feuer. Immer, wenn sich die Wolke über das Heiligtum erhob, setzten die Israeliten ihren Weg fort.

Testament und Tod des Mose

Über diese Geschichte:

Die Israeliten benötigten vierzig Jahre, um zu dem Land zu gelangen, das Gott ihnen versprochen hatte. Mose starb, kurz bevor sie in das Land einzogen. Vor seinem Tod verabschiedete er sich von seinem Volk und bat alle Israeliten, Gott stets zu gehorchen.

Eines Tages versammelte Mose das Volk Israel und sprach zu ihm: »Ich bin jetzt hundertzwanzig Jahre alt und kann nicht mehr länger von einem Ort zum anderen ziehen. Der Herr hat mir verkündet, dass ich das Gelobte Land nicht mehr erreichen werde. Künftig wird Josua euer Führer sein!«

Er rief nach Josua und sprach zu ihm in Gegenwart des ganzen Volkes: »Sei stark und mutig, denn du wirst dieses Volk in das Land bringen, das dein Herr und Gott deinen Vätern versprochen hat. Der Herr wird mit dir sein und dich nie im Stich lassen. Fürchte dich nicht!«

Der Herr sprach zu Mose, dass er, da sich sein Leben dem Ende zuneige, mit Josua ins Offenbarungszelt gehen solle. Die beiden gehorchten ihm und der Herr erschien ihnen in einer Wolkensäule am Eingang des Zeltes.

Und Gott sprach zu Mose: »Sieh, du wirst jetzt zu deinen Vätern heimgehen. Dein Volk aber wird sich von mir abwenden und fremden Göttern huldigen und mich vergessen. Schreib dieses Lied auf, damit sie sich an den Bund Gottes mit seinem Volk erinnern. Sie sollen es lernen und ihren Söhnen beibringen.«

Mose trug vor dem ganzen Volk den Wortlaut des Liedes vor.

Als er damit fertig war, sprach er zu ihnen: »Das sind die Worte, die ich euch als Testament hinterlasse: Betet keine fremden Götter an und erfüllt die Gebote Gottes. Dann werdet ihr lange leben in dem Lande, das euch gehört, sobald ihr den Jordan überschreitet.«

Nach diesen Worten segnete Mose das Volk Israel.

Am selben Tag stieg er von der Ebene von Moab hinauf auf den Berg Nebo, der gegenüber Jericho liegt.

Der Herr zeigte ihm das ganze Land und sprach zu ihm: »Das ist das Land, das ich Abraham, Isaak und Jakob versprochen habe. Du hast es jetzt mit eigenen Augen gesehen, aber du wirst es nicht mehr betreten.«

Und dort im Lande Moab starb Mose, wie der Herr verheißen hatte.
Er war hundertzwanzig Jahre alt geworden. Die Israeliten weinten dreißig Tage um ihn.
Josua, der Sohn von Nun, war voller Weisheit, da Mose ihm die Hand aufgelegt hatte. Die Israeliten gehorchten ihm. Und doch gab es in Israel keinen Propheten mehr, der so war wie Mose, der von Angesicht zu Angesicht mit Gott geredet hatte.

Israel zieht durch den Jordan

ÜBER DIESE GESCHICHTE:

Als Mose starb, erwählte der Herr Josua als Anführer des Volkes. Die Israeliten überquerten mit Gottes Hilfe den Jordan. Sie wollten nach Kanaan, dem Land, das Gott ihnen als künftige Heimat versprochen hatte.

Josua gelangte mit den Israeliten zum Jordan. Sie übernachteten am Ufer des Flusses. Nach drei Tagen gingen die Schreiber durch das Lager und verkündeten, dass das Volk der Bundeslade folgen sollte, wenn sie durch das Lager getragen wurde.

Josua forderte sie auf sich zu reinigen, denn der Herr werde große Wunder wirken.

Darauf sprach der Herr zu Josua: »Heute werde ich dich vor dem ganzen Volk Israel preisen, damit es erkenne, dass ich mit dir bin, wie ich mit Mose gewesen bin. Befiehl den Priestern, die die Lade tragen, anzuhalten, wenn sie den Jordan erreicht haben.«

Josua sprach zu den Israeliten: »Nähert euch und hört die Worte des Herrn, eures Gottes. So werdet ihr erkennen, dass ein lebendiger Gott mitten unter euch ist, der die feindlichen Völker in die Flucht jagen wird. Die Bundeslade wird vor euch den Jordan überqueren. Und wenn die Füße der Priester, die die Lade tragen, den Jordan berührt haben, wird sich das Wasser des Flusses stauen.«

Und tatsächlich, als die Füße der Priester den Jordan berührten, staute sich das Wasser und so zog das ganze Volk durch das Flussbett, ohne nass zu werden.

Als alle den Jordan überquert hatten, sprach der Herr zu Josua: »Wählt zwölf Männer aus dem Volk, aus jedem Stamm einen, und befehlt ihnen an der Stelle, wo die Priester das Wasser berührt haben, zwölf Steine aus dem Wasser zu heben, mitzunehmen und an dem Lagerplatz, wo ihr die Nacht verbringen werdet, niederzulegen.«

Die Priester, welche die Lade getragen hatten, verharrten stillschweigend im Fluss, bis die zwölf Israeliten zwölf Steine aus dem Jordan gehoben hatten. Bald stiegen die Priester aus dem Fluss.

Nun füllte sich das Flussbett wieder mit Wasser und floss wie vorher bis an die Ufer.

Das Volk Israel überquerte den Jordan

am zehnten Tag des ersten Monats und schlug sein Lager in der Stadt Gilgal auf, im Osten von Jericho.

Dort stellte Josua die zwölf Steine auf und sprach zu den Israeliten: »Wenn euch eure Kinder eines Tages fragen, was diese Steine bedeuten, dann erklärt ihnen, dass der Herr, euer Gott, die Wasser des Jordan hat austrocknen lassen, wie er es einst mit dem Roten Meer getan hat, sodass ihr hindurchziehen konntet. So erkennen alle Völker der Welt, dass der Herr mächtig ist, und werden ihn achten.«

Die Eroberung Jerichos

Über diese Geschichte:

Gott erwählte Josua als Führer der Israeliten. Diese taten alles, was Josua ihnen befahl. Jericho war in Kanaan die erste Stadt auf ihrem Weg. Die Israeliten eroberten sie mit der Hilfe Gottes.

Als sie sich in der Nähe von Jericho befanden, hob Josua den Blick und sah vor sich einen Mann mit gezücktem Schwert in der Hand stehen.
Josua ging auf ihn zu und redete ihn an: »Gehörst du zu uns oder zu den Feinden?«
»Ich bin der Fürst über das Heer Gottes und bin gerade hier eingetroffen.«
Da fiel Josua auf sein Angesicht zur Erde nieder, betete ihn an und fragte: »Was befiehlt mein Herr seinem Knecht?«
Der Führer des Heeres erwiderte: »Zieh deine Schuhe aus, denn der Ort, auf dem du stehst, ist heilig.«
Josua tat, wie ihm befohlen wurde.
Dann sprach der Herr zu Josua: »Sieh, ich gebe Jericho und seinen König in deine Hand. Ihr müsst sechs Tage lang um die Stadtmauern herumgehen.«
»Und wie kommen wir in die Stadt, wenn die Mauern verschlossen sind?«
»Sieben Priester werden vor der Lade hergehen und in die Posaunen stoßen. Am siebten Tag zieht ihr sieben Mal um die Stadt, und wenn du es befiehlst, wird das ganze Heer den Kriegsschrei ausstoßen. Dann werden die Stadtmauern einstürzen.«
Josua rief die Priester und sprach zu ihnen: »Nehmt die Bundeslade. Sieben Priester sollen sieben Posaunen vor ihr hertragen.« Und zum Volk sagte er: »Geht und umkreist die Stadt. Jene, die Waffen bei sich tragen, gehen der Bundeslade voraus. Und kein Wort soll aus eurem Munde kommen, bis ich euch befehle den Kriegsschrei auszustoßen.«
Alle zogen einmal mit der Bundeslade um die Stadt. Dann kehrten sie in das Lager zurück, um dort die Nacht zu verbringen. Josua erhob sich früh am Morgen und die Priester nahmen die Bundeslade auf. Vor den Israeliten gingen sieben Priester und stießen in die Posaune. So taten sie es sechs Tage lang.
Als am siebten Tag die Sonne aufging, erhoben sie sich und gingen sieben Mal um die Stadt herum. Genau so wie in den vorangegangenen Tagen.
Beim siebten Mal, als die Priester in die Posaunen stießen, befahl Josua den Israeliten: »Macht ein Kriegsgeschrei, damit der Herr euch die Stadt übergibt. Diese Stadt

wird mit allem, was sie enthält, zerstört. Aber nehmt nichts an euch, denn dadurch würde das Volk Israel dem Bann ausgesetzt. Alles Gold, Silber und die Gegenstände aus Bronze und Eisen sollen Gott geweiht sein.«

Als die Israeliten den Kriegsschrei ausstießen, stürzten die Mauern ein und das Heer nahm die Stadt ein. So wurde diese Stadt erobert.

Seither war der Herr mit Josua und sein Ruf verbreitete sich in der ganzen Gegend.

Josuas Abschied und die Erneuerung des Bundes

Über diese Geschichte:

Das Volk Gottes setzte seinen Weg nach Kanaan fort, eroberte neue Städte und dankte Gott für die Wunderwerke, die er an ihnen vollbrachte. Die Israeliten erneuerten ihr Bündnis mit Gott. Als sie sich in Kanaan niedergelassen hatten, teilten sie das Land zwischen den zwölf Stämmen auf, die einst die zwölf Söhne Jakobs gegründet hatten.

Seit der Herr die Kämpfe Israels mit seinen Feinden beendet hatte, waren viele Jahre vergangen. Josua war hochbetagt und spürte, dass ihm nicht mehr viel Zeit blieb.

Also rief er ganz Israel zusammen, die Ältesten, die Führer, Richter und Schreiber, und sprach zu ihnen: »Ich bin jetzt sehr alt. Ihr habt gesehen, wie der Herr, euer Gott, unsere Feinde behandelt hat. Euer Gott hat für uns gekämpft. Ich fordere euch also auf das Gesetz Mose zu erfüllen und nicht dasselbe zu tun wie diese Völker, die bei euch geblieben sind. Ihr sollt nicht ihre Götter anrufen, sollt ihnen nicht dienen und euch nicht vor ihnen niederwerfen. Ihr sollt euren Gott anbeten, wie ihr es bis jetzt getan habt. Kein einziges Volk hat euch bis heute standhalten können. Ein Einziger von euch kann Tausende verfolgen, denn der Herr ist mit euch. Liebt den Herrn, euren Gott, und er belohnt euch mit Wohltaten.«

Alle Ältesten, Familienoberhäupter, Richter und Schreiber lauschten mit großer Aufmerksamkeit.

Josua sprach weiter: »Das hat der Herr zu mir gesagt, hört seine Worte: ›Ich nahm euren Vater Abraham, ließ ihn durch das ganze Land Kanaan ziehen, gab ihm zahlreiche Nachkommenschaft und gab ihm Isaak. Isaak gab ich Jakob und Esau. Esau gab ich das Gebirge Seïr, während Jakob und seine Söhne nach Ägypten zogen. Dann sandte ich Mose und Aaron, um Ägypten zu strafen, weil es euer Volk in der Knechtschaft hielt, und führte es aus Ägypten heraus: Ich teilte die Wasser des Roten Meeres, damit sie hindurchgehen konnten. Als die Ägypter sie verfolgten, ließ ich das Wasser wieder zusammenfließen. Und ihr habt lange Zeit in der Wüste gewohnt. Auch half ich euch den Jordan zu überqueren und habe euch nach Jericho geführt, einer Stadt, die ihr nicht gebaut habt. Und jetzt lebt ihr in dieser Stadt, umgeben von Weinbergen und Ölbäumen, die ihr nicht gepflanzt habt und die euch Nahrung geben.‹ Was wollt ihr unserem Herrn dazu sagen?«

Und das Volk antwortete Josua: »Nie werden wir uns vom Herrn abwenden, um anderen Göttern zu dienen!«

Darauf sprach Josua zu ihnen: »Es ist gut, ihr seid Zeugen vor euch selbst, dass ihr euch dafür entschieden habt, dem Herrn zu dienen.«

An jenem Tag schloss Josua in Sichem den Bund mit dem Volk; er gab ihm Gesetze und Gebote, die er ins Buch des Gesetzes Gottes schrieb. Dann hob er einen Stein auf und legte ihn unter die Eiche, die im Heiligtum Gottes steht.

Er sagte: »Seht, dieser Stein soll Zeuge des Bündnisses sein, denn er hat alles gehört, was der Herr zu uns gesprochen hat.«

Und kurze Zeit später starb Josua im Alter von hundertzehn Jahren.

Debora rettet die Israeliten

ÜBER DIESE GESCHICHTE:

Nach Josuas Tod wandten sich die Israeliten vom Herrn, ihrem Gott, ab und beteten die Götter der Nachbarländer an. Bald war das Volk Israel nicht mehr fähig die feindlichen Angriffe abzuwehren. Um sich besser verteidigen zu können, ernannten sie Richter, die ihnen als Führer dienten. Gott bediente sich dieser Richter, um seinem Volk zu helfen. Eine der Richterinnen war eine Frau namens Debora.

Die Israeliten wandten sich von ihrem Gott und Herrn ab und fielen Jabin, dem König von Hazor und Kanaan, in die Hände.

Sisera, Jabins Heerführer, unterdrückte die Israeliten zwanzig Jahre lang. Nun baten die Israeliten den Herrn ihnen zu helfen und sie von Sisera zu befreien.

Eines Tages schickte Debora, die Richterin, die damals Israel regierte, zum Heerführer Barak und sagte zu ihm: »Der Herr und Gott Israels befiehlt: Sammle auf dem Berg Tabor zehntausend Mann von den Söhnen Naftalis und von den Söhnen Sebulons. Ich werde dir den Heerführer Sisera mit seinen Wagen und Truppen in die Hände spielen.«

Barak erwiderte: »Wenn du mit mir gehst, werde ich gehen; wenn du aber nicht mit mir gehst, werde ich auch nicht gehen.«

Debora sprach: »Gut, ich gehe mit dir. Aber nicht du wirst den Ruhm dieses Unternehmens ernten, denn der Herr wird Sisera in die Hände einer Frau geben.«

Barak rief in Kedesch die Nachkommen von Sebulon und Naftali zusammen. Alle stiegen zum Berg hinauf, auch Debora.

Dank dem Herrn gelang es Barak das Heer von Sisera zu schlagen.

Dieser sprang von seinem Kriegswagen und floh zu Fuß zum Zelt der Jaël, der Frau von Heber. Da Heber gute Beziehungen zu Jabin, seinem König, unterhielt, dachte Sisera, dass er bei ihr willkommen sei.

Jaël ging ihm entgegen und sprach zu ihm: »Kehr bei mir ein, fürchte dich nicht.«

Sisera sprach: »Bleib am Eingang des Zeltes. Wenn jemand kommt und dich fragt, ob jemand hier sei, dann antworte: ›Nein.‹«

Aber Jaël, die Gemahlin von Heber, tötete Sisera im Schlaf.

Barak, der Sisera verfolgte, kam vor das Zelt.

Jaël trat heraus und sprach: »Komm, ich zeige dir den Mann, den du suchst.«

Barak betrat das Zelt und sah Sisera dort tot liegen.

So demütigte Gott Jabin, den König von Kanaan, vor den Israeliten. Und diese wurden immer stärker, bis es ihnen schließlich gelang den König von Kanaan zu vernichten.

An jenem Tag sangen Debora und Barak dem Gott Israels ein Loblied.

Die Geschichte Gideons

Über diese Geschichte:

In der Zeit, als die Israeliten nicht mehr an das Bündnis dachten, das sie mit Gott geschlossen hatten, und andere Götter anbeteten, besaßen sie keine Streitkräfte, um gegen angreifende Völker zu kämpfen. Einer der Richter, der den Israeliten half sich auf Gott zu besinnen, war Gideon. Durch ihn errettete Gott sein Volk vor weiteren Gefahren.

Die Israeliten verhöhnten Gott mit ihrem Verhalten und gerieten sieben Jahre lang in die Gewalt der Midianiter. Sie besaßen weder Herden noch Zelte und mussten daher in Höhlen flüchten. Sie flehten den Herrn an, sie von den Midianitern zu befreien.

Da sandte der Herr einen Engel zu Gideon, einem starken und edlen Israeliten, dem er verkündete, dass er dazu auserwählt sei, sein Volk zu retten.

Gideon wollte sich vergewissern, dass diese Botschaft von Gott kam, und sagte: »Wenn ich wirklich in deinen Augen Gnade gefunden habe, dann sende mir ein Zeichen, dass du es bist, der mit mir spricht. Geh nicht fort, bis ich wiederkomme und dir meine Gabe überreiche.«

»Ich bleibe hier, bis du wiederkommst«, sprach der Herr.

Dann kehrte Gideon zurück und opferte dem Herrn ein Ziegenböckchen und ungesäuerte Brote. Der Engel berührte mit der Spitze des Stocks das Fleisch und die Brote. Da loderte aus dem Felsen ein Feuer auf, das Fleisch und Brote verbrannte.

Gideon rief: »Ich habe den Engel des Herrn von Angesicht zu Angesicht gesehen.«

Aber der Herr forderte ihn auf, sich nicht zu fürchten, und befahl ihm den Altar, den die Israeliten dem Gott Baal errichtet hatten, zu zerstören und dann einen Altar für den einzigen Gott Israels zu errichten. Gideon tat, wie ihm befohlen wurde.

Gideon bat den Herrn um eine weitere Probe, um sich zu vergewissern, dass er der Auserwählte war, um sein Volk zu retten.

»Ich breite geschorene Wolle auf dem Boden aus«, sagte er. »Wenn Tau auf die Wolle fällt und der Boden trocken bleibt, dann weiß ich, dass ich der Auserwählte zur Rettung Israels bin.«

Und in jener Nacht sandte Gott ihm das Zeichen. Gideon war überzeugt der Gesandte des Herrn zu sein, der Israel retten sollte. Am nächsten Tag begab er sich zu den dreihundert Israeliten, die mit ihm in den Kampf ziehen sollten.

Gideon teilte die dreihundert Mann in drei Abteilungen.

Er gab jedem Soldaten eine Posaune, einen leeren Krug und eine Fackel und sagte zu ihnen: »Ich werde in die Posaune stoßen und alle, die bei mir sind, machen es ebenso. Dann stoßt auch ihr in die Posaune und ruft: ›Für den Herrn und Gideon!‹«
Als es Mitternacht war, stieß Gideon in die Posaune und zerschlug den Krug. Da taten es ihm die drei Abteilungen nach und riefen: »Für den Herrn und Gideon!«
Das Heer der Midianiter ergriff die Flucht. Und kurze Zeit später wurden die Midianiter von den Israeliten besiegt. Vierzig Jahre lang herrschte Ruhe im Lande – vierzig Jahre, bis zu Gideons Tod.

Simson

ÜBER DIESE GESCHICHTE:

Die Israeliten brachen das Bündnis mit Gott und dieser gab sie für vierzig Jahre in die Hand der Philister. Wieder wählte der Herr einen Richter, Simson, der das Volk Israel retten sollte.

Ein Mann namens Manoach gehörte zu einem der Stämme Israels. Seine Frau war unfruchtbar und so hatten sie keine Kinder.

Eines Tages erschien ihr ein Engel des Herrn und sprach: »Du bist unfruchtbar und hast keine Kinder, aber dennoch wirst du einen Sohn gebären. Wenn dein Sohn geboren ist, darfst du sein Haar nicht abschneiden, zum Zeichen dafür, dass das Kind vom Mutterleib an Gott geweiht ist. Dein Sohn wird Israel aus der Gewalt der Philister retten.«

Als das Kind geboren wurde, nannten sie es Simson. Simson wuchs zu einem starken und kräftigen Jungen heran. Eines Tages machte er sich auf nach Timna. Da sprang ihm ein brüllender Löwe entgegen. Aber der Geist des Herrn kam über ihn und tötete den Löwen.

In Timna verliebte Simson sich in eine junge Philisterin und hielt um ihre Hand an. Am Tag seiner Hochzeit gab er ein Rätsel auf, das niemand lösen konnte. Derjenige, versprach Simson, der es errät, bekommt schöne Festtagsgewänder. Seine Frau bedrängte ihn daraufhin so sehr, ihr die Lösung zu verraten, dass er schließlich nachgab. Die Frau aber verriet die Lösung den Philistern. Simson jedoch erfuhr davon. Als die Philister ihm die Lösung sagten, wurde er so zornig, dass er dreißig Männer tötete.

Er beraubte die Toten ihrer Gewänder und gab sie denen, die das Rätsel gelöst hatten. Dann verließ er seine Frau und kehrte in das Haus seiner Eltern zurück.

Einige Zeit danach suchte er seine Frau auf, doch sein Schwiegervater hatte sie bereits einem anderen Mann gegeben.

Statt ihrer bot er ihm seine jüngere Tochter an. Darauf ging Simson wutentbrannt hin und fing dreihundert Füchse. Er band immer je zwei Füchse an den Schwänzen aneinander und brachte dazwischen eine Fackel an. Dann entzündete er die Fackeln und ließ die Füchse auf den Feldern der Philister frei. So verbrannte das gesamte Getreide, ja sogar die Weinberge und Olivenbäume.

Als die Philister erfuhren, dass Simson dafür verantwortlich war, baten sie die Männer von Juda, ihn gefangen zu nehmen und ihnen gefesselt zu übergeben. Aber Simson löste mühelos seine Fesseln und erschlug tausend Philister.

Die Philister wollten Simson unbedingt gefangen nehmen, aber Simson war so stark, dass es ihnen nicht gelang. Doch dann verliebte sich Simson in Delila; da sahen die Philister die Gelegenheit zur Rache gekommen. Die Führer der Philister suchten Delila auf und boten ihr tausendeinhundert Silberstücke an, wenn sie herausbekam, woher Simsons außergewöhnliche Kraft stammte.

Delila sagte also zu Simson: »Verrate mir das Geheimnis deiner Kraft.«

»Wenn man mich mit sieben frischen Bogensehnen fesselte, die noch nicht trocken sind, dann würde ich meine Kraft verlieren und wäre so schwach wie jeder andere.«

Die Führer der Philister gaben Delila die sieben frischen, ungetrockneten Bogensehnen und sie fesselte Simson damit.

Dann lauerten die Philister ihm auf und sie rief: »Simson, die Philister!«

Aber Simson zerriss die Sehnen so leicht, wie ein Faden reißt, der ins Feuer gerät.

»Du hast mich belogen«, warf Delila ihm vor. »Sag mir, wie man dich wirklich fesseln müsste.«

»Wenn du die sieben Locken meines Kopfes mit dem Garn eines Webstuhls verwebst und einen Pflock hineinschlägst, wäre ich ohne Kraft wie jeder andere auch.«

Delila tat alles so, wie er es beschrieben hatte.

Wieder rief sie dann: »Simson, die Philister!«

Er erwachte und riss das Garn und den Pflock heraus.

Delila aber gab keine Ruhe, bis Simson ihr die eigentliche Wahrheit sagte: »Wenn man mir die Haare abschneiden würde, wäre ich ohne Kraft und wie jeder gewöhnliche Mensch.«

Da rief Delila die Führer der Philister und forderte sie auf, das Geld mitzubringen. Sie ließ Simson auf ihren Knien einschlafen.

Dann rief sie einen Mann, der die sieben Locken, die auf Simsons Kopf wuchsen, abschneiden sollte.

Und sie rief zum dritten Mal: »Simson, die Philister!«

Simson erwachte, aber er konnte nicht aufstehen. Die Philister ergriffen ihn und stachen ihm die Augen aus. Dann fesselten sie ihn mit einer Eisenkette und zwangen ihn im Gefängnis zu arbeiten.

Eines Tages kamen die Fürsten der Philister zusammen, um ein Fest zu feiern. Sie ließen nach Simson schicken, damit sie ihn verspotten konnten. Simson bat zu den Säulen geführt zu werden, die das Gebäude stützten, um sich anzulehnen.

Dann rief er Gott an: »Herr, mein Gott, ich flehe dich an, erinnere dich an mich: Nur dieses eine Mal noch gib mir Kraft, damit ich mich mit einem einzigen Schlag an den Philistern für den Verlust meiner Augen räche.«

Er stemmte seine Hände gegen die Säulen und rief: »Ich will mit den Philistern sterben!«

Er stemmte sich mit solcher Kraft gegen die Säulen, dass das Haus auf die Fürsten fiel und auf all das Volk, das darin war.

Rut, die gute Schwiegertochter

ÜBER DIESE GESCHICHTE:

Eine Frau namens Noomi war Witwe. Und binnen kurzer Zeit starben auch noch ihre beiden Söhne. Deren Frauen, Rut und Orpa, beschlossen nun bei ihr zu bleiben. Aber Noomi bestand darauf, dass sie heimkehrten. Orpa gehorchte, aber Rut wollte unbedingt bei Noomi bleiben. Rut und Noomi ließen sich in Bethlehem nieder, wo Noomi Verwandte ihres Mannes hatte. Nach der Tradition waren diese Verwandten verpflichtet sie zu unterstützen.

Als Rut und ihre Schwiegermutter Noomi in Betlehem anlangten, erblickte Rut auf den Feldern Boas einen reichen Verwandten Noomis.

Als dieser sie entdeckte, sprach er: »Hör, meine Tochter, geh auf kein anderes Feld zum Ährenlesen und bleibe auf meinem Gut. Wenn du Durst hast, geh zu den Krügen und trink das, was die Knechte dir schöpfen.«

Rut fiel vor ihm auf die Knie und sagte: »Ich bin eine Fremde. Womit habe ich Gnade gefunden vor deinen Augen, dass du mir freundlich bist?«

Boas erwiderte: »Man hat mir berichtet, wie gut du deine Schwiegermutter seit dem Tod deines Mannes behandelt hast. Der Herr soll dich dafür belohnen.«

»Möge ich doch Gnade vor deinen Augen finden«, erwiderte sie. »Du hast mich getröstet und dabei bin ich nicht einmal eine deiner Mägde.«

Boas wies seine Knechte an sie nicht auszuschelten und sogar einige Ähren aus ihren Bündeln fallen zu lassen, damit Rut sie auflesen konnte.

Rut nahm, was sie aufgelesen hatte, und trug es nach Hause. Dort berichtete sie ihrer Schwiegermutter, dass sie heute bei Boas gearbeitet hatte.

Diese freute sich sehr und sprach zu ihr: »Dieser Mann ist ein Verwandter von uns, einer von denen, die für uns verantwortlich sind.«

Dann sprach Noomi zu Rut: »Meine Tochter, es wird Zeit, dass ich dir ein Heim suche, wo du glücklich bist. Salb dich heute Abend und leg dich zu Füßen von Boas. Er wird dir sagen, was du tun sollst.«

Rut tat, wie Noomi ihr gesagt hatte. Sie hoffte, dass Boas nach dem Essen einschlief, und legte sich ihm zu Füßen. Um Mitternacht wachte er auf und entdeckte eine Frau zu seinen Füßen.

»Wer bist du?«, fragte er.

»Ich bin Rut, deine Magd«, sagte sie, »und

es gehört zu deinen Aufgaben, für mich zu sorgen.«

»Der Herr segne dich, meine Tochter. Denn du hast dir keinen jungen oder reichen Bewerber gesucht«, sagte er. »Aber ich will für dich alles tun, worum du mich bittest, denn alle wissen, dass du eine tugendhafte Frau bist. Ja, es ist wahr, ich bin für dich verantwortlich.«

Und so heiratete Boas Rut. Der Herr segnete sie und sie gebar einen Sohn, den sie Obed nannten.

Samuels Berufung

ÜBER DIESE GESCHICHTE:

Als sich die Israeliten in Kanaan niederließen, teilten sie sich in Stämme auf, denen Richter vorstanden. Samuel war der letzte Richter des Volkes Israel. Gott wählte ihn aus, sein Volk zu führen.

Es gab eine Frau namens Hanna, Gemahlin von Elkana, die unfruchtbar war. Deshalb litt sie und war traurig. Eines Tages ging sie in den Tempel und legte folgendes Gelübde ab: Wenn der Herr ihr einen Sohn schenkte, würde sie ihn Gott weihen.
Gott erfüllte Hannas Wunsch. Sie gebar einen Sohn und nannte ihn Samuel. Als sie ihn entwöhnt hatte, brachte sie ihn hinauf zum Tempel, damit er vor den Herrn trete und für immer dort bleibe.
So kam der junge Samuel in die Dienste von Eli, dem Priester des Tempels. Eli war schon alt. Samuels Mutter hatte nun ihr Gelübde, ihren Sohn Gott zu weihen, erfüllt.
Als Samuel eines Tages im Tempel des Herrn schlief, wo die Gotteslade stand, hörte er eine Stimme: »Samuel, Samuel!«
Samuel glaubte, Eli rufe ihn, und lief zu ihm: »Hier bin ich, warum hast du mich gerufen?«
Aber Eli erwiderte: »Ich habe dich nicht gerufen, leg dich wieder schlafen.«
Das tat Samuel.
Aber erneut hörte er die Stimme: »Samuel!«
Samuel erhob sich erneut und eilte zu Eli. »Hier bin ich, weshalb hast du mich gerufen?«
Eli antwortete erneut: »Ich habe dich nicht gerufen, mein Sohn, leg dich wieder schlafen.«
Da hörte Samuel die Stimme zum dritten Mal und lief wieder zu Eli.
»Hier bin ich, warum hast du mich gerufen?«
Da begriff Eli, dass der Herr Samuel gerufen hatte, und er sagte zu Samuel: »Geh, leg dich schlafen, und wenn man dich ruft, dann sagst du: ›Sprich, Herr, denn dein Diener hört.‹«
Samuel legte sich wieder auf sein Lager. Der Herr kam und rief ihn wie die vorigen Male: »Samuel, Samuel!«
Und Samuel antwortete, wie Eli es ihm aufgetragen hatte. Der Herr verkündete ihm, dass er Elis Familie bestrafen wollte, weil seine Söhne Gott lästerten.
Samuel machte einen kleinen Spaziergang, legte sich dann nieder und schlief bis

zum Morgen. Dann öffnete er die Tore des Tempels.

Eli merkte, dass Samuel ihm etwas verheimlichte, und bat ihn es ihm zu sagen. Samuel berichtete ihm, was Gott zu ihm gesagt hatte.

Da sprach Eli: »Er ist der Herr; er tue, was ihm gefällt.«

Samuel wuchs heran und der Herr war mit ihm. Keines seiner Worte blieb unerfüllt. Und deshalb wusste ganz Israel, dass Samuel ein von Gott gesandter Prophet war.

David wird zum König gesalbt

ÜBER DIESE GESCHICHTE:

Die Israeliten mussten sich stärker miteinander verbünden, um sich besser gegen ihre Feinde verteidigen zu können. Das Volk bat Samuel einen König zu wählen. Samuel dachte an Saul, aber Saul war dem Herrn ungehorsam. Da forderte Gott Samuel auf, David zu suchen und ihn zum König von Israel zu salben.

Eines Tages sprach der Herr zu Samuel: »Saul soll nicht König von Israel werden. Füll dein Horn mit Öl und mach dich auf den Weg zu Isai nach Betlehem, denn ich habe einen seiner Söhne zum König Israels auserwählt. Nimm ein junges Rind mit. Sag, dass du Gott ein Opfer darbringen wirst. Und lade Isai dazu ein. Ich werde dir sagen, welchen seiner Söhne du zum König salben sollst.«

Samuel tat, wie der Herr ihm gesagt hatte. Als er in Bethlehem anlangte, heiligte er Isai und seine Söhne und lud sie zum Opfer ein.

Als er Eliab, den einen Sohn, erblickte, dachte er: Gewiss ist dieser von Gott auserwählt.

Aber Gott sprach zu ihm: »Achte nicht auf den hohen Wuchs noch auf das Äußere. Ein Mensch sieht, was vor Augen ist; der Herr aber sieht ins Herz.«

Isai rief Abinadab und stellte ihn Samuel vor. Aber der Erwählte war er nicht. Auch Schima nicht und auch die anderen Söhne nicht.

Samuel fragte: »Sind das all deine Söhne?«

Isai antwortete: »Nein. Es fehlt noch der jüngste, der hütet die Schafe.«

»Lass ihn holen! Wir werden das Opfermahl nicht eher beginnen.«

Isai ließ den Jüngsten holen und stellte ihn Samuel vor. Er hatte rötliches Haar, schöne Augen und war wohlgewachsen. Sein Name war David.

Da sprach der Herr zu Samuel: »Das ist er! Salbe ihn!«

Samuel nahm das Ölhorn und salbte David in Anwesenheit seines Vaters und seiner Brüder. In diesem Augenblick kam der Geist des Herrn über David und blieb für immer bei ihm.

David und Goliat

ÜBER DIESE GESCHICHTE:

Diese Geschichte ist eine der bekanntesten aus der ganzen Bibel. David besiegt, obwohl er noch ein Kind ist, Goliat, einen Krieger der Philister von riesenhaftem Wuchs. Durch diese Tat werden die Israeliten aus der Hand der Philister befreit. Und somit zeigt Gott, dass er seine Macht in die Hände demütiger Menschen legt, damit sie große Taten für sein Volk vollbringen können.

Die Philister versammelten ihr Heer bei Socho in Juda. Saul und die Israeliten schlugen ihr Lager im Eichgrund auf. Jedes Heer hatte seine Stellung am Berg, sodass ein Tal dazwischen lag. Aus den Reihen der Philister ragte ein Kämpfer namens Goliat heraus, der fast drei Meter groß war.

Er rief dem Heer der Israeliten zu: »Es ist nicht nötig, dass wir Krieg führen. Ich bin der Vertreter des Heers der Philister. Wählt einen Mann unter euch aus, der mit mir kämpft. Wenn er mich besiegt, dann wollen wir eure Knechte sein. Wenn ich ihn besiege, sollt ihr unsere Knechte sein.«

Saul und die Israeliten, die diese Herausforderung vernahmen, waren voller Angst. Sie wussten nicht, was sie tun oder sagen sollten. Der Kämpfer trat morgens und abends in Erscheinung und wiederholte seine Herausforderung – vierzig Tage lang.

Die drei ältesten Söhne Isais gehörten zum Heer der Israeliten und unterstanden Saul. David, der jüngste, brachte ihnen jeden Tag Käse und Brot und erkundigte sich nach ihrem Wohlergehen. Als er eines Morgens wieder zu ihnen ging, hörte er Goliats Herausforderung.

Da sprach er zu Saul: »Herr, verliert nicht den Mut. Ich werde mit dem Philister kämpfen.«
»Aber du bist ja noch ein Junge und Goliat ist ein erfahrener Krieger.«
»Dein Knecht ist Schafhirte und hat mit Bären und Löwen gekämpft, als sie die Schafe holen wollten. Der Herr, der mich aus den Pranken von Bär und Löwe errettet hat, wird mich auch aus der Hand des Philisters befreien.«
Da sagte Saul zu ihm: »Geh also hin. Gott beschütze dich!«
Man legte David einen Waffenrock an, setzte ihm einen Helm auf und gab ihm einen Schild und ein Schwert. Aber David war es nicht gewohnt, mit so viel Gewicht zu gehen. Also legte er alles ab, nahm den Stab auf, holte fünf glatte Steine aus dem Bach und verstaute sie in seiner Hirtentasche. Er nahm seine Schleuder in die Hand und näherte sich dem Philister.

Dieser musterte ihn von oben bis unten und sprach ihn an: »Bin ich denn ein Hund, dass du mit einem Stecken auf mich zukommst? Komm her, damit ich dein Fleisch den Vögeln des Himmels und den Tieren des Feldes zum Fraß vorwerfe.«
David antwortete ihm: »Du stehst mir mit Schwert, Lanze und Wurfspieß gegenüber. Ich aber kämpfe im Namen des Herrn, der auch der Herr des israelitischen Heeres ist, den du herausgefordert hast.«
Als Goliat auf David zuging, lief ihm dieser schnell entgegen, nahm einen Stein aus der Tasche und schleuderte ihn dem Philister an die Stirn. Der Stein bohrte sich in den Kopf des Riesen.

Goliat stürzte zu Boden. David lief auf den Philister zu, trat an ihn heran, zog dessen Schwert aus der Scheide und schlug ihm damit den Kopf ab.
Da ergriffen die Philister die Flucht. Die Israeliten verfolgten sie ein Stück, dann kehrten sie um und plünderten deren Lager.
Saul fragte David: »Wessen Sohn bist du?«
Auch Jonatan, Sauls Sohn, war anwesend. Der mochte David auf Anhieb und liebte ihn wie einen Bruder. Die beiden schlossen einen Bund und Saul ließ David nicht mehr zum Vater zurückkehren.

Saul gegen David

ÜBER DIESE GESCHICHTE:

Saul war aber neidisch auf die Eigenschaften und Erfolge Davids und fing an ihn zu verfolgen. Gott beschützte David und bereitete ihn darauf vor, König Israels zu sein.

David hatte bei allen Feldzügen, zu denen Saul ihn schickte, Erfolg. Deshalb setzte ihn Saul über das Kriegsvolk. David war bei allen beliebt. Als sie aus dem Krieg zurückkehrten, bei dem David Goliat getötet hatte, gingen aus allen Städten Israels die Frauen dem König entgegen.

Sie sangen mit Pauken und Zimbeln Verse, die sehr berühmt wurden: »Saul hat tausend erschlagen, David aber zehntausend.«

Darüber war Saul zornig und wütend sagte er: »David haben sie zehntausend zugewiesen und mir tausend. Nun braucht er nur noch König zu werden.«

Von jenem Tage an betrachtete Saul David mit Argwohn. Eines Tages versuchte er ihn mit einem Speer an die Wand zu spießen. Aber David gelang es der Lanze auszuweichen. Saul wurde von Furcht ergriffen, denn der Herr hatte sich von ihm abgewandt und war mit David. Er machte David zum Hauptmann und schickte ihn an der Spitze seiner Truppen los, um die Philister zu töten. Da der Geist des Herrn mit David war, waren all diese Feldzüge erfolgreich. Und Saul wurde von Tag zu Tag neidischer auf David.

Obwohl Saul David mit aller Grausamkeit verfolgte, zeigte ihm dieser große Achtung und Ergebenheit. Als sich David eines Tages mit seinen Männern in einer Höhle versteckte, trat Saul ein, um die nötigen Maßnahmen gegen die Philister zu besprechen.

Seine Männer sprachen zu David: »Das ist der Tag, den der Herr dir verkündet hat: ›Ich will dir deinen Feind ausliefern, damit du mit ihm tun kannst, was du willst.‹«

Aber David antwortete: »Gott bewahre mich davor, mich an meinem König zu vergreifen, an ihm, dem Gesalbten des Herrn.«

Und er verbot ihnen sich gegen Saul zu erheben. Dann verneigte er sich tief vor Saul und sprach: »Warum hörst du auf das Gerede der Leute, die behaupten, ich wolle dein Verderben? Der Herr hat dich in dieser Höhle in meine Hand gegeben. Man forderte mich auf dich zu töten, aber ich habe dich verschont und gesagt, ich werde nie Hand erheben gegen meinen König. Der Herr möge unser Richter sein. Er soll mich gegen dich verteidigen, denn ich werde nie die Hand gegen meinen König erheben.«

Als David geendet hatte, rief Saul: »Du bist unschuldig, nicht ich. Denn du hast immer Gutes getan und ich dagegen Böses. Und heute hast du es mir bewiesen, denn Gott hat mich in deine Hände gegeben und du hast mich nicht getötet. Ich weiß, dass du mich nicht als Feind ansiehst, denn einen Feind lässt man nicht gehen. Gott möge dir das Gute, das du mir heute erwiesen hast, vergelten. Ich weiß jetzt, dass du König werden wirst und dass in deiner Hand das Reich Israel stark sein wird. Schwöre mir bei Gott, dass du nach meinem Tod meine Nachkommen nicht ausrotten und meinen Namen nicht auslöschen wirst.«

David schwor es ihm. Saul zog nach Hause und David und seine Leute stiegen erneut hinauf in die Berge.

Gottes Versprechen gegenüber David

ÜBER DIESE GESCHICHTE:

Nach Sauls Tod wurde David zum König von Israel ausgerufen. Er eroberte die Stadt Jerusalem und stellte die Bundeslade, das Zeichen für Gottes Gegenwart, inmitten des Volkes ab. Während Davids Regentschaft herrschte Frieden und Wohlstand im Reich. Auch Jesus stammte von David ab.

David ließ sich in seinem Palast nieder. Der Friede mit den Feinden war gesichert.
Eines Tages ließ er den Propheten Natan zu sich rufen und sprach: »Schau, ich wohne in einem Zedernpalast, während die Bundeslade immer noch in einem Zelt steht.«
Natan erwiderte ihm: »Führe alles aus, was du dir vorstellst, denn der Herr ist mit dir und wird alles, was du tun willst, begünstigen.«
Aber in derselben Nacht erhielt Natan eine Botschaft Gottes, damit er sie an David weiterleite: »Seit dem Tag, an dem ich die Kinder Israels aus Ägypten geführt habe, habe ich kein Haus besessen, sondern bin in einem Zelt hierhin und dorthin gezogen. Bis heute habe ich keinen der Richter Israels beauftragt mir ein Haus zu bauen. Aber sprich zu meinem Knecht David: ›Ich habe dich von der Weide von deinen Schafen weggeholt, damit du als Oberhaupt über mein Volk Israel herrschst. Bei allem, was du unternommen hast, bin ich mit dir gewesen und habe dir geholfen deine Feinde zu vernichten. Ich mache dich auf der ganzen Erde berühmt. Ich will meinem Volk Israel unter allen Völkern der Welt einen Platz zuweisen. Ich schenke dir Frieden mit allen deinen Feinden. Und mit dir begründe ich eine Dynastie von Königen, die niemals untergeht. Ich werde dir Nachkommen schenken und auf ihnen dein Königreich festigen. Aber nicht du, sondern dein Nachkomme soll mir zu Ehren einen Tempel errichten. Ich will seine Königsherrschaft für immerdar festigen. Ich will ihm Vater sein und er wird mir Sohn sein. Wenn er vom rechten Weg abkommt, werde ich ihn dorthin zurückführen, doch werde ich ihm nicht meine Gunst entziehen. Dein Haus und deine Königsherrschaft sollen für immer bestehen.‹«
Natan übermittelte David diese Worte.
Dann ging David hinein zum Herrn und sprach zu ihm: »Wer bin ich, oh Herr, und wer ist meine Familie, dass du uns bis hierher geführt hast? Du kennst mich und weißt, dass ich dir nichts sagen kann, was

du nicht schon weißt. Du hast mir nicht nur dein Wohlgefallen erwiesen, indem du mich beschützt hast, sondern bist auch meinen Plänen für die Zukunft zuvorgekommen. Oh Herr, niemand gleicht dir und es gibt kein Volk, das so groß ist wie Israel, das du selbst zu deinem Volk machst und so bezeichnest. So halte, oh Herr, für immer das Versprechen, das du uns gegeben hast. Die ganze Erde rühme den Gott Israels. Ich bitte dich, segne das Haus deines Knechtes, damit es immer in deiner Obhut bleibt.«

Die Psalmen Davids

Über diese Psalmen:

David vertraute Gott und sang ihm Psalmen: Gedichte, in denen er Gott für die Erschaffung der Welt dankte, ihn um seinen Schutz bat, ihn pries, ihn wegen der Fehler um Vergebung bat und ihm seine Freuden und Leiden mitteilte.

Vertrauen des Gerechten

Wenn ich den Herrn anrufe, hört er mir von seinem heiligen Berg aus zu;
ich kann mich niederlegen und schlafen und wieder aufwachen;
der Herr schützt mein Leben.
Von dir, oh Herr, kommt die Rettung und der Segen für dein Volk.

Der Herr ist meine Ruhe und meine Freude;
du, oh Herr, hast mir mehr Freude gemacht als Weizen und Wein, wenn ich reichlich davon besitze.
In Frieden lege ich mich nieder und dann schlafe ich, denn nur du, oh Herr, lässt mich in Frieden leben.

Lob des Schöpfers

Oh Herr, unser Gott, wie herrlich ist dein Name auf der ganzen Welt!
Wenn ich zum Himmel aufblicke, dem Werk deiner Finger, zum Mond und den Sternen, die du geschaffen hast;
was ist der Mensch, dass du dich seiner erinnerst, dass du dich um ihn kümmerst und ihn behütest?
Du hast den Menschen nur wenig niedriger gemacht als Gott.
Du hast ihm die Macht gegeben über das Werk deiner Hände.
Alles hast du ihm zu Füßen gelegt: die Schaf- und Rinderherden und die wilden Tiere, die Vögel des Himmels, die Fische im Meer und alles, was im Meer umherzieht.
Herr, unser Gott, wie herrlich ist dein Name auf der ganzen Erde!

Vertrauen auf die Hilfe Gottes

Der Herr ist die Zuflucht des Bedrängten, sein Hort in Augenblicken der Gefahr.
Alle, die dich kennen, vertrauen auf dich, denn du lässt jene, die dich suchen, oh Herr, nicht im Stich.

Oh Herr, du erfüllst die Wünsche der Demütigen, schenkst ihnen Gehör und richtest sie auf.
Du verteidigst den Verlassenen und den Hilflosen.

An den guten Hirten

Der Herr ist mein Hirte; es fehlt mir an nichts;
auf grüner Wiese lässt er mich lagern, er führet mich an Wasser der Ruhe und stärkt meine Kräfte.
Und wenn ich wandere in dunklen Tälern, dann fürchte ich mich nicht, denn er ist bei mir.

Bitte um Vergebung

Erbarme dich meiner, oh Herr, der du barmherzig bist und gnädig;
dank deiner unendlichen Gnade nimm meine Schuld von mir.
Wasch ab meine Missetat, mache mich rein von meiner Sünde, denn ich erkenne wohl meine Schuld.
Oh Herr, erschaff mir ein reines Herz, erwecke in mir einen festen Geist;
gib mir die Freude deiner Errettung wieder.

Hilfe in tiefer Not

Oh Herr, erhöre mein Gebet, verschließe dich nicht, wenn ich zu dir flehe.
Neige dich mir zu und antworte mir, denn meine Ängste quälen mich.
Aber ich wende mich an Gott und der Herr rettet mich;
abends, morgens und mittags klage ich und Gott hört mich;
in dem Krieg, den viele gegen mich führen, steht Gott mir bei und gibt mir Frieden.

Dankgebet

Oh Herr, ich danke dir von Herzen, ich mache dir zu Ehren Musik,
oh Allerhöchster;
morgens verkünde ich deine Rechtschaffenheit und abends deine Treue, mit Harfen mit zehn Saiten und Lauten und Arpeggios von Zithern,
denn deine Taten, oh Herr, sind meine Freude
und ich preise das Werk deiner Hände.

Salomos Vision

ÜBER DIESE GESCHICHTE:

Nach Davids Tod folgte ihm sein Sohn Salomo auf den Thron. David wollte, dass sein Sohn Gott ergeben sei und den Bund mit Gott schließe. Salomo wollte das gerne tun und bat Gott, er möge ihm Weisheit verleihen, das Volk gut zu regieren und den Bund mit Gott zu schließen.

Als Salomo, Davids Sohn, König war, wurden Gott weiterhin in Heiligtümern Opfer gebracht, da es noch keinen Tempel zu Ehren des Herrn gab. Eines Tages begab sich der König nach Gibeon, dem größten Heiligtum, um dort zu opfern.

In jener Nacht erschien ihm der Herr im Traum und sprach zu ihm: »Erbitte, was du willst, und ich werde es dir geben.«
Salomo erwiderte: »Heute erfüllt sich das Versprechen, das du meinem Vater David gegeben hast, der dir gegenüber immer Rechtschaffenheit, Gerechtigkeit und Aufrichtigkeit bezeugt hat. Du, oh Herr, hast mich zum Nachfolger meines Vaters David gemacht. Aber ich bin noch sehr jung und weiß mir nicht zu helfen. Ich befinde mich mitten unter dem Volk, das du erwählt hast und das so zahlreich ist, dass man es nicht zählen kann. Lehre mich zuzuhören, damit ich dein Volk regieren und deutlich zwischen Gut und Böse unterscheiden kann.«
Der Herr sprach zu ihm: »Weil du mich um das gebeten hast und nicht um ein langes Leben, Reichtümer oder das Leben deiner Feinde, sondern um Einsicht, um weise zu regieren, will ich deine Bitte erfüllen. Ich werde dir Weisheit und Klugheit geben, wie es sie vor dir noch nicht gegeben hat und nach dir nicht geben wird. Und ich werde dir auch das geben, worum du mich nicht gebeten hast: Reichtum und Ruhm, wie sie kein König auf Erden besitzt. Und wenn du auf meinen Wegen gehst und meine Gebote und Ratschläge befolgst wie dein Vater David, werde ich dir auch ein langes, glückliches Leben schenken.«
Als Salomo erwachte, stellte er fest, dass es ein Traum gewesen war. Und er kehrte nach Jerusalem zurück und brachte vor der Bundeslade Gott Opfer dar und gab seinem Gefolge ein Festmahl.

Das salomonische Urteil

ÜBER DIESE GESCHICHTE:

Nachdem Gott Salomo versprochen hatte ihm große Weisheit und Klugheit zu schenken, damit Salomo das Volk gerecht regieren konnte, hatte dieser über einen sehr schweren Fall zu richten. Dabei bewährte sich Salomo als gerechter König. Noch heute spricht man von »salomonischen Lösungen«, wenn schwierige Probleme klug und weise gelöst werden.

Einmal traten zwei Frauen vor König Salomo.

Eine von ihnen sprach: »Mein Herr, diese Frau und ich wohnen im selben Haus. Ich habe ein Kind geboren, als sie zu Hause war. Und drei Tage später hat auch diese Frau geboren. Nur wir beide waren im Haus. Da starb in der Nacht der Sohn dieser Frau, denn sie legte sich, ohne es zu merken, auf ihn und tötete auf diese Weise ihren eigenen Sohn. Als sie es entdeckte, stand sie auf, und während ich schlief, nahm sie meinen Sohn von meiner Seite und legte ihn neben sich und ihren toten Sohn bettete sie neben mich, als wäre es meiner. Als ich morgens aufstand, um meinen Sohn zu stillen, sah ich, dass er tot war. Ich betrachtete ihn aber genau und merkte, dass es nicht mein Sohn war, den ich geboren hatte.«

Da fing die andere an zu schreien: »Nein! Mein Sohn ist der lebende, deiner der tote.«

Und Salomo sprach: »Diese behauptet: ›Der da ist mein Sohn, nämlich der lebende, und deiner der tote.‹ Jene dagegen sagt: ›Nein, dein Sohn ist der tote und meiner der lebende.‹«

Und er befahl einem seiner Diener: »Holt mir ein Schwert.«

Man brachte ihm das Schwert und Salomo sprach: »Teilt das lebende Kind in zwei Hälften und gebt der einen die eine Hälfte und der anderen die andere.«

Da sprach die Mutter, der das lebende Kind gehörte und die in großer Sorge um ihren Sohn war, zum König: »Mein Herr, lasst ihr das Kind, aber tötet es nicht!«

Die andere Mutter dagegen rief: »Es soll weder dir noch mir gehören; man soll es zerteilen.«

Da wandte sich der König der Mutter zu, die um das Leben des Kindes gefleht hatte, und fällte das Urteil: »Gebt dieser Frau das Kind und tötet es nicht. Sie ist seine Mutter.«

Ganz Israel erfuhr von dem Urteil, das der König gesprochen hatte, und bekam jeden Tag mehr Ehrfurcht vor dem König, denn er besaß eine ungewöhnliche Weisheit, um über alle, die es wünschten, Recht zu sprechen.

Einweihung von Salomos Tempel

Über diese Geschichte:

Gott hatte David verkündet, dass nicht er, sondern sein Sohn Salomo in Jerusalem einen großen Tempel bauen werde, um die Bundeslade aufzubewahren. Sie weihten ihn mit Gebeten und Opfern ein und erneuerten somit ihren Bund mit Gott.

Als nach sieben Jahren der Tempel fertig gestellt war, versammelte Salomo die Ältesten Israels, die Stammesführer und Familienoberhäupter der Israeliten, um die Bundeslade in den Tempel zu bringen.

Alle Israeliten versammelten sich im siebten Monat, im Oktober, dem Fest der Zelte, vor dem König. Als alle Ältesten eingetroffen waren, luden die Priester die Bundeslade auf und die Priester trugen das Offenbarungszelt und alle heiligen Geräte, die im Zelte waren, zum Tempel. Sie brachten die Bundeslade an ihren Platz im Tempel: ins Allerheiligste, unter die mit Gold überzogenen Holzflügel der Kerubim. In der Lade waren nur die beiden Steintafeln, die Mose hineingelegt hatte, als Zeichen des Bundes, den Gott mit seinem Volk geschlossen hatte.

Als die Priester aus dem Heiligtum heraustraten, hüllte eine Wolke den gesamten Tempel ein. Die Priester konnten die Zeremonie nicht fortsetzen, denn der Ruhm Gottes erfüllte den Tempel.

Da rief Salomo: »Du, oh Herr, hast selbst gesagt, dass du in einer dunklen Wolke wohnst, aber ich habe dir ein Haus gebaut, eine Stätte, wo du für immer bei uns weilst.«

Dann wandte er sich um und gab der ganzen Gemeinde Israels den Segensgruß: »Gepriesen sei der Herr, der gemäß seinen Versprechen seinem Volk Israel Friede gegeben hat. Der Herr, unser Gott, sei mit uns, wie er mit unseren Vätern gewesen ist; er verlasse und verstoße uns nicht. Er ziehe unsere Herzen zu sich heran, auf dass wir seinen Wegen folgen und die Gebote einhalten, die Gott unseren Vätern gegeben hat. Die Worte meines Flehens mögen bei Tag und bei Nacht unserem Herrn bewusst sein, damit er seinen Knecht und sein Volk Israel Tag für Tag gerecht behandelt. So erkennen alle Völker der Welt, dass der Herr der wahre Gott ist, und unser Herz soll ganz und gar Gott, unserem Herrn, gehören.«

Der König und ganz Israel brachten dem

Herrn Opfer dar. Salomo opferte zweiundzwanzigtausend Rinder und hundertzwanzigtausend Schafe. Damit weihten sie den Tempel ein. Das Fest dauerte sieben Tage; eine große Gemeinde nahm daran teil. Es wurde gegessen und getrunken und Loblieder auf den Herrn gesungen.

Am achten Tag entließ Salomo das Volk und alle bedankten sich beim König. Sie zogen fröhlich und zufrieden nach Hause, denn der Herr hatte David und seinem Volk Israel viel Gutes getan.

Tobits Unglück

ÜBER DIESE GESCHICHTE:

Hier wird die Geschichte eines guten und ehrenhaften Mannes erzählt, der Gott pries, einem Hungernden Brot gab und alle Israeliten, die König Sanherib getötet hatte, bestattete. Weil er das tat, verlor er aber all seinen Besitz. Es blieben ihm nur seine Frau Hanna und sein Sohn Tobias. Trotz allem verlor Tobit nie sein Gottvertrauen.

Während der Feier des Pfingstfestes bereiteten sich Tobit, seine Frau Hanna und ihr Sohn Tobias aufs Essen vor.

Tobit sprach zu seinem Sohn: »Mein Sohn, sieh, ob du einen von unseren nach Ninive verbannten Brüdern findest, der bedürftig ist, und bring ihn mit, damit er mit uns am Essen teilnimmt.«

Tobias machte sich auf den Weg, um einen armen Israeliten zu finden.

Aber er kehrte unverrichteter Dinge zurück und sprach zu seinem Vater: »Mein Vater, man hat einen Israeliten getötet und auf den Marktplatz geworfen, zu Füßen seines Vaters.«

Tobit stand vom Tisch auf und ging zu dem Toten. Er trug ihn ins Haus, um ihn nach Sonnenuntergang zu begraben. Dann wusch er sich und nahm betrübt sein Mahl zu sich.

Er erinnerte sich an die Worte des Propheten Amos: »Eure Feste werden in Trauer verwandelt, euer Frohlocken in Klagelieder«, und weinte.

Nach Sonnenuntergang hob er ein Grab aus und begrub den Toten.

Die Nachbarn verspotteten ihn und sagten: »Seht euch nur den an, er scheint keine Angst zu kennen. Fast hätte man ihn getötet, weil er Leichen begrub, und nun tut er es schon wieder.«

Bei Einbruch der Nacht nahm Tobit ein Bad, ging in den Hof und legte sich an die Mauer, das Gesicht wegen der Hitze unbedeckt. Er wusste nicht, dass über ihm ein Spatzennest war. Warmer Vogelkot fiel ihm in die Augen und es entstanden weiße Flecken. Tobit wurde blind. Vier Jahre lang hielt die Blindheit an. Alle seine Verwandten waren darüber tief betrübt.

Hanna, Tobits Frau, musste arbeiten, um etwas Geld zu verdienen.

Eines Tages schenkten ihre Auftraggeber ihr ein Böcklein.

Tobit wurde zornig und sprach zu ihr: »Woher stammt dieses Böcklein? Ist es gestohlen? Gib es dem Herrn zurück, wir können nichts Gestohlenes essen.«

Hanna erwiderte ihm: »Jemand hat es mir zusätzlich zu meinem Lohn geschenkt.«
Aber Tobit glaubte ihr nicht und bestand darauf, dass sie es zurückgebe.
Da sprach sie: »Und wo sind jetzt all deine Almosen, deine gerechten Taten? Sieh nur, in welchem Zustand du dich befindest!«

Zutiefst betrübt fing Tobit zu weinen an und sprach unter Schluchzen: »Herr, der du gerecht bist, erinnere dich an mich, bestraf mich nicht wegen meiner Sünden. Wenn du glaubst, dass ich es nicht verdiene zu leben, dann lass mich sterben, denn ich kann nicht leben, wenn ich so viele Beschimpfungen hinnehmen muss.«

Tobias' Reise

ÜBER DIESE GESCHICHTE:

Tobit beauftragte seinen Sohn Tobias das Geld zu holen, das er im Haus eines Freundes an einem fernen Ort aufbewahrte. Bevor sich Tobias auf den Weg machte, erteilte Tobit ihm eine Menge Ratschläge. Tobias wurde von Rafael, einem Engel des Herrn, begleitet.

Tobit rief seinen Sohn Tobias und sprach zu ihm: »Mein Sohn, wenn ich sterbe, bereite mir ein würdiges Begräbnis. Wenn deine Mutter stirbt, begrabe sie neben mir im selben Grab. Denke immer an den Herrn und gib Almosen. Nimm eine Frau aus deinem Geschlecht und Stamm. Außerdem sollst du wissen, dass ich in Gabaëls Haus dreihundertvierzig Kilo Silber hinterlegt habe.«

Dann gab er ihm seinen Segen.

Aber Tobias erwiderte: »Mein Vater, ich tu alles, wie du es befohlen hast. Aber wie kann ich das Geld von Gabaël verlangen, da er mich nicht kennt und ich ihn nicht? Und wie gelange ich dorthin, da ich doch den Weg nicht kenne?«

»Gabaël gab mir eine Quittung, die wir beide unterschrieben«, erwiderte Tobit. »Suche dir einen vertrauenswürdigen Reisebegleiter, den wir bezahlen wollen.«

Tobias suchte einen erfahrenen Führer, der ihn bis nach Medien begleitete. Beim Hinausgehen stieß er auf den Engel Rafael, aber er wusste nicht, dass er ein Engel Gottes war. Tobias fragte ihn, ob er den Weg nach Medien kenne.

Der Engel erwiderte: »Ja, ich bin schon oft dort gewesen und kenne alle Wege.«

Tobias ging hinein, um seinen Vater zu benachrichtigen, dass er einen Israeliten gefunden habe, der ihn auf der Reise begleiten konnte. Tobit bat Tobias ihn ins Haus zu führen, damit er mit ihm reden und prüfen konnte, ob er vertrauenswürdig war.

Als Rafael eintrat, fragte Tobit ihn: »Mein Freund, aus welcher Familie und von welchem Stamm bist du?«

Der Engel erwiderte: »Ich bin Asarja, Sohn des großen Hananja, einem deiner Glaubensbrüder.«

Dann rief Tobit: »Sei willkommen, mein Freund! Ich kenne Hananja und Natan; wir gingen gemeinsam nach Jerusalem, um den Herrn anzubeten. Deine Brüder sind ehrenwerte Männer. Sei willkommen! Begleite meinen Sohn auf seiner Reise und ich bezahle dich.«

Rafael versprach, dass sie heil und gesund

zurückkehren würden. Und sie verabschiedeten sich.

Der Jüngling und der Engel gingen bis in die Nacht hinein und schlugen am Tigris ihr Lager auf. Tobias wollte sich im Fluss die Füße waschen. Er wollte sie gerade ins Wasser tauchen, als ein riesiger Fisch aus dem Wasser emporschnellte und drohte seinen Fuß zu verschlingen.

Tobias stieß einen Schrei aus und der Engel sprach zu ihm: »Ergreif den Fisch und lass ihn nicht los!«

Tobias packte den riesigen Fisch und warf ihn an Land.

Da sprach der Engel zu ihm: »Schneide den Fisch auf und nimm Herz, Galle und Leber heraus und bewahre sie auf, denn sie dienen als Heilmittel. Die Eingeweide aber wirf weg.«

Der Junge schnitt den Fisch auf, nahm Herz, Galle und Leber heraus. Er briet ein Stück des Fisches, aß es und salzte den Rest ein.

Dann wanderten sie weiter und Tobias fragte den Engel: »Bruder Asarja, welche Heilmittel gewinnt man aus Herz, Galle und Leber?«

»Wenn ein Mann oder eine Frau von einem Dämon geplagt werden, muss man Herz und Leber vor ihm verbrennen. Dann fliehen die Dämonen und kehren nie mehr zurück. Wenn ein Mann Nebel vor den Augen hat, wird die Galle darauf gelegt. Und bald sind die Augen geheilt.«

Sie marschierten jetzt durch Medien und der Engel Rafael sagte zu Tobias: »Bruder Tobias, heute werden wir bei Raguël übernachten. Er ist dein Verwandter und hat eine Tochter namens Sara. Sie ist die einzige Tochter. Du bist ihr nächster Verwandter, dir steht sie als Erstem zu. Du kannst das Erbe ihres Vaters beanspruchen.«

»Freund Asarja«, erwiderte da Tobias, »ich habe gehört, dass sie bereits sieben Mal verheiratet war. Und alle Ehemänner sind in der Hochzeitsnacht gestorben. Es hieß, ein Dämon habe sie getötet. Da ich der einzige Sohn bin, habe ich Angst, dass er auch mich umbringt, denn ich will nicht, dass meine Eltern vor Kummer sterben. Die Armen haben keinen anderen Sohn, der sie begraben könnte.«

»Erinnerst du dich nicht an die Worte, die dein Vater dir aufgetragen hat? Du sollst ein Mädchen aus deinem Stamm heiraten. Hör zu, du heiratest sie und machst dir keine Gedanken um den Dämon. Wenn du das Brautgemach betrittst, nimm etwas von der Leber und vom Herzen des Fisches und leg alles auf die Räucherkohlen. Wenn sich der Rauch verbreitet, wird der Dämon verschwinden und nie wiederkommen. Bittet den Herrn des Himmels, dass er euch beschütze. Mach dir keine Sorgen, denn alles wird gut.«

Die Hochzeit von Tobias und Sara

ÜBER DIESE GESCHICHTE:

Damals war es Brauch, sich mit Partnern aus derselben Familie oder demselben Stamm zu verheiraten. Tobias, den Wünschen des Vaters entsprechend, gelangte in das Haus von Verwandten, lernte Sara kennen und nahm sie zur Frau. Er bat Gott sie zu beschützen.

Tobias wollte Sara kennen lernen, denn der Engel hatte ihm viel von ihr erzählt. Er bat den Engel ihn direkt in das Haus seines Verwandten Raguël zu bringen. Dieser kam ihm im Hof entgegen und begrüßte ihn. Als Raguël erfuhr, dass Tobias ein Sohn seines Verwandten Tobit war, umarmte und küsste er ihn.
»Mein Sohn, gesegnet seist du! Was für ein Unglück, dass ein so guter Mann, der so viele Almosen gab, erblindet ist.«
Raguël ließ zur Feier des Tages einen Widder schlachten. Nachdem sie sich gewaschen hatten, setzten sie sich zu Tisch. Und Tobias bat um Saras Hand.
Raguël sprach zu ihm: »Nur du allein hast das Recht, meine Tochter zur Frau zu nehmen, weil du der nächste Verwandte bist.

Siebenmal habe ich versucht sie zu verheiraten, aber alle Ehemänner starben in der Hochzeitsnacht, als sie sich ihr näherten. Doch jetzt iss und trink und der Herr wache über euch.«

Tobias aber wollte nichts essen und trinken, bevor Raguël nicht mit seiner Tochter gesprochen hatte.

Also entsprach Raguël seinem Wunsch und Raguël sagte zu Tobias: »Empfange sie nach dem Gesetz des Mose. Ich gebe sie dir zur Frau. Nimm sie und führe sie in das Haus deines Vaters. Der Gott des Himmels segne euch.«

Dann ließ er Papier holen und setzte den Heiratsvertrag auf und bat seine Frau die Kammer herzurichten und Sara dort hinzubringen.

Die Mutter aber trocknete sich die Tränen und sprach zu ihrer Tochter: »Mut, mein Kind, der Herr des Himmels wandle deine Traurigkeit in Freude.«

Nach dem Mahl begleiteten sie den Jüngling zur Kammer. Tobias holte, wie ihm Rafael geraten hatte, Herz und Leber des Fisches heraus und legte sie auf die Räucherkohle. Der Rauch des Fisches störte den Dämon; er ergriff die Flucht. Tobias und Sara beteten zu Gott und baten ihn um Schutz.

»Gepriesen seist du, Gott unserer Väter, und geheiligt sei dein Name in Ewigkeit.
Du hast Adam erschaffen
und als Gefährtin hast du ihm Eva gegeben:
Von ihnen stammt das Menschengeschlecht ab.
Du hast gesagt: ›Es ist nicht gut, dass der Mensch allein sei,
ich werde ihm eine Gefährtin geben.‹
Erbarme dich Saras und meiner
und lass uns gemeinsam alt werden.«

Und die beiden legten sich schlafen. Raguël aber befürchtete, dass Tobias den Tod gefunden hatte, und ließ inzwischen ein Grab ausheben, um ihn zu begraben. Als er aber sah, dass die beiden friedlich schliefen, pries er Gott. Er forderte Tobias auf, vierzehn Tage lang zu bleiben. Er solle essen, trinken und seine Tochter glücklich machen. Nach der Beendigung der Hochzeitsfeierlichkeiten solle er nach Hause zu-

rückkehren und die Hälfte seines Besitzes mitnehmen.
Tobias rief Rafael und sagte: »Freund Asarja, nimm vier Diener und zwei Kamele und geh zu Gabaël. Gib ihm die Empfangsbestätigung meines Vaters. Nimm das Geld, das er dir gibt, und bring ihn mit zur Hochzeit. Du weißt ja, dass mein Vater die Tage zählt. Er wird sich ängstigen, wenn ich zu lange wegbleibe.«

Rafael reiste bis zum Haus des Gabaël und überreichte ihm die Empfangsbestätigung, berichtete von Tobias, der Heirat und lud ihn zur Hochzeit ein. Gabaël zählte ihm sofort die Säcke mit dem Geld vor und gab sie Rafael.

Tobias kehrt nach Hause zurück

Über diese Geschichte:

Nachdem Tobias alles erledigt hatte, worum sein Vater ihn gebeten hatte, kehrte er nach Hause zurück. Tobit gewann sein Augenlicht zurück und die ganze Familie dankte Gott, weil alles gut ausgegangen war.

Als die vierzehn Tage währenden Hochzeitsfeierlichkeiten vorüber waren, bat Tobias Raguël ihn nach Hause zurückkehren zu lassen. Doch dieser bestand darauf, er solle bleiben. Tobias aber erklärte ihm, dass sich seine Eltern große Sorgen machen würden. Da übergab ihm Raguël seine Tochter Sara und die Hälfte seines Vermögens, Ochsen, Kühe und Schafe, Esel und Kamele, Kleider, Geld und Hausgerät. So ließ er sie in Frieden ziehen.

Zu Sara sprach er: »Geh nun zu deinen Schwiegereltern. Sie sind jetzt deine Eltern. Geh hin in Frieden, meine Tochter. Und solange ich lebe, lass mich gute Nachrichten von dir erhalten.«

Als sie in der Nähe von Ninive waren, sprach der Engel Rafael zu Tobias: »Du weißt, in welcher Lage wir deinen Vater zurückgelassen haben. Wir wollen deiner Frau vorauseilen, um das Haus einzurichten. Und vergiss nicht die Galle mitzunehmen.«

Als sie sich näherten, erklärte der Engel Rafael, dass er die Fischgalle auf die Augen seines Vaters streichen müsse, dann bekäme er sein Augenlicht zurück.

Tobit trat mühsam tastend durch die Hoftür. Tobias eilte ihm mit der Fischgalle in der Hand entgegen.

Dann blies er ihm auf die Augen, ergriff seine Hand und sagte: »Nur Mut, Vater!« Schnell trug er die Arznei auf und entfernte mit beiden Händen ein Häutchen aus den Augenwinkeln. Da fiel ihm Tobit um den Hals.

Er weinte und rief: »Ich sehe dich, mein Sohn, du Licht meiner Augen! Gepriesen sei Gott, gepriesen sei sein Name, gepriesen seien alle seine heiligen Engel. Sein ruhmreicher Name beschütze uns. Erst hat er mich bestraft und sich dann meiner erbarmt, denn ich sehe jetzt meinen Sohn Tobias.«

Tobias berichtete seinem Vater, dass er Sara geheiratet habe, die nachkäme, und dass er das Geld mitbringe. Tobit ging seiner Schwiegertochter entgegen, um sie zu begrüßen, und beschloss die Hochzeit zu feiern. Als das Fest vorüber war, gestand ihnen der Engel Rafael, dass er einer der sieben Engel im Dienste des Herrn sei und dass er gekommen sei, um ihnen zu helfen. Dann verschwand der Engel und alle priesen Gott mit Lobgesängen und dankten ihm für die Wunder, die er gewirkt hatte.

Der König Artaxerxes und Ester

ÜBER DIESE GESCHICHTE:

Es gab eine Zeit, in der die Israeliten fast ausgerottet wurden. Aber dank der Klugheit der Königin Ester, einer Israelitin, kam es nicht dazu.

Mordechai war ein Israelit, Beamter des Königs Artaxerxes. Eines Tages erfuhr er, dass der König getötet werden sollte. Mordechai teilte es Königin Ester mit, damit sie es ihrem Gatten, dem König, weitersage. Nachdem die Verschwörung aufgedeckt war, herrschte im Land eine Blütezeit.

Nach einiger Zeit wurde Haman von König Artaxerxes befördert. Alle Beamten mussten ihm Ehrerbietung erweisen, indem sie vor ihm in die Knie gingen. Nur Mordechai tat es nicht, denn er war Jude. Das machte Haman derart zornig, dass er beschloss als Rache dafür den König gegen die Israeliten aufzuwiegeln. Er behauptete, sie hätten andere Gesetze und würden sich nicht an die königlichen Erlasse halten. Und der König erlaubte Haman mit den Israeliten zu tun, was ihm gefiel. Darauf gab Haman einen Erlass heraus, der die Ausrottung aller Juden vorsah.

Als Mordechai davon erfuhr, verließ er die Stadt unter Wehklagen.

Das erfuhr Ester und sie bat Mordechai ihr zu berichten, was geschehen war.

Mordechai wiederum bat die Königin beim König ein gutes Wort für die Israeliten einzulegen, aber Ester sagte: »Wer ungerufen zum König kommt, wird getötet.«

Mordechai erwiderte: »Glaub ja nicht, dass du, nur weil du im Palast wohnst, als Einzige gerettet würdest.«

Da sagte Ester: »Versammle alle in Susa lebenden Juden und fastet mir zuliebe. Esst und trinkt drei Tage und Nächte nichts. Meine Dienerinnen und ich fasten ebenfalls. Danach werde ich zum König gehen. Wenn ich sterben muss, dann soll es so sein.«

Am dritten Tag legte Ester ihre Prachtgewänder an und trat vor den König. Dieser hob den Kopf und betrachtete sie mit grimmigem Blick. Die Königin wurde blass, stützte sich auf die Schulter ihrer Dienerin und fiel in Ohnmacht. Da bewirkte Gott, dass der König milde wurde.

Er nahm Ester in die Arme und sprach zu ihr: »Was ist mit dir, Königin Ester? Was willst du? Ich gewähre dir deinen Willen, und wenn es mich mein halbes Königreich kostet.«

Ester erwiderte: »Wenn es dem König genehm ist, komme er heute mit Haman zu dem Festmahl, das ich ihm zu Ehren bereitet habe.«

Als Haman erfuhr, dass er zum Festmahl geladen war, freute er sich. Aber dann begegnete er Mordechai und der ging nicht vor ihm in die Knie. Da wurde Haman zornig und ließ einen fünfundzwanzig Meter hohen Pfahl errichten, um Mordechai daran aufzuhängen.

In jener Nacht fand der König keinen Schlaf. Da befahl er das Buch der denkwürdigen Tagesgeschehen zu bringen und ließ sich daraus vorlesen. In diesem Buch wurde berichtet, dass Mordechai dem König das Leben gerettet hatte.

Da sprach der König: »Was hat Mordechai als Belohnung dafür erhalten?«

»Nichts«, erwiderten die Höflinge.

Da kam Haman und bat um Erlaubnis, Mordechai aufzuhängen.

Als er eintrat, fragte ihn der König: »Was kann man für denjenigen tun, den der König ehren will?«

Da dachte Haman: Natürlich will der König mich ehren.

Und so erwiderte er: »Dem Mann, den der König ehren möchte, soll man ein königliches Gewand bringen, das der König selbst zu tragen pflegt, und ein Pferd, mit dem der König reitet, und eine Königskrone. Man lasse diesen Mann durch die Stadt reiten und ausrufen: ›So geschieht dem Mann, den der König ehren will.‹«

Da sagte der König, dass er das mit Mordechai vorhabe. Haman bedeckte sich das Gesicht und eilte niedergeschlagen nach Hause.

Seine Frau und seine Weisen sprachen zu ihm: »Du kannst dich nicht gegen Mordechai verteidigen, denn der lebendige Gott ist mit ihm.«

Wie schon öfter gingen der König Artaxerxes und Haman zu einem Festmahl bei Königin Ester.

Und der König fragte erneut: »Königin Ester, was willst du? Ich gewähre es dir, und wenn es mich mein halbes Königreich kostet.«

»Mein Herr«, sprach sie, »wenn du mir einen Gefallen erweisen willst, schenk mir das Leben und das meines Volkes. Mein Volk und ich werden von Ermordung und Ausrottung bedroht.«

»Wer hat so etwas vor?«, fragte der König entrüstet.

»Dieser ruchlose Haman!«, erwiderte Ester und zeigte auf ihn.

Der König erhob sich wutentbrannt und ging in den Garten des Palastes. Haman blieb zurück, um Königin Ester um sein Leben zu bitten. Als der König zurückkehrte, lag Haman vor dem Lager, auf dem Ester ruhte.

Da sprach der König: »Er will der Königin sogar vor meinen Augen Gewalt antun!«

Sofort verhüllte man Haman das Gesicht. Eine Wache berichtete dem König, dass Haman in seinem Haus einen fünfundzwanzig Meter hohen Pfahl hatte errichten lassen, der für Mordechai bestimmt war.

»Hängt ihn selber daran auf«, befahl der König.

Am gleichen Tag schenkte König Artaxerxes Königin Ester Hamans Haus. Er streifte seinen Siegelring ab und gab ihn Mordechai und setzte ihn zum Verwalter über Hamans Haus ein. Außerdem erlaubte er den Juden sich überall zu versammeln, wo sie wollten.

Die Geschichte von Daniel

ÜBER DIESE GESCHICHTE:

Die Israeliten wurden viele Jahre von fremden Ländern beherrscht. Diese Geschichte erzählt vom Schicksal verschiedener Israeliten, vor allem vom Schicksal Daniels. Die Personen, die in dieser Geschichte vorkommen, wurden berühmt, weil sie auch in schweren Zeiten immer fest an Gott glaubten. Trotz der Strafen, die sie erduldeten, wurden sie schließlich immer von Gott gerettet.

Im zweiten Jahr seiner Regierung hatte Nebukadnezzar, König von Babylon, einen Traum.
Daraufhin ließ er alle Weisen und Wahrsager kommen und sprach: »Ich habe einen Traum gehabt. Und ihr sollt nun herausfinden, was es mit diesem Traum auf sich hat. Wenn es euch nicht gelingt, töte ich euch.«
Sie erwiderten: »Oh König, es gibt niemanden, der eurer Bitte entsprechen könnte. Wir können deinen Traum nur deuten, wenn du ihn uns erzählst.«
Der König wurde so zornig, dass er befahl alle Weisen Babylons zu töten. Dann ließ er Daniel rufen, einen Israeliten, damit er ihm seinen Traum deute. Dieser erbat sich etwas Zeit und erzählte seinen Gefährten Hananja, Asarja und Mischaël, worum ihn der König gebeten hatte. Sie flehten Gott um Erbarmen an. In derselben Nacht hatte Daniel eine Erscheinung, bei der ihm der Traum gedeutet wurde.

Daniel pries den Herrn und suchte Arjoch, den Befehlshaber der königlichen Wache, auf und sagte: »Bring die Weisen von Babylon nicht um. Führe mich vor den König und ich werde ihm die Deutung geben.«
Als er vor dem König stand, sprach er zu ihm: »Du hast eine majestätische Statue in blendendem Glanz gesehen. Der Kopf war aus feinem Gold, Brust und Arme waren aus Silber, Leib und Muskeln aus Erz, die Beine waren aus Eisen, die Füße teils aus Eisen und teils aus Ton. Und du hast einen Stein gesehen, der sich ohne menschliches Dazutun vom Berg löste. Er fiel auf die Füße aus Eisen und Ton und zermalmte sie.«
Der König war beeindruckt, denn genau das war sein Traum gewesen.
Daniel fuhr fort: »Jetzt erkläre ich dir die Bedeutung deines Traums. Du, oh König der Könige, dem der Gott des Himmels das Reich und die Macht verliehen hat, bist der Kopf aus Gold. Nach dir ersteht ein weniger mächtiges Königreich aus Silber. Dann kommt ein drittes aus Bronze, das die ganze Erde beherrschen wird. Ein viertes wird hart wie Eisen sein und wird alle anderen zerschmettern.«
»Und was bedeuten die Füße und die Finger aus Eisen und Ton?«, fragte der König.
»Sie stellen ein geteiltes Reich dar, das gleichzeitig schwach und mächtig ist. Der Stein bedeutet, dass während dieser Reiche Gott im Himmel ein Reich errichten wird, das niemals zerstört wird, während sich alle anderen Reiche auflösen.«
Da ernannte Nebukadnezzar Daniel zum

Statthalter der Provinz Babylonien und überschüttete ihn mit Ehren und Reichtümern.

Dann befahl er ein riesiges goldenes Standbild anzufertigen und ließ es in der Ebene von Dura aufstellen.

Nun rief er alle seine Minister, Ratgeber, Statthalter, Gouverneure, Schatzmeister und Beamte zusammen und sprach: »Sobald ihr die Trompeten und übrigen Instrumente erklingen hört, werft ihr euch nieder, um die Statue anzubeten, die der König Nebukadnezzar errichten ließ. Wer sich weigert, wird in einen brennenden Ofen geworfen.«

Nach einigen Tagen wurde dem König berichtet, dass drei Juden, mit der Verwaltung Babyloniens betraut, sich weigerten die Statue anzubeten. Es waren Schadrach, Meschach und Abed-Nebo.

Der König befahl sie vorzuführen und fragte sie: »Stimmt es, dass ihr die Statue nicht anbetet?«

Sie antworteten: »Ja, Herr, es stimmt. Wir beten nur unseren Gott im Himmel an, er wird uns vor dem Feuerofen retten und auch vor dir.«

Der König war von Zorn erfüllt und gab Befehl, den Ofen sieben Mal stärker zu heizen als sonst und die Männer zu fesseln und hineinzuwerfen. Da die Flammen so stark waren, verschlangen sie die Männer, die Schadrach, Meschach und Abed-Nebo ins Feuer werfen sollten. Die drei im Ofen aber blieben unbeschadet. Da stieg ein Engel vom Himmel und löschte die Flammen. Als Nebukadnezzar davon erfuhr, befahl er die Männer aus dem Feuer zu holen.

Er sprach zu ihnen: »Gepriesen sei euer Gott, der einen Engel sandte, um seine Diener zu retten.«

Nach Nebukadnezzar bestieg sein Sohn Belschazzar den Thron. Er wollte ein großes Gastmahl für die Edlen des Reiches geben und befahl die goldenen und silbernen Gefäße herbeizubringen, die sein Vater aus dem Tempel von Jerusalem gestohlen hatte. Als er gerade Wein aus den Gefäßen trank, erschienen plötzlich Finger einer Menschenhand und schrieben etwas auf die Wand. Der König erbleichte vor Angst und ließ Daniel holen, den sein Vater zum Obersten der Weisen und Wahrsager ernannt hatte.

Daniel sprach zu ihm: »Mein Herr, der Gott des Himmels hat deinem Vater Nebukadnezzar Macht und Ruhm verliehen. Aber Nebukadnezzar wurde überheblich und hochmütig, bis er erkannte, dass der höchste Gott jeden an die Macht bringen kann, den er will. Und du, sein Sohn, der du das alles weißt, hast dich gegen den Herrn des Himmels erhoben und die Gefäße aus dem Tempel holen lassen.«

Dann verriet Daniel, was die Hand an die Wand geschrieben hatte: Belschazzars Regierung würde bald enden. Noch in derselben Nacht wurde der König getötet und Darius folgte ihm auf den Thron.

Daniel war Minister des neuen Königs. Die anderen Minister wollten ihm aus Neid einen Fehler anlasten. Da Daniel aber nicht das Geringste vorzuwerfen war, heckten sie einen Plan aus: Der König würde sich zum alleinigen Gott erklären und einen Erlass herausgeben, dass niemand einen anderen Gott anbeten dürfe. Und wer dagegen verstoße, werde in eine Löwengrube geworfen.

Daniel betete weiterhin dreimal am Tag zu seinem Gott – wie es die anderen Minister erwartet hatten. Sie gingen zum König und meldeten es ihm.

Dieser befahl Daniel in die Löwengrube zu werfen und sprach: »Dein Gott, dem du so treulich dienst, möge dich erretten.«

Nachdem man ihn in die Löwengrube geworfen hatte, wurde ein Stein auf die Öffnung gelegt. Der König versiegelte ihn, damit ihn niemand hob. Doch nachts fand der König keinen Schlaf.

Am nächsten Morgen näherte er sich der Grube und rief: »Daniel, hat dein Gott dich vor den Löwen retten können?«

Und Daniel erwiderte ihm: »Oh König, du mögest ewig leben! Mein Gott hat seinen Engel gesandt. Dieser Engel hat den Rachen der Löwen verschlossen.«

König Darius freute sich sehr und befahl Daniel aus der Löwengrube herauszuholen. Er ordnete an, dass alle Untertanen seines Reiches den Gott Daniels ehren sollten.

Die Geschichte von Jona

ÜBER DIESE GESCHICHTE:

Die Israeliten glaubten ihr Gott vergebe nur den Angehörigen des Volkes Israel. Diese Geschichte erzählt, dass Gott der Vater aller Menschen ist. Der Herr wählte Jona aus, um den Bewohnern der Stadt Ninive, die keine Israeliten waren, eine Botschaft zu senden.

Der Herr gab Jona folgenden Auftrag: »Geh nach Ninive. Lauf durch die Straßen und sag den Bewohnern, dass ich von ihren bösen Taten weiß und sehr zornig darüber bin. Dennoch will ich sie nicht bestrafen. Deshalb sollst du ihnen meine Botschaft überbringen, damit sie ihr Leben ändern.«

Statt nach Ninive zu gehen, floh Jona nach Tarschisch, um sich Gottes Auftrag zu entziehen. Im Hafen sah er ein Schiff und ging an Bord. Aber es erhob sich ein gewaltiger Sturm, sodass das Schiff fast unter den hohen Wellen begraben wurde.

Die Schiffsleute, die sich zu Tode fürchteten, schrien, ein jeder zu seinem Gott. Sie warfen alles, was an Bord war, ins Meer, um das Schiff zu erleichtern. Sie hofften, dass dann die Gefahr, unterzugehen, nicht mehr so groß wäre. Jona, der in den untersten Teil des Schiffes hinuntergestiegen war, schlief trotz des Aufruhrs fest.

Da ging der Kapitän zu ihm und sprach: »Was schläfst du? Steh auf und rufe deinen Gott an. Vielleicht erbarmt er sich unser, sodass wir nicht alle im Meer untergehen.«

Sie losten, um herauszufinden, wer schuld an diesem Unglück wäre. Und das Los fiel auf Jona.

Da fragten sie ihn: »Wer bist du? Weshalb hat uns dieses Unglück getroffen? Woher kommst du? Und welchem Volk gehörst du an?«

Er erwiderte: »Ich bin Hebräer und bete zum Herrn, dem Gott des Himmels, der das Meer und das Festland erschaffen hat.«

Voller Furcht fragten sie ihn: »Was sollen wir mit dir machen, damit das Meer sich beruhigt?«

Jona erwiderte: »Nehmt mich und werft mich ins Meer, damit sich der Sturm, der sich meinetwegen erhoben hat, legt.«

Die Männer ruderten kräftig, um ans Ufer zu gelangen, aber sie kamen nicht gegen die riesigen Wellen an. Da nahmen sie Jona und warfen ihn ins Meer und das Meer beruhigte sich auf der Stelle. Die Männer waren überrascht und wurden von großer Furcht vor dem Gott des Jona erfüllt.

Der Herr sandte einen riesigen Fisch, der Jona verschlang. Er war drei Tage und drei Nächte im Leib des Fisches und wandte sich mit all den Gebeten, die er zu Hause und im Tempel gelernt hatte, an Gott.

Nach drei Tagen gebot Gott dem Fisch Jona ans Land auszuspucken.

Und der Herr sprach ihn zum zweiten Mal an: »Steh auf und geh nach Ninive und überbring die Botschaft, die ich dir auftragen werde.«

Und Jona machte sich auf den Weg nach Ninive, wie Gott ihm befohlen hatte.

Er hielt sich einen ganzen Tag in der Stadt auf und sprach: »Innerhalb von vierzig Tagen wird Ninive zerstört werden!«

Die Bewohner von Ninive glaubten dem Propheten und baten Gott um Vergebung für ihre bösen Taten.

Der König erhob sich von seinem Thron, legte seinen Mantel ab, hüllte sich in Sackleinen, warf sich auf den Boden und erließ diesen Aufruf: »Um Gott zu zeigen, dass wir unser Leben ändern wollen, sollen weder Mensch noch Tier Nahrung zu sich nehmen noch Wasser trinken. Alle Menschen sollen sich ihrer bequemen Gewänder entledigen und in Sackleinen kleiden, Gott anflehen und versprechen ihr Leben zu ändern. Vielleicht vergibt er uns und verschont unsere Stadt.«

Als der Herr sah, dass die Bewohner von Ninive ihre bösen Taten bereuten, verschonte er sie vor Strafe.

Das verdross Jona sehr und er sprach zu Gott: »Mein Herr, das habe ich geahnt. Deshalb wollte ich nach Tarschisch fliehen, denn ich wusste, dass du ein mitleidiger, geduldiger und barmherziger Gott bist, der lieber verzeiht als bestraft. Ich will nicht mehr leben; es ist besser, ich sterbe.« Doch Gott sprach: »Warum bist du zornig? Warum betrachtest du die Bewohner von Ninive nicht als deine Brüder? Hier leben mehr als hundertzwanzigtausend Menschen, die nicht wissen, was sie tun, die Gut nicht von Böse unterscheiden können, und all ihre Tiere. Wie könnte ich mit Ninive, der großartigen Stadt, nicht Mitleid haben?«

Jesus von Nazaret

Im neuen Testament wird die Geschichte des Jesus von Nazaret erzählt. Er lebte vor zwanzig Jahrhunderten in Palästina, einem kleinen Land am Mittelmeer. Da die Leute wissen wollten, wie sein Leben verlief, verfassten einige seiner Jünger die Evangelien – Bücher, die berichten, wie Jesus lebte, und seine Botschaft verkünden. Wer sie liest, kann Jesus sehr gut kennen lernen. Das Wichtigste war für ihn die Liebe zu Gott und den Menschen, die Gott erschuf. Stets half er den Armen und Bedürftigen. Außerdem tat er viele Wunder und heilte viele Kranke. Er starb an einem Kreuz und erstand wieder auf, um alle Menschen zu retten. In diesen Geschichten lernst du Jesus von Nazaret kennen, einen Menschen, der aus Liebe zu den Mitmenschen sein Leben opferte.

Ein Engel verkündet die Geburt Jesu

ÜBER DIESE GESCHICHTE

Gott beschloss den versprochenen Retter, den Messias, in die Welt zu schicken. Dazu wählte er eine ganz einfache Frau aus und ließ ihr durch einen Engel verkünden, dass sie die Mutter des Retters sein würde.

Eines Tages schickte Gott den Engel Gabriel in die Stadt Nazaret in Galiläa. Dort lebte eine einfache Frau, die Maria hieß. Sie war mit einem Mann namens Josef verlobt, der aus der Familie Davids stammte und Zimmermann war. Maria verrichtete Hausarbeiten: Sie holte Wasser aus dem Brunnen, kochte, backte das Brot im Ofen, putzte das Haus und wusch die Wäsche im Fluss . . .
Der Engel trat in das Haus Marias, um ihr eine Botschaft von Gott zu überbringen, und begrüßte sie mit folgenden Worten: »Freue dich, Maria. Der Herr ist mit dir.« Maria erschrak.
Aber der Engel beruhigte sie: »Fürchte dich nicht, Maria, Gott hat dich auserwählt. Er möchte etwas tun, damit die Menschen ein besseres Leben führen, und braucht deine Hilfe. Du wirst einen Sohn zur Welt bringen; dem sollst du den Na-

men *Jesus* geben, was bedeutet *Retter*. Dieser Sohn wird den Menschen zeigen, wie man anders lebt, damit sie sich vom Bösen abwenden und so Erlösung finden können. Und seine Herrschaft wird kein Ende haben.«

Maria erwiderte: »Wie ist das möglich, wenn ich nicht einmal verheiratet bin?«

Da sagte der Engel: »Für Gott ist nichts unmöglich. Schau dir deine Verwandte Elisabet an, die keine Kinder bekommen konnte und nun schwanger ist, obwohl sie schon älter ist. Sorge dich nicht, der Heilige Geist wird über dich kommen und der Sohn, den du haben wirst, wird Gottes Sohn genannt werden.«

Maria verstand das alles nicht so recht, aber da sie fest an Gott glaubte, antwortete sie dem Engel: »Ich bin die Magd des Herrn. Mit mir soll alles so geschehen, wie du es gesagt hast.«

Maria besucht Elisabet

ÜBER DIESE GESCHICHTE

Elisabet, eine entfernte Verwandte von Maria, erwartete, obwohl sie schon älter war, ein Kind. Ihr Mann Zacharias war stumm geworden, weil er nicht geglaubt hatte, dass er und seine Frau ein Kind bekommen konnten.

Einige Tage nach dem Besuch des Engels machte Maria sich auf den Weg in ein Bergdorf in Judäa. Dort lebten ihre Verwandte Elisabet und deren Mann Zacharias, der im Tempel als Priester Dienst tat. Maria erreichte das Dorf, ging in das Haus der beiden und begrüßte Elisabet. Als Elisabet den Gruß Marias hörte, hüpfte das Kind in ihrem Bauch.
Da rief sie aus: »Gesegnet bist du mehr als alle anderen Frauen und gesegnet ist die Frucht deines Leibes. Wer bin ich, dass die Mutter meines Herrn zu mir kommt? Als ich deinen Gruß hörte, hüpfte das Kind vor Freude in meinem Leib. Selig bist du, weil du geglaubt hast! Denn was der Herr dir sagen ließ, wird sich erfüllen.«
Da rühmte Maria den Herrn mit den Worten »Meine Seele preist die Größe des Herrn und mein Geist jubelt über Gott, meinen Retter, denn er hat seine bescheidene Magd auserwählt. Siehe, von nun an preisen mich selig alle Geschlechter, denn der Allmächtige hat Großes an mir getan. Seine Barmherzigkeit mit denen, die an ihn glauben, ist unendlich groß. Er vollbringt mit seinem Arm machtvolle Taten: Er vernichtet die Pläne derjenigen, die im Herzen voll Hochmut sind; er stürzt die Mächtigen vom Thron und erhöht die Niedrigen. Die Hungernden beschenkt er mit seinen Gaben und lässt die Reichen leer ausgehen. Er nimmt sich seines Knechtes Israel an und denkt an sein Erbarmen, das er unseren Vätern, also Abraham und seinen Nachkommen, auf ewig versprochen hat.«
Maria blieb bei Elisabet, bis diese ihr Kind zur Welt brachte. Dann kehrte sie nach Hause zurück.
Als die Nachbarn und Verwandten von der Geburt des Kindes erfuhren, eilten sie herbei, um Elisabet und Zacharias zu gratulieren. Am achten Tag brachten die Eltern ihren kleinen Sohn in den Tempel, wie es Sitte war. Dort nannten die Leute ihn Zacharias wie seinen Vater.
Aber Elisabet sagte zu ihnen: »Er soll nicht Zacharias, sondern Johannes heißen.«
Die Leute wunderten sich, weil niemand in der Familie diesen Namen trug. So fragten

sie den Vater nach dem Namen des Neugeborenen.

Zacharias verlangte ein Schreibtäfelchen und schrieb zum Erstaunen der Nachbarn und Verwandten darauf: »Sein Name ist Johannes.«

Sofort erlangte er die Sprache wieder und begann Gott zu preisen. Die ganze Nachbarschaft war erstaunt, und was geschehen war, sprach sich im ganzen Bergland von Judäa herum.

Alle, die es hörten, sagten: »Was wird wohl aus diesem Kind werden? Denn es ist offensichtlich, dass die Hand des Herrn mit ihm ist.«

Vom Heiligen Geist erfüllt, prophezeite Zacharias, dass dieses Kind Prophet des Höchsten genannt werden würde, denn es würde dem Herrn vorangehen, ihm den Weg bereiten und seinem Volk die Erlösung durch die Vergebung der Sünden verkünden.

Der kleine Johannes wuchs heran; sein Körper und Geist wurden stark.

Und als er erwachsen war, ging er in die Wüste, um dort zu leben und zu predigen. So erfüllte sich, was sein Vater vorausgesagt hatte.

Die Geburt Jesu

ÜBER DIESE GESCHICHTE

Viele Leute glaubten, dass der Messias, den die Propheten angekündigt hatten, ein mächtiger König sein würde. Doch tatsächlich wurde Jesus in einer bescheidenen Hütte geboren.

Maria und Josef bereiteten gerade alles für die Geburt ihres Sohnes vor, als ein Bote von Kaiser Augustus in Nazaret eintraf. Dieser Bote lief durch die Ortschaften und verkündete, dass alle Leute sich in dem Ort, in dem ihre Vorfahren geboren wurden, in eine Liste eintragen mussten, damit der Kaiser die Steuern leichter eintreiben konnte. Da die Familie von Josef aus Betlehem stammte, mussten Maria und Josef sich dorthin begeben.

Bei ihrer Ankunft in Betlehem waren alle Herbergen voll, weil noch viele andere Leute angereist waren, um sich in die Liste einzutragen.

Da die Stunde der Geburt näher rückte und die beiden keine Herberge fanden, beschlossen sie in einer Hirtenhütte Unterschlupf zu suchen. Dort wurde das Kind geboren. Sie gaben ihm den Namen Jesus, der Retter bedeutet. Denn diesen Namen hatte der Bote Gottes Maria genannt, als er ihr ankündigte, dass sie einen Sohn bekommen würde.

Auf den Feldern dieser Gegend waren ein paar Hirten, die abwechselnd bei ihren Herden Nachtwache hielten. Plötzlich erschien ihnen ein Engel des Herrn und hüllte sie in sein strahlendes Licht ein.

Sie erschraken, aber der Engel sprach zu ihnen: »Fürchtet euch nicht, denn ich verkünde euch eine gute Nachricht, eine große Freude für das ganze Volk. Heute ist euch in der Stadt Davids der Retter geboren; er ist der angekündigte Messias. Ihr findet ihn in einem Stall, in Windeln gewickelt und in einer Krippe liegend.«

Plötzlich war der Engel von einem großen himmlischen Heer umgeben, das Gott lobte und sang: »Ehre sei Gott im Himmel und Friede auf Erden den Menschen, die er alle liebt!«

Die Hirten eilten zu dem Ort, den der Engel ihnen genannt hatte, und fanden Maria, Josef und das Kind in der Krippe.

Maria und Josef waren erstaunt, dass so viele Leute zu ihnen kamen. Da erzählten ihnen die Hirten, was der Engel über das Kind gesagt hatte. Maria bewahrte alles in ihrem Herzen und dachte darüber nach. Die Hirten kehrten nach Hause zurück und priesen Gott für das, was sie gesehen und gehört hatten.

Die Weisen aus dem Morgenland

ÜBER DIESE GESCHICHTE

Im Altertum gab es viele Weise, die die Sterne beobachteten und ihre Bewegungen deuteten. Eines Tages entdeckten drei Weise aus dem Morgenland einen neuen Stern. In ihren Büchern lasen sie, dass er das Zeichen für die Geburt des Königs der Juden sei, der auch Messias genannt wurde und die Welt retten sollte.

Drei Weise aus dem Morgenland machten sich auf den Weg nach Jerusalem, um dem neuen König zu huldigen. Jerusalem war die Hauptstadt Israels, des Landes der Juden, daher glaubten sie, er sei dort geboren worden.

Gleich nach ihrer Ankunft sprachen sie im Palast von König Herodes vor und fragten ihn: »Wo ist der neugeborene König der Juden? Wir haben im Morgenland seinen Stern gesehen und sind gekommen, um ihm zu huldigen.«

Herodes erschrak, als er das hörte, weil er befürchtete, dieser neue König könnte ihm den Thron rauben.

So rief er alle Hohen Priester und Schriftgelehrten zusammen und sagte zu ihnen: »Ich will von euch den genauen Ort wissen, wo der Messias geboren werden soll.«

Sie antworteten ihm: »In Betlehem in Judäa; so haben es die Propheten in den Schriften angekündigt.«

Da rief Herodes wieder die drei Weisen zu sich. Er fragte sie, wann genau der Stern erschienen sei, und schickte sie mit folgendem Auftrag nach Betlehem: »Findet so viel wie möglich über dieses Kind heraus und sagt mir Bescheid, wenn ihr es findet, damit ich ebenfalls hingehen und ihm huldigen kann.«

Aber Herodes wollte nur wissen, wo es war, um es zu töten.

Die drei Weisen machten sich auf den Weg. Sie wussten nicht, wie sie das Kind finden sollten. Doch dann sahen sie zu ihrer großen Freude wieder den Stern, dem sie gefolgt waren. Er führte sie und blieb schließlich über dem Ort stehen, an dem das Kind war.

Maria und Josef staunten, als die drei Weisen in die Hütte traten, vor dem Kind niederknieten und es anbeteten.

Die Weisen erklärten den beiden, dass sie von sehr weit her gekommen waren, um dem neuen König Israels zu huldigen, denn er sei der von den Propheten angekündigte Messias, den Gott geschickt hatte, um die ganze Menschheit zu retten.

Dann öffneten die Weisen ihre Kisten und holten die Geschenke heraus, die sie dem Jesuskind mitgebracht hatten: Gold und die wertvollen Duftkräuter Weihrauch und Myrrhe.

Die Flucht nach Ägypten und die Rückkehr nach Nazaret

ÜBER DIESE GESCHICHTE

Ein Engel des Herrn warnte die drei Weisen aus dem Morgenland und Josef, dass Herodes Jesus töten wollte. Daher flohen Josef und Maria mit dem Kind nach Ägypten, bis die Gefahr vorüber war.

Nachdem die drei Weisen aus dem Morgenland dem Jesuskind gehuldigt hatten, erschien ihnen im Traum ein Engel, der ihnen befahl nicht mehr zu Herodes zu gehen, sondern auf einem anderen Weg in ihr Land zurückzukehren.

Auch Josef erschien im Traum ein Engel, der zu ihm sagte: »Steh auf, nimm das Kind und seine Mutter und fliehe nach Ägypten, denn Herodes wird nach dem Kind suchen, um es zu töten.«

Josef weckte Maria und noch in derselben Nacht brachen sie nach Ägypten auf.

Als Herodes merkte, dass die drei Weisen ihn getäuscht hatten, wurde er sehr wütend und befahl in Betlehem und seiner Umgebung alle kleinen Jungen unter zwei Jahren zu töten.

Josef, Maria und Jesus lebten eine Zeit lang in Ägypten. Als Herodes starb, erschien Josef im Traum ein Engel, der zu ihm sagte: »Steh auf, nimm das Kind und seine Mutter und gehe nach Israel, denn Herodes ist tot und kann dem Kind nichts mehr tun.«

Josef stand auf und brach mit Maria und dem Kind nach Israel auf. Unterwegs hörte er jedoch, dass nun Herodes' Sohn Archelaus der König von Judäa war. Da fürchtete er sich dorthin zu gehen und wandte sich nach der Provinz Galiläa, wo er sich in der kleinen Stadt Nazaret niederließ. So erfüllte sich die Prophezeiung, die besagte, dass der Messias *der Nazarener* genannt werden würde.

In Nazaret wurden sie sehr freundlich aufgenommen. Josef, der Zimmermann war, fertigte für seine Nachbarn Türen, Fenster oder Pflüge an. Und Maria erledigte Hausarbeiten.

Jesus wuchs heran und lernte alles, was seine Eltern ihm beibrachten.

Jesus im Tempel

ÜBER DIESE GESCHICHTE

Bei den Juden war es Sitte, Neugeborene vierzig Tage nach der Geburt in den Tempel zu bringen, wo jeder männliche Erstgeborene Gott geweiht wurde. Reiche Eltern opferten dabei ein Schaf oder ein Lamm, arme Eltern ein Paar Turteltauben oder zwei junge Tauben. Und jedes Jahr pilgerten die Juden nach Jerusalem, um dort das Paschafest zu feiern. Auf diesem Fest entfernte sich Jesus, als er zwölf Jahre alt war, zum ersten Mal von seinen Eltern.

JESUS WIRD IM TEMPEL GOTT GEWEIHT

Wie das Gesetz Mose es vorschrieb, brachten Josef und Maria den kleinen Jesus vierzig Tage nach seiner Geburt in den Tempel von Jerusalem, um ihn Gott zu weihen und zwei Turteltauben als Opfer darzubringen.

Als sie den Tempel betraten, kam ihnen ein Greis namens Simeon entgegen. Gott hatte diesem gerechten und frommen Mann versprochen, dass er nicht sterben würde, ehe er den Messias gesehen hatte. Simeon nahm das Kind in die Arme und rief aus: »Mein Gott, nun kann ich ruhig sterben, denn meine Augen haben den Retter gesehen, den du allen Völkern geschickt hast, als Licht für die Ungläubigen und zum Ruhm deines Volkes Israel!«

Maria und Josef wunderten sich über seine Worte.

Dann gab Simeon Maria ihren Sohn zurück und sagte zu ihr: »Dieses Kind ist gekommen, um uns allen die Rettung zu bringen. Einige werden ihm folgen, andere werden ihn verfolgen. Und dir wird ein Schwert durch die Seele dringen.«

Maria dachte über diese Worte nach und bewahrte sie in ihrem Herzen.

JESUS BLEIBT IM TEMPEL VON JERUSALEM

Als Jesus zwölf Jahre alt war, feierte er mit seinen Eltern im Tempel von Jerusalem das Paschafest.

Nach dem Ende der Zeremonie sah er, dass Leute sich um die Rabbis scharten – Rabbis waren Lehrer, die die Zeremonien erklärten. Er schloss sich ihnen an und begann Fragen zu stellen.

Seine Eltern kehrten in einer großen Pilgergruppe nach Nazaret zurück. Da Maria ihren Sohn nicht sah, dachte sie, er wäre bei seinem Vater. Und Josef meinte, er wäre bei seiner Mutter. Als die beiden am

Abend feststellten, dass Jesus nicht da war, machten sie sich große Sorgen.
Sie kehrten nach Jerusalem zurück und nach drei Tagen fanden sie Jesus schließlich im Tempel. Er saß mitten unter den Lehrern, lauschte ihnen und stellte Fragen. Alle, die ihn hörten, staunten über seine Klugheit.

Seine Eltern waren bestürzt, als sie das sahen.
Maria sagte zu ihm: »Kind, wie konntest du uns das antun? Dein Vater und ich haben dich voller Angst überall gesucht.«
»Warum habt ihr mich gesucht?«, antwortete Jesus. »Wusstet ihr denn nicht, dass ich im Haus meines Vaters sein muss?«

Sie verstanden nicht, was er damit meinte. Er kehrte mit ihnen nach Nazaret zurück und war ihnen gehorsam. Jesus wuchs heran und seine Weisheit nahm mit jedem Tag zu. Doch seine Mutter machte sich deswegen insgeheim Sorgen um ihn.

Die Taufe Jesu und die Versuchungen in der Wüste

ÜBER DIESE GESCHICHTE

Johannes der Täufer war ein entfernter Verwandter von Jesus, der in die Wüste gezogen war, um dort zu predigen und zu beten. Er trug ein Gewand aus Kamelhaaren, das von einem Ledergürtel zusammengehalten wurde, und ernährte sich von Heuschrecken und wildem Honig. Von überall her kamen Menschen zu Johannes, um sich von ihm im Fluss Jordan taufen zu lassen — zum Zeichen, dass sie ihre Sünden bereuten.

Eines Tages wanderte Jesus von Nazaret zum Jordan, um sich von Johannes taufen zu lassen.

Als dieser ihn erkannte, weigerte er sich jedoch und sagte: »Ich müsste von dir getauft werden. Ich bin es nicht wert, dir die Sandalen aufzuschnüren.«

Aber Jesus erwiderte: »Lass uns tun, worum ich dich bitte, denn es steht geschrieben, dass es so geschehen soll.«

Da gab Johannes nach und tauchte Jesus in das Wasser des Flusses. In diesem Augenblick öffnete sich der Himmel und sie sahen den Heiligen Geist wie eine Taube auf Jesus herabkommen.

Dann hörten sie eine Stimme sagen: »Das ist mein geliebter Sohn, den ich auserwählt habe.«

Vom Heiligen Geist geleitet, zog Jesus sich nach seiner Taufe in die Wüste zurück, um dort zu fasten und zu beten. Nach vierzig Tagen ohne Essen verspürte er großen Hunger.

Da machte sich der Teufel an ihn heran und sagte: »Wenn du Gottes Sohn bist, dann verwandle diese Steine in Brot.«

Aber Jesus erwiderte: »Es steht geschrieben: ›Der Mensch lebt nicht nur von Brot, sondern von jedem Wort, das aus Gottes Mund kommt.‹«

Da nahm der Teufel ihn mit sich nach Jerusalem, stellte ihn auf die Zinne des Tempels und sagte zu ihm: »Wenn du Gottes Sohn bist, dann stürze dich hinab, denn es steht geschrieben, dass er seinen Engeln befiehlt dich auf ihren Händen zu tragen, damit dein Fuß nicht an einen Stein stößt.«

Aber Jesus erwiderte: »Es steht auch geschrieben: ›Du sollst den Herrn, deinen Gott, nicht auf die Probe stellen.‹«

Da nahm der Teufel ihn mit sich auf einen sehr hohen Berg, zeigte ihm alle Reiche der Welt in ihrer ganzen Pracht und sagte zu

ihm: »Das alles will ich dir geben, wenn du vor mir niederkniest und mich anbetest.«
Da sagte Jesus zu ihm: »Weg mit dir, Satan! Denn es steht geschrieben: ›Den Herrn, deinen Gott, sollst du anbeten und ihm allein dienen.‹«
Da verschwand der Teufel und es kamen Engel, um ihm zu dienen.

Jesus wählt seine Jünger aus

ÜBER DIESE GESCHICHTE

Jesus verließ Nazaret und begann durch Galiläa zu ziehen, um den Menschen die Botschaft Gottes zu verkünden. Aus der Schar seiner Freunde wählte er zwölf Jünger aus, die ihn überallhin begleiteten und später die Zwölf genannt wurden.

DIE ERSTEN JÜNGER

Johannes der Täufer hatte viele Jünger. Aber nachdem er Jesus getauft hatte, forderte er sie auf sich Jesus anzuschließen. Eines Nachmittags begannen zwei von Johannes' Jüngern Jesus zu folgen.
Als er das merkte, wandte er sich zu ihnen um und fragte sie: »Was sucht ihr?«
Sie sagten zu ihm: »Meister, wo wohnst du?«
Und Jesus antwortete ihnen: »Kommt mit und ihr werdet es sehen.«
Sie gingen mit und verbrachten den ganzen Tag bei ihm. Einer der Jünger hieß Andreas. Er hatte einen Bruder namens Simon.
Als er ihn traf, sagte er zu ihm: »Wir haben den Messias gefunden.«
Dann führte er seinen Bruder zu Jesus.

Als Jesus Simon kommen sah, sagte er zu ihm: »Du bist Simon, der Sohn des Johannes. Von nun an wirst du dich Petrus nennen, was ›Fels‹ bedeutet.«
Am folgenden Tag traf Jesus Philippus aus Betsaida, dem Heimatort von Andreas und Petrus.
Er rief ihn zu sich und sagte zu ihm: »Folge mir.«
Später traf Philippus Natanaël und sagte zu ihm: »Wir haben den Messias gefunden. Er heißt Jesus und ist der Sohn von Josef aus Nazaret.«
Natanël entgegnete: »Aber kann denn aus Nazaret etwas Gutes kommen?«
Da sagte Philippus zu ihm: »Komm mit und überzeuge dich selbst.«
Als Jesus Natanaël auf sich zukommen sah, sagte er zu den anderen: »Da kommt ein echter Israelit, ein treuer Mann, der nicht lügen kann.«
Natanaël fragte Jesus überrascht: »Woher kennst du mich?«
Und Jesus antwortete ihm: »Schon bevor Philippus dich rief, sah ich dich unter dem Feigenbaum.«
Keiner der anderen wusste, wovon Jesus sprach, nur Natanaël.
Er war so erstaunt, dass er zu Jesus sagte: »Meister, du bist der Messias, der angekündigte König von Israel.«

So begannen die Treffen zwischen Jesus und seinen Jüngern.

An einem anderen Tag war Jesus am Ufer des Sees Gennesaret, der auch See von Tiberias oder Galiläisches Meer genannt wurde, weil er so groß war.

Die Menschen drängten sich um Jesus, um seine Lehren zu hören. Da sah er zwei Boote am Ufer liegen. Das eine gehörte Petrus und Andreas, das andere Johannes und Jakobus. Damit die Leute ihn besser sehen konnten, stieg er in das Boot von Petrus und begann zu predigen.

Als er fertig war, sagte er zu Petrus: »Rudere auf den See hinaus und dann werft eure Netze zum Fang aus.«

Petrus entgegnete ihm: »Meister, wir haben uns die ganze Nacht abgemüht und nichts gefangen. Heute ist nichts zu machen. Das Beste wird sein, wir lassen es und fahren erst morgen wieder hinaus.«

Aber Jesus bestand darauf: »Ich sage dir, wirf die Netze aus.«

Petrus erwiderte: »Da du mich darum bittest, werfe ich sie aus, aber ich glaube nicht, dass Fische da sind.«

Während er das sagte, warf er die Netze ins Wasser.

Sie fingen Fische über Fische. Es waren so viele, dass das Netz gar nicht mehr zu sehen war. Und es war so schwer, dass Jesus, Andreas und Petrus es nicht einholen konnten.

So rief Petrus den Fischern vom anderen Boot zu: »Kommt schnell und helft uns! Wir schaffen es nicht allein. Das Netz ist so voll.«

Jakobus und Johannes ruderten ihr Boot heran und packten das Netz auf der anderen Seite. Da sie Angst hatten, dass das Gewicht der vielen Fische die Boote zum Sinken bringen könnte, hievten sie die Netze nicht auf die Boote, sondern zogen sie ans Ufer.

Dort warf sich Petrus vor Jesus auf die Knie und sagte zu ihm: »Herr, trenne dich von mir, denn ich bin ein Sünder.«

Aber Jesus wandte sich ihm zu und sagte: »Fürchte dich nicht, Petrus. Bisher hast du auf dem See Fische gefangen. Von nun an werde ich dich und deine Kameraden zu Menschenfischern machen.«

Damit wollte Jesus sagen, dass sie in Zukunft ein anderes Leben führen würden. Sie sollten ihm dabei helfen, das Reich Gottes zu verkünden. Da zogen die vier die Boote an Land, ließen alles zurück und folgten Jesus.

Jesus erwählt Levi

Die Zöllner verlangten von den Juden, dass sie einen Teil ihres Geldes an den römischen Kaiser abgaben. Alle wussten, dass die Zöllner von Juden, die zehn Geldstücke an Rom zu zahlen hatten, fünf Geldstücke mehr forderten, die sie dann für sich behielten.

Aber Jesus kümmerte sich nie darum, ob jemand einen schlechten Ruf hatte. Und wenn er einen guten Menschen traf, ging er auf ihn zu, zeigte ihm seine Zuneigung und machte ihn zu seinem Freund.

Eines Tages sah Jesus einen Zöllner namens Levi am Zollhaus sitzen und sagte zu ihm: »Folge mir.«

Levi stand auf, ließ alles zurück und folgte ihm. Von da an begann er den Leuten das ganze Geld zurückzuzahlen, um das er sie betrogen hatte. Levi lud Jesus zu einem großen Festmahl in seinem Haus ein, an dem auch viele Zöllner und andere Leute teilnahmen.

Die Pharisäer begannen zu murren und fragten die Jünger von Jesus: »Wie könnt ihr mit Zöllnern und Sündern essen und trinken?«

Jesus hörte sie und sagte zu ihnen: »Nicht die Gesunden brauchen den Arzt, sondern die Kranken. Ich bin nicht gekommen, um die Gerechten zu bekehren, sondern die Sünder.«

Von diesem Tag an nannte Levi sich Matthäus. Er wurde einer der engsten Freunde von Jesus, einer der zwölf Jünger, die er zu Aposteln ernannte. Die Zöllner waren Jesus immer freundlich gesinnt, weil er sie weder verachtete noch schlecht von ihnen sprach. Er ermahnte sie lediglich, nicht zu betrügen und niemandem Schaden zuzufügen. Viele störten sich aber an Jesus, weil er den Sündern ein Freund war.

Jesus wählt die Zwölf aus

Nachdem Jesus eine ganze Nacht lang zu Gott, seinem Vater, gebetet hatte, versammelte er am frühen Morgen seine Jünger um sich und ernannte zwölf von ihnen zu Aposteln: Simon, dem er den Namen Petrus gegeben hatte, und dessen Bruder Andreas, Jakobus und Johannes, die Söhne des Zebedäus, die *die Donnersöhne* genannt wurden, Philippus und Bartholomäus, der auch *Natanaël* gerufen wurde, Matthäus, der früher Levi hieß, Thomas, der *der Zwilling* genannt wurde, Jakobus, den Sohn des Alphäus, Thaddäus, Simon, der *der Eiferer* genannt wurde, und Judas Iskariot, der Jesus am Ende verraten sollte.

Diese auserwählten Jünger wurden vom Volk und von den Verfassern der Jesus-Geschichten später *die Zwölf* genannt.

Jesus lehrt in der Synagoge

ÜBER DIESE GESCHICHTE

Am Sabbat versammelten die Juden sich in der Synagoge, um zu beten, das Wort Gottes zu hören und darüber zu diskutieren. Auch Jesus ging in die Synagoge und sprach dort vor den Leuten vom Reich Gottes.

Jesus kehrte nach Galiläa zurück und war bald in der ganzen Gegend bekannt. Er lehrte in den Synagogen und alle hatten Achtung vor ihm. Eines Tages kam er in seine Heimatstadt Nazaret. Am Sabbat ging er wie immer in die Synagoge.
Als er aufstand, um aus der Heiligen Schrift vorzulesen, reichte man ihm eine Buchrolle des Propheten Jesaja, in der stand: »Der Geist des Herrn ruht auf mir, denn er hat mich gesalbt. Er hat mich gesandt, damit ich den Armen eine gute Nachricht bringe, damit ich den Gefangenen die Entlassung verkünde und den Blinden das Augenlicht schenke, damit ich die Unterdrückten in die Freiheit entlasse und ein Gnadenjahr des Herrn ausrufe.«
Dann rollte er das Buch zusammen, gab es dem Synagogendiener und setzte sich. Alle Leute in der Synagoge blickten ihn an und warteten gespannt, was er zu den vorgelesenen Sätzen sagen würde.
Er sprach: »Heute hat sich in eurer Gegenwart erfüllt, was in dieser Schrift steht.«
Die Leute staunten über seine Worte und fragten verwundert: »Aber ist das nicht der Sohn von Josef, dem Zimmermann?«
Er entgegnete ihnen: »Ich sage euch: Kein Prophet wird in seiner Heimat anerkannt, und das ist wahr.«
Als die Leute in der Synagoge das hörten, sprangen sie wütend auf und trieben Jesus zur Stadt hinaus. Sie brachten ihn an einen Steilhang und wollten ihn hinabstürzen. Aber er schritt mitten durch die Menge hindurch und ging weg.
Danach zog Jesus in die galiläische Stadt Kafarnaum. Als er an einem Sabbat wieder in die Synagoge ging, um die Leute zu lehren, war dort ein Mann mit einer gelähmten Hand. Die Schriftgelehrten und Pharisäer beobachteten ihn. Wenn Jesus es wagen würde, am Sabbat einen Kranken zu heilen, hätten sie einen Grund, ihn anzuklagen, denn nach dem jüdischen Gesetz war es verboten, am Sabbat irgendeine Arbeit zu verrichten. Nicht einmal die Ärzte durften an diesem Tag Kranke behandeln.
Jesus, der wusste, was sie im Sinn hatten, sagte zu dem Mann mit der gelähmten

Hand: »Steh auf und stell dich in die Mitte.«
Der Mann erhob sich und Jesus wandte sich an alle: »Ich frage euch: Was ist am Sabbat erlaubt: Gutes zu tun oder Böses, ein Leben zu retten oder es zu Grunde gehen zu lassen?«
Dann sagte er zu dem Mann: »Streck deine Hand aus.«

Der Mann tat es und seine Hand war wieder gesund.
Von Wut erfüllt, berieten die Schriftgelehrten und Pharisäer, was sie gegen Jesus unternehmen könnten.

Eine Hochzeit in Kana

Über diese Geschichte

Zu der Zeit, in der Jesus lebte, feierte man Hochzeiten im Haus des Bräutigams mit einem großen Festmahl, zu dem viele Verwandte und Freunde des Brautpaars kamen. Jesus tat sein erstes Wunder bei einem Hochzeitsmahl, weil seine Mutter ihn darum bat.

Maria, die Mutter von Jesus, war in Kana, einem Ort in der Nähe von Nazaret, auf eine Hochzeit eingeladen. Jesus und seine Jünger waren auch da. Mitten beim Essen ging der Wein aus. Die Diener verständigten den Küchenmeister. Und die besorgte Maria erzählte ihrem Sohn, was los war.

Jesus gab ihr eine seltsame Antwort. Er sagte, dass seine Stunde noch nicht gekommen sei. Er meinte die Stunde seines Todes am Kreuz.

Maria sagte vertrauensvoll zu den Dienern: »Tut alles, was mein Sohn euch aufträgt!«
Da wandte sich Jesus an die Diener: »Füllt die Krüge, die im Hof stehen, mit Wasser.« Es waren sechs große Steinkrüge, die die Juden benutzten, um sich zu waschen, wenn sie von der Straße kamen. Jeder Krug fasste ungefähr hundert Liter.

Die Diener füllten sie bis zum Rand mit Wasser.

Dann sagte Jesus zu ihnen: »Schöpft einen Becher von dem Wasser, mit dem ihr die Krüge gefüllt habt, und bringt ihn dem Küchenmeister zum Kosten.«

Der Küchenmeister, der nicht wusste, was geschehen war, nahm einen Schluck aus dem Becher. Aber es war kein Wasser mehr darin, sondern ein ausgezeichneter Wein.

Da rief er den Bräutigam und sagte zu ihm: »Bei allen anderen Festessen wird der beste Wein am Anfang serviert. Und später, wenn die Gäste schon reichlich getrunken haben und nicht mehr auf die Qualität des Weines achten, wird der gewöhnliche Wein aufgetischt. Aber ihr habt das Gegenteil getan: Ihr habt den besten Wein erst am Ende des Essens serviert.«

Dieses Wunder war der

erste Beweis, dass Jesus kein gewöhnlicher Mensch war.

Die Hochzeitsgäste waren tief beeindruckt, denn sie begriffen, dass etwas Außerordentliches geschehen war. Bald sprach alle Welt über das, was sich auf dem Hochzeitsfest ereignet hatte. Von da an begannen die Jünger, die Jesus begleiteten, an ihn zu glauben.

Die Bergpredigt

ÜBER DIESE GESCHICHTE

Viele Menschen folgten Jesus, um ihn predigen zu hören. Seine wichtigsten Lehren waren die vom wahren Glück, die so genannten Seligpreisungen, und das Vaterunser. Jesus bezeichnete alle, die Gottes Wort befolgten, als selig.

Als Jesus sah, dass ihm eine große Menschenmenge folgte, stieg er auf einen Berg. Er setzte sich und seine Jünger scharten sich um ihn.

Als alle ruhig waren, sprach er folgende Worte: »Selig sind die Armen, die Gott bedingungslos vertrauen, denn das Himmelreich gehört Menschen wie ihnen.

Selig sind die, die leiden, denn sie werden solchen Trost empfangen, der sie für alles Leid entschädigt.

Selig sind die, die keine Gewalt anwenden, denn sie werden das Land erben.

Selig sind die, die gerecht handeln, denn sie werden ebenfalls Gerechtigkeit erfahren.

Selig sind die, die den anderen helfen, denn sie werden ebenfalls Hilfe erhalten, wenn sie in Not geraten.

Selig sind die, die ein reines Herz haben, denn sie werden Gott schauen.

Selig sind die, die für den Frieden arbeiten, denn Gott wird sie seine Kinder nennen.

Selig sind die, die verfolgt werden, weil sie Gott treu sind, denn das Himmelreich gehört Menschen wie ihnen.

Selig seid ihr, wenn ihr beschimpft werdet, weil ihr meine Anhänger seid. Freut euch, denn euer Lohn im Himmel wird groß sein.«

Er sagte ihnen auch: »Wer mir nachfolgt, wer in das Reich Gottes eintreten will, muss wie eine Öllampe sein, die das Haus erhellt. Euer Licht soll so hell leuchten, dass alle Menschen eure guten Werke sehen und Gott preisen.

Früher hieß es: ›Auge um Auge, Zahn um Zahn.‹ Ich aber sage euch: Seid nicht böse zu dem, der euch etwas Böses antut, denn wer seinen Bruder aus Wut schlecht behandelt, kann nicht dem Reich Gottes angehören. Wenn ihr etwas gegen euren Bruder habt, schließt Frieden mit ihm, verzeiht ihm, was er euch angetan hat, oder bittet ihn um Verzeihung für das, was ihr ihm angetan habt. So erweist ihr euch als wahre Kinder Gottes, denn er lässt die Sonne nicht nur über den Guten aufgehen, sondern auch über den Bösen.

Richtet und lästert nie über andere, denn Gott wird euch ebenso richten. Und sucht nicht nach einem Splitter im Auge eures

Bruders, ohne zu sehen, dass ihr selbst einen ganzen Balken im Auge habt.
Die goldene Regel lautet: Behandelt die anderen so, wie ihr von ihnen behandelt werden wollt.

Und wenn ihr betet, macht nicht zu viele Worte, denn euer Vater weiß schon, was ihr braucht. So sollt ihr beten:

›Vater unser
im Himmel,
geheiligt werde
dein Name.
Dein Reich komme.
Dein Wille geschehe,
wie im Himmel,
so auf Erden.
Unser tägliches Brot
gib uns heute.
Und vergib uns
unsere Schuld,
wie auch wir vergeben
unsern Schuldigern.
Und führe uns nicht
in Versuchung,
sondern erlöse uns
von dem Bösen.‹«

Das Gleichnis vom Sämann

ÜBER DIESE GESCHICHTE

Gleichnisse sind wahre oder erfundene Geschichten, die eine Lehre vermitteln sollen. Jesus erzählte viele Gleichnisse, um die Menschen, die ihm folgten, das Wort Gottes zu lehren.

Eines Tages ging Jesus hinaus und setzte sich ans Ufer eines Sees. Bald versammelten sich so viele Menschen um ihn, dass er in ein Boot steigen musste, um zu ihnen zu sprechen.
Er begann sie zu lehren, indem er ihnen folgendes Gleichnis erzählte: »Ein Sämann ging aufs Feld, um die Saat auszubringen. Er lief auf und ab und streute die Samenkörner auf den Boden. Einige landeten auf dem Weg, andere auf steinigem Grund und wieder andere zwischen Dornbüschen. Doch ein Teil der Saat fiel in gute Erde, die sorgsam vorbereitet war.
Die Samenkörner, die auf dem Weg landeten, verschwanden im Nu: Die Vögel kamen und fraßen sie.
Die Samenkörner, die zwischen die Steine fielen, gingen sofort auf, aber da der Boden nicht feucht war, verdorrten die zarten Keime, als die Sonne hochstieg.
Die Samenkörner, die zwischen Dornbüschen landeten, keimten ebenfalls, aber schon bald erstickten die wuchernden Dornbüsche die sprießenden Ähren.
Nur die Saat, die in gute Erde fiel, die vorher umgepflügt und gegossen worden war, gedieh prächtig. Manche Ähren hatten dreißig Körner, andere sechzig, einige so-

gar hundert.« Jesus beendete das Gleichnis mit dem Satz »Wer Ohren hat zum Hören, der höre!«.

Da waren die Leute so verwirrt, dass die Jünger Jesus fragten, was das Gleichnis vom Sämann bedeutete.

Jesus erklärte es ihnen so: »Der Weg, auf den einige Samenkörner fallen, steht für die Menschen, die das Wort Gottes zwar hören, es aber weder befolgen noch in ihr Herz dringen lassen, sodass die Vögel es davontragen, als wäre es ihnen nie verkündet worden.

Die Steine, zwischen die einige Samenkörner fallen, stehen für die Menschen, die zu oberflächlich sind. Sie hören Gottes Botschaft und nehmen sie begeistert auf, aber sie sind unbeständig, geben schnell auf und vergessen, was sie Gott versprachen.

Die Dornbüsche, in die einige Samenkörner fallen, stehen für die Menschen, die viele Sorgen und Wünsche haben und am Geld hängen. Sie hören zwar, was Gott ihnen sagt, kümmern sich aber mehr um andere Dinge.

Und die gute Erde steht für die Menschen, die auf Gott hören, sein Wort sehr wichtig nehmen und sich nach Kräften bemühen es zu befolgen.

Gott, der Sämann, beschenkt alle mit seiner Saat, aber manche nehmen sie schlecht auf und verlieren sie, während andere sie gut aufnehmen, sodass aus jedem Samenkorn ganz viele werden.«

Jesus hilft einer Witwe und einem Hauptmann

ÜBER DIESE GESCHICHTE

Zur Zeit Jesu hatten die Witwen keinen Anspruch auf das, was ihre Ehemänner hinterließen. Wenn sie Söhne hatten, sorgten diese für sie, aber wenn sie keine hatten, waren sie arm dran. Jesus half ihnen stets und nahm sie in Schutz. Palästina befand sich damals unter römischer Herrschaft. Daher waren die Juden nicht gut auf die römischen Soldaten zu sprechen. Trotzdem half Jesus einem römischen Hauptmann, einem Zenturio, der hundert Soldaten befehligte.

JESUS ERWECKT DEN TOTEN SOHN EINER WITWE ZUM LEBEN

Eines Tages wanderte Jesus mit seinen Jüngern in eine Stadt namens Naïn. In der Nähe des Stadttors begegneten sie einem Leichenzug. Der Leichnam eines Jungen von ungefähr vierzehn Jahren wurde zu Grabe getragen. Hinter ihm lief seine weinende Mutter. Sie war untröstlich, denn sie war Witwe und hatte ihren einzigen Sohn verloren. Jesus empfand großes Mitleid mit ihr und ging auf sie zu.

»Weine nicht«, sagte er zu ihr.

Aber die Frau weinte weiter.

Jesus ließ den Leichenzug anhalten. Die Männer, die den Toten trugen, blieben stehen und setzen die Bahre ab.

Jesus ging hin und sagte: »Jüngling, steh auf!«

Der Junge richtete sich auf der Bahre auf und begann zu sprechen. Jesus half ihm hoch und führte ihn zu seiner Mutter, die überglücklich war.

Alle staunten über das Wunder, das sie miterlebt hatten.

Sofort begannen sie Gott zu preisen und zu rufen: »Ein großer Prophet ist bei uns erschienen! Gott hat sein Volk besucht!«

Und die Nachricht verbreitete sich in der ganzen Umgebung und in Judäa.

JESUS HILFT EINEM RÖMISCHEN HAUPTMANN

An einem anderen Tag, an dem Jesus wieder eine große Menschenmenge folgte, lief ein römischer Hauptmann auf ihn zu und sagte zu ihm: »Meister, ich habe viel von dir gehört. Ich weiß, dass du ein Mensch bist, der allen hilft. Einer meiner Diener ist sehr krank und niemand kann etwas für ihn tun.«

»Ich werde in dein Haus kommen, um ihn zu heilen.«

Aber der Hauptmann entgegnete Jesus:

»Herr, ich bin es nicht wert, dass du mein Haus betrittst. Ich bin sicher, dass ein Wort aus deinem Mund genügt, um meinen Diener zu heilen. Ich habe auch Soldaten, die mir gehorchen. Wenn ich einem sage, dass er gehen soll, dann geht er. Und wenn ich einem anderen sage, dass er etwas tun soll, dann tut er es.«

Jesus war erstaunt, wie sehr dieser Mann an ihn glaubte, und sagte zu den Leuten, die ihm folgten: »Ich sage euch. Nicht einmal in Israel habe ich einen solchen Glauben gefunden.«

Dann sagte er zu dem Hauptmann: »Geh in dein Haus zurück. Dein Diener ist bereits geheilt.« Der Hauptmann hatte sein Haus noch nicht erreicht, als ihm ein paar Diener entgegengelaufen kamen, um ihm mitzuteilen, dass der Diener wieder gesund war.

Jesus heilt den Gelähmten vom Teich

ÜBER DIESE GESCHICHTE

In Jerusalem gab es einen ganz besonderen Teich, den Betesda-Teich. Es hieß, dass von Zeit zu Zeit ein Engel vom Himmel herabkam und das Wasser bewegte und dass der erste Kranke, der dann hineinstieg, von seiner Krankheit geheilt wurde. Daher hielten sich an dem Teich viele Kranke auf. Einige hatten Verwandte bei sich, andere waren ganz allein.

Eines Morgens kam Jesus mit seinen Jüngern am Betesda-Teich vorbei. In den fünf Säulenhallen am Ufer des Teichs lagen viele Kranke – Blinde, Verkrüppelte und Gelähmte. Ein Stück vom Teich entfernt stand die Krankenbahre eines Mannes, der schon seit achtunddreißig Jahren gelähmt war.

Als Jesus ihn dort liegen sah und erfuhr, wie lange er schon krank war, fragte er ihn: »Willst du gesund werden?«
Der Kranke antwortete ihm: »Ja, aber ich habe niemanden, der mich in den Teich trägt, wenn das Wasser sich bewegt.«

Da befahl ihm Jesus: »Steh auf und geh!« Im selben Augenblick war der Mann geheilt und begann zu laufen.

Dann sagte Jesus zu ihm: »Nimm deine Bahre und geh nach Hause.«

Der Mann nahm seine zerlumpten Decken und seine Bahre und machte sich auf den Heimweg.

Unterwegs traf er die religiösen Führer der Juden, die zu ihm sagten: »Weißt du denn nicht, dass heute Sabbat ist und dass man am Sabbat nicht arbeiten darf? Warum trägst du deine Bahre herum?«

Er antwortete ihnen: »Der Mann, der mich gesund machte, sagte zu mir: ›Nimm deine Bahre und geh heim.‹«

»Und wer war das, der dir befohlen hat deine Bahre zu tragen?«

Er konnte es ihnen nicht sagen, denn er kannte Jesus nicht. Und Jesus war inzwischen fortgegangen.

Später traf er den Geheilten im Tempel wieder und sagte zu ihm: »Wie du siehst, bist du jetzt gesund. Befolge von nun an Gottes Gebote, so gut du kannst.«

Der Mann lief gleich zu den religiösen Führern und berichtete ihnen, dass es Jesus war, der ihn geheilt hatte. Daraufhin verfolgten sie Jesus, weil er Dinge tat, die am Sabbat verboten waren.

Aber Jesus sagte zu ihnen: »Gott, mein Vater, ist immer am Werk. Er tut auch am Sabbat allen Menschen Gutes und ich tue das ebenfalls.«

Diese Worte machten die religiösen Führer so zornig, dass sie Jesus den Tod wünschten. Denn er tat nicht nur Dinge, die am Sabbat verboten waren, sondern behauptete auch noch, dass Gott sein Vater war, und stellte sich damit Gott gleich.

Das Gleichnis vom Pharisäer und vom Zöllner und das Gleichnis vom unbarmherzigen Gläubiger

Über diese Geschichten

Jesus erzählte das Gleichnis vom Pharisäer und vom Zöllner, um die Leute, die ihm folgten, zu lehren beim Beten demütig zu bleiben – so wie der bescheidene Zöllner, der reumütig bekennt, dass er ein Sünder ist. Und mit dem Gleichnis vom unbarmherzigen Gläubiger lehrte Jesus seine Gefolgschaft, dass man immer bereit sein soll zu verzeihen.

Das Gleichnis vom Pharisäer und vom Zöllner

Jesus sprach mit einer Gruppe von Leuten, die sich einbildeten alles richtig zu machen und die anderen verachteten. Er erzählte ihnen dieses Gleichnis, um ihnen begreiflich zu machen, dass sie sich irrten. »Zwei Männer gingen zum Tempel hinauf, um zu beten. Der eine war ein Pharisäer, der andere ein Zöllner.

Der Pharisäer stellte sich in die Mitte des Tempels und sprach folgendes Gebet: ›Mein Gott, ich danke dir, dass ich nicht so bin wie die anderen, die Räuber, Betrüger oder Ehebrecher sind, und auch nicht wie dieser Zöllner da. Sie sind alle Sünder. Doch ich faste jede Woche und gebe dem Tempel ein Zehntel von allem, was ich verdiene, wie das Gesetz es vorschreibt.‹

Der Zöllner blieb dagegen in einem stillen Winkel des Tempels stehen und wagte nicht einmal die Augen zum Himmel zu erheben.

Er schlug sich nur auf die Brust und flehte: ›Mein Gott, hab Erbarmen mit mir, denn ich bin ein Sünder.‹ Ich sage euch, der Zöllner kehrte im Frieden mit Gott nach Hause zurück, aber der Pharisäer nicht. Denn wer eingebildet ist, wird gedemütigt werden, aber wer demütig ist, wird von allen gelobt werden.«

Das Gleichnis vom unbarmherzigen Gläubiger

Jesus ermahnte seine Jünger stets, einander immer alles zu verzeihen.

Er sagte das so oft, dass Simon Petrus ihn eines Tages fragte: »Herr, wenn mein Bruder mir weiter Unrecht tut, nachdem ich ihm verziehen habe, wie oft muss ich ihm dann noch verzeihen? Sieben Mal?«

Jesus erwiderte: »Nein, nicht sieben Mal, sondern siebenundsiebzig Mal.« Damit meinte er, dass man immer wieder verzeihen muss.

Und damit seine Jünger das nie vergaßen, erzählte er ihnen dieses Gleichnis: »Es war einmal ein König, der viele Diener hatte. Und einige von ihnen schuldeten ihm viel Geld.

Eines Tages brachte man einen zu ihm, der ihm tausende schuldete, sie aber nicht zurückzahlen konnte. Da befahl der König diesen Diener, seine Frau und seine Kinder als Sklaven zu verkaufen und seinen gesamten Besitz zu versteigern, um mit dem eingenommenen Geld seine Schulden zu begleichen.

Als der Diener das hörte, warf er sich vor ihm auf die Knie und flehte ihn unter Tränen an: ›Hab Geduld mit mir. Ich werde dir alles zurückzahlen.‹

Da hatte der König Mitleid mit ihm. Er ließ ihn gehen und erließ ihm obendrein seine ganze Schuld.

Als der Diener, dem der König verziehen hatte, den Palast verließ, traf er einen anderen Diener, der ihm Geld schuldete, wenn auch nicht viel.

Er stürzte sich auf ihn, packte ihn am Kragen und rief: ›Bezahle mir alles zurück, was du mir schuldest!‹

Der andere Diener warf sich vor ihm auf die Knie und flehte ihn unter Tränen an: ›Hab Geduld mit mir. Ich werde dir alles nach und nach zurückzahlen.‹

Aber er wollte ihn nicht anhören, sondern ließ ihn ins Gefängnis werfen, wo er bleiben sollte, bis er seine Schulden zurückbezahlt hatte.

Als die übrigen Diener das sahen, waren sie empört. Sie gingen zum König und erzählten ihm alles.

Da ließ der König den unbarmherzigen Diener rufen und sagte zu ihm: ›Du elender Mensch! Du hast mich angefleht und ich habe dir deine Schuld erlassen. Warum konntest du nicht ebenfalls Erbarmen zeigen und meinem anderen Diener das bisschen Geld schenken, das er dir schuldete?‹

Der König war so zornig, dass er den Diener seinen Folterknechten übergab, die ihn bestrafen sollten, bis er seine ganze Schuld zurückbezahlte.«

Jesus beendete das Gleichnis mit dem Satz »Ebenso wird mein himmlischer Vater jeden von euch behandeln, der seinem Bruder nicht von ganzem Herzen vergibt«.

Jesus und die Aussätzigen

ÜBER DIESE GESCHICHTE

Zur Zeit Jesu hielten die Leute Krankheiten für eine Strafe Gottes und mieden Kranke, vor allem die Aussätzigen. Da niemand etwas mit den Aussätzigen zu tun haben wollte, war es ihnen gesetzlich verboten, sich den anderen zu nähern. Sie mussten in Höhlen außerhalb der Ortschaften leben. Und sie waren verpflichtet ein Glöckchen zu tragen und es zu läuten, wenn sich jemand näherte.

Eines Abends hörte Jesus auf dem Weg in eine Stadt das Glöckchen eines Aussätzigen, das alle warnen sollte sich fern zu halten.

Trotzdem lief der Aussätzige auf Jesus zu und sagte zu ihm: »Meister, du kannst mich heilen, wenn du es willst.«

Jesus streckte die Hand aus und sagte: »Ich will es, werde gesund!«

Zur großen Freude des Kranken wurde seine Haut im selben Augenblick glatt und rein.

Jesus sagte zu ihm: »Erzähle niemandem, dass ich dich geheilt habe. Geh, zeig dich dem Priester und bring ihm das Opfer für deine Heilung dar.«

Aber der Geheilte war so glücklich, dass er es vielen Leuten erzählte. So sprach es sich immer weiter herum, dass Jesus Krankheiten heilen konnte.

An einem anderen Tag war Jesus auf dem Weg nach Jerusalem, als ihm zehn Aussätzige entgegenkamen.

Sie blieben in einiger Entfernung stehen und riefen: »Meister, hab Erbarmen mit uns!«

Jesus hatte sofort Mitleid mit ihnen und sagte: »Geht, zeigt euch den Priestern, um eure Opfer darzubringen.«

Auf dem Weg zu den Priestern wurden sie gesund. Einer von ihnen kehrte um, als er sah, dass er geheilt war, und pries Gott. Als er bei Jesus eintraf, warf er sich vor ihm auf die Knie und dankte ihm. Der Mann war ein Samariter und die Samariter verstanden sich nicht gut mit den Juden.

Da fragte Jesus: »Wurden denn nicht alle zehn gesund? Warum ist dieser Fremde der Einzige, der umkehrt, um Gott zu preisen?«

Und er sagte zu dem Geheilten: »Steh auf, dein Glaube hat dir geholfen.«

Jesus und Zachäus

ÜBER DIESE GESCHICHTE

Zur Zeit Jesu waren die Zöllner beim Volk nicht gut angesehen, weil viele von ihnen sich bereicherten, indem sie den Bürgern zu viel Geld abnahmen. Für Jesus waren alle Menschen Kinder Gottes, auch Betrüger wie der Oberzöllner Zachäus. Und weil Jesus so freundlich zu Zachäus war, gab dieser alles zurück, was er gestohlen hatte.

Jesus kam in die Stadt Jericho und wurde von vielen Menschen empfangen, die von überall herbeiströmten. In der Menge befand sich ein sehr reicher Mann namens Zachäus, der der Oberzöllner war. Zachäus wollte Jesus unbedingt sehen, weil er schon viel von ihm gehört hatte. Aber da er klein war, versperrte die Menschenmenge ihm die Sicht. So lief er voraus und stieg auf einen Feigenbaum, um ihn zu sehen.

Als Jesus an dem Baum vorbeikam, blickte er hinauf und sagte zu Zachäus: »Zachäus, komm schnell herunter, denn heute werde ich in deinem Haus einkehren.«

Hocherfreut kletterte Zachäus herunter und nahm Jesus bei sich auf.

Viele Leute murrten, als sie das sahen, weil

sie es nicht gut fanden, dass Jesus im Haus eines Sünders abstieg.
Da sagte Zachäus, der sie gehört hatte: »Siehe, Herr, ich werde den Armen die Hälfte meines Vermögens schenken und allen, die ich betrogen habe, vier Mal so viel zurückgeben, wie ich ihnen abgenommen habe.«
Da sagte Jesus zu allen: »Heute ist das Heil in diesem Haus eingekehrt, denn auch er ist ein Sohn Abrahams. Ich bin gekommen, um alle zu retten, die es nötig haben.«

Das Gleichnis vom guten Hirten und das Gleichnis vom verlorenen Sohn

Über diese Geschichten

Die Pharisäer und Hohen Priester warfen Jesus vor, dass er sich mit Sündern abgab und sogar mit ihnen aß. Mit diesen beiden Gleichnissen lehrte Jesus seine Gefolgschaft, dass Gott jedem vergibt und jeden aufnimmt.

Das Gleichnis vom guten Hirten

Die Pharisäer und Schriftgelehrten störten sich daran, dass Jesus oft Zöllner und Sünder bei sich aufnahm.
Da erzählte Jesus ihnen dieses Gleichnis: »Ein Hirte hatte hundert Schafe in seiner Herde. Er hütete sie, führte sie auf die Weiden und bewachte sie in der Nacht. Und er zählte sie jedes Mal, wenn er sie aus dem Pferch ließ und wenn er sie wieder zurückbrachte.
Als der Hirte eines Abends die Schafe zählte, während sie in den Pferch liefen, waren es nur noch neunundneunzig. Er machte sich große Sorgen, weil eines fehlte.
So verschloss er den Pferch und lief allein alle Wege ab, die er an diesem Tag mit seiner Herde gegangen war. Er suchte die Dornbüsche am Wegrand ab und blickte die Abhänge hinunter – vielleicht hatte das Schaf das Gleichgewicht verloren und war hinabgestürzt. Und die ganze Zeit fürchtete er, dass ein Wolf oder ein Raubvogel es gefunden und verschlungen haben könnte.
Schließlich fand der Hirte das Schaf und lief zu ihm. Anstatt böse mit ihm zu sein, weil es sich von der Herde entfernt hatte, hob er es liebevoll auf seine Schultern, weil es müde war, und nahm ihm die Angst, indem er ihm die ganze Zeit freundlich zuredete.
Als er überglücklich in seinem Dorf eintraf, rief er allen Nachbarn zu: ›Freut euch mit mir, denn ich habe das verlorene Schaf wiedergefunden.‹«
Jesus erklärte seiner Gefolgschaft, dass im Himmel dasselbe geschieht. Gott freut sich viel mehr über einen Sünder, der Gutes zu tun beginnt, als über viele andere, die ihr Leben nicht zu ändern brauchen.

Das Gleichnis vom verlorenen Sohn

Danach erzählte Jesus noch ein Gleichnis: »Ein Mann hatte zwei Söhne.
Eines Tages sagte der jüngere Sohn zu seinem Vater: ›Gib mir das Erbteil, das mir zusteht.‹
Sein Vater zahlte es ihm aus. Wenige Tage später lief der jüngere Sohn von zu Hause weg.

In einem fernen Land verprasste er alles, was er hatte. Er gab das Geld für Feste aus, zu denen er viele Gäste einlud. Außerdem war er mit Leuten zusammen, die sich auf seine Kosten ein schönes Leben machten. Nach kurzer Zeit war das ganze Vermögen, das sein Vater ihm ausgezahlt hatte, aufgebraucht. Nun konnte er es sich nicht mehr leisten so verschwenderisch zu leben. Er hatte nicht einmal Geld fürs Essen übrig. So begann er als Schweinehirt zu arbeiten. Oft hatte er solchen Hunger, dass er am liebsten die Futterschoten gegessen hätte, mit denen er die Schweine fütterte. Aber die waren nicht für ihn, sondern für die Schweine. Er bekam keine davon ab.

Da sagte er zu sich selbst: Die Leute, die zu Hause für meinen Vater arbeiten, bekommen so viel Brot, wie sie wollen, und ich sterbe hier vor Hunger! Ich werde nach Hause zurückkehren und zu meinem Vater sagen: ›Vater, ich weiß, dass ich mich gegen Gott und dich versündigt habe, weil ich auf diese Weise von zu Hause fortgegangen bin. Ich habe das Recht verloren, dein Sohn zu sein. Ich bitte dich nur, mich wie einen deiner Knechte zu behandeln.‹

Er überlegte hin und her, dann fasste er sich ein Herz und machte sich auf den Weg nach Hause. Sein Vater sah ihn schon von weitem kommen und empfand so großes Mitleid mit ihm, dass seine Augen sich mit Tränen füllten.

Als der Sohn vor seinem Vater stand, sagte er zu ihm, was er sich vorgenommen hatte und was er sich so oft selbst gesagt hatte, während er hungrig die Schweine hütete.

Aber sein Vater umarmte ihn herzlich. Dann wies er seine Knechte an die besten Kleider, gute Sandalen und einen Ring für seinen Sohn zu bringen und das größte Fest vorzubereiten, das je in seinem Haus gefeiert worden war. Er war glücklich, denn er hatte einen verlorenen Sohn wiedergefunden. Ein Sohn, der fast gestorben wäre, lebte wieder.

Bald darauf begann das Festessen. Der ältere Bruder war nicht zu Hause. Als er von der Arbeit heimkehrte, hörte er Musik und Festlärm und sah die Knechte geschäftig herumrennen. Er fragte sie, was los sei.

Einer der Knechte antwortete ihm: ›Dein Bruder ist zurückgekommen, und dein Vater ließ das beste Kalb schlachten und ein Festmahl zubereiten, um seine Heimkehr zu feiern.‹

Da wurde der ältere Bruder wütend und wollte nicht ins Haus gehen, um seinen Bruder zu begrüßen. Als der Vater das erfuhr, lief er hinaus.

Der ältere Sohn sagte zornig zu seinem Vater: ›Ich habe dir all die Jahre gedient, ohne dir je ungehorsam zu sein, und von dir nicht einmal einen Ziegenbock für ein Essen mit meinen Freunden geschenkt bekommen. Aber für meinen Bruder, der sein Geld mit schlechten Menschen und auf eine verwerfliche Weise verschleudert hat, lässt du das beste Kalb schlachten.‹

Der Vater erwiderte ihm: ›Mein Sohn, du bist immer bei mir und alles, was mein ist, ist dein. Aber dein Bruder war tot und lebt wieder. Er war verloren und wir haben ihn zurückbekommen.‹«

Das Wunder von den Broten und den Fischen

ÜBER DIESE GESCHICHTE

Sie schildert das Wunder, bei dem Jesus Brote und Fische vermehrte, damit eine große Menschenmenge genug zu essen hatte. So lehrte Jesus seine Gefolgschaft das Teilen.

Eines Tages überquerte Jesus mit einem Boot den großen See Tiberias in Galiläa. Eine große Menschenmenge folgte ihm zu Fuß auf die andere Seite des Sees, um seine Botschaft zu hören und zu sehen, wie er Kranke heilte.

Gegen Abend dachte sich Jesus, dass die Leute, die ihm gefolgt waren, sehr müde und hungrig sein mussten, und sagte zu Philippus: »Geh Brot kaufen, damit diese Leute zu essen haben.«

Philippus erwiderte erschrocken:
»Meister, wir würden viel Geld brauchen, um jedem auch nur ein Stückchen Brot geben zu können. Und selbst wenn wir das Geld hätten, würden wir an diesem abgelegenen, unbewohnten Ort kaum Brot bekommen.«

»Dann frag, ob jemand etwas zu essen dabeihat.«

Philippus und die anderen Jünger gingen herum und fragten die Leute.

Ein Junge lief zu Andreas, einem der Jünger von Jesus, und zeigte ihm strahlend einen Korb mit fünf Gerstenbroten und zwei Fischen. Andreas sagte zu Jesus: »Hier ist ein Junge, der fünf Brote und zwei Fische hat.«

Jesus sagte: »Sagt den Leuten, sie sollen sich hinsetzen.«

Sie waren an einem Ort, an dem viel Gras wuchs. Auf dem ließen die versammelten Menschen sich nun nieder. Es waren fünftausend. Die Freunde von Jesus warteten gespannt, was Jesus tun würde.

Als alle saßen, sprach Jesus ein Dankgebet: »Vater, hab Dank, dass du uns zu essen gibst, dass du dich um alle kümmerst und uns zuhörst, wenn wir uns an dich wenden.«

Dann brach er das Brot in Stücke und verteilte sie an seine Jünger, die sie dann an die Leute verteilten. Die Stücke schienen ihnen nicht auszugehen, sondern sich ständig zu vermehren. Es gab Brot und Fisch im Überfluss. Die Leute aßen, bis sie satt waren.

Dann sagte Jesus: »Und nun sammelt die Reste ein, damit nichts verdirbt.«

Es war so viel Essen übrig, dass zwölf große Körbe voll wurden.

Die Leute staunten über das Wunder, das Jesus vollbracht hatte, und sagten: »Das ist der Prophet, der in die Welt kommen soll.« Sie jubelten ihm zu und riefen: »Jesus lebe hoch! Jesus ist unser König!« Es entstand ein großer Tumult, den Jesus nutzte, um sich zurückzuziehen. Er ging allein auf den Berg, um zu beten.

Jesus besänftigt den Sturm

ÜBER DIESE GESCHICHTE

Jesus lehrte die Menschen in ihre Herzen zu schauen und ließ sie erkennen, wie sehr sein Vater im Himmel sie liebte. Das Ereignis, das diese Geschichte schildert, stärkte das Vertrauen der Jünger in Jesus. Jesus bewies seine Macht über die Naturgewalten, eine übernatürliche Kraft, die nur Gott besitzt.

Am Meer von Galiläa entwickelten sich oft in kurzer Zeit heftige Stürme, die das Wasser zu riesigen Wellen aufpeitschten. Eines Abends bestieg Jesus mit seinen Jüngern ein Boot. Er war so erschöpft, dass er sich hinten im Heck auf die Ankertaue legte und einschlief.
Bald kam ein Sturm auf. Die Wellen wurden immer größer und die Segel hielten den heftigen Böen nicht mehr stand. Das schwankende Boot begann sich mit Wasser zu füllen und drohte zu sinken.
Die Jünger fürchteten sich sehr und sagten zu Jesus, der immer noch schlief: »Meister, wir werden ertrinken!«
Aber Jesus schlief weiter.
Da fragten sie ihn voller Angst: »Meister, willst du uns denn einfach untergehen lassen?«
Da antwortete er ihnen: »Warum habt ihr solche Angst und zweifelt an mir?«
Dann stand er vorsichtig auf, um nicht das Gleichgewicht zu verlieren, denn die gewaltigen Wellen warfen das Boot so heftig hin und her, dass die Fischfanggeräte ständig von einer Seite auf die andere rutschten. Seine Jünger hatten immer noch große Angst. Man hörte nur den Sturm tosen, den Donner grollen und den Regen aufs Meer niederprasseln.
Jesus kämpfte sich zum Bug vor und befahl dem Sturm: »Schweig, sei still!«
Im selben Augenblick legte sich der Sturm. Das Gewitter und der Regen hörten auf und das Meer beruhigte sich.
Da murmelten die erstaunten Jünger, vor Ehrfurcht zitternd: »Welche Macht hat Jesus, dass sogar der Wind und die Wellen ihm gehorchen?«

Jesus gibt sich seinen Jüngern als der Messias zu erkennen

ÜBER DIESE GESCHICHTE

Die Jünger von Jesus erkannten allmählich, dass Jesus der von Gott gesandte Messias war. Drei von ihnen zeigte sich Jesus einmal auf eine ganz besondere Art als der Sohn Gottes. Danach glaubten sie noch fester an ihn.

Jesus wanderte mit seinen Jüngern in die Gegend von Cäsarea Philippi.
Unterwegs fragte er sie: »Für wen halten mich die Leute?«
Sie antworteten ihm: »Nun, einige halten dich für Johannes den Täufer, andere für den Propheten Elija, der auf die Erde zurückgekehrt ist, und wieder andere für einen der alten Propheten.«

Jesus fragte weiter: »Und ihr, für wen haltet ihr mich?«
Simon Petrus antwortete ihm:
»Du bist der Messias, der Sohn Gottes!«
Da sah Jesus ihn an und sprach folgende Worte zu ihm: »Simon, Sohn des Johannes, du bist ein gesegneter Mensch, denn ich weiß, dass du das, was du soeben gesagt hast, nicht selbst gedacht hast, sondern dass mein Vater im Himmel es dir eingegeben hat. Und ich sage dir: Du bist Petrus, der Fels, und auf diesen Felsen werde ich meine Kirche bauen, die die Macht des Todes nie zerstören kann. Dir werde ich die Schlüssel des Himmelreichs geben. Und so wird alles, was du auf Erden binden wirst, auch im Himmel gebunden sein, und was du auf Erden lösen wirst, wird auch im Himmel gelöst sein.«

Dann wandte Jesus sich an die übrigen Jünger und verbot ihnen den Leuten zu sagen, dass er der Messias war.

Einige Tage später nahm Jesus die drei Jünger Petrus, Jakobus und Johannes beiseite und führte sie auf den Gipfel eines Berges. Plötzlich begann sein Gesicht zu leuchten und seine Kleider wurden ganz weiß. Er strahlte wie die Sonne.
Die drei Jünger staunten sehr. Dann merkten sie, dass Jesus nicht allein war, sondern dass zwei Männer bei ihm standen. Es waren Mose und Elija, die zu einer viel früheren Zeit gelebt hatten. Jesus begann mit ihnen zu reden. Sie sagten, dass die Juden Jesus töten würden und dass er nach drei Tagen wieder auferstehen würde.
Die Jünger waren dermaßen erstaunt, Jesus so zu sehen, und gleichzeitig so glücklich, dass Petrus, ohne so recht zu wissen, was er sagte, vorschlug: »Herr, hier ist es so wunderbar. Wenn du willst, kann ich drei Hütten bauen: eine für dich, eine für Mose und eine für Elija.«
Aber bevor jemand ihm antworten konnte, kam eine leuchtende Wolke und hüllte alle ein, die da waren.
Und ohne dass irgendwer zu sehen war, sprach eine Stimme aus der Wolke: »Das ist mein geliebter Sohn, mein Auserwählter! Auf ihn sollt ihr hören!«
Da sahen die Jünger, dass Jesus nun wieder allein war und aussah wie immer.
Er trat auf sie zu, fasste sie an und sagte: »Steht auf und habt keine Angst. Euch geschieht nichts.«

Sie blickten sich um und sahen nur Jesus. Alles war wie immer.
Als sie den Berg hinabstiegen, sagte Jesus zu den drei Jüngern: »Erzählt niemandem, was ihr gerade gesehen habt. Wartet bis der Menschensohn von den Toten auferstanden ist.«

Der barmherzige Samariter

Über diese Geschichte

Jesus betonte immer, wie wichtig es ist, seinen Nächsten zu lieben. Deshalb erzählte er den Menschen, die ihm folgten, dieses Gleichnis. Damit wollte er erklären, dass wir uns als Nächste anderer Menschen erweisen, wenn wir auf sie zugehen und ihnen helfen.

Ein Gelehrter, der anderen das Gesetz Gottes erklärte und den Gottesdienst für das einzig Wichtige hielt, ging auf Jesus zu und fragte ihn, um ihm eine Falle zu stellen: »Meister, was muss ich tun, um in den Himmel zu kommen?«

Jesus erwiderte: »Was steht im Gesetz?«

»Du sollst den Herrn, deinen Gott, lieben mit ganzem Herzen und ganzer Seele, mit all deiner Kraft, und du sollst deinen Nächsten lieben wie dich selbst.«

Jesus sagte zu ihm: »Du hast richtig geantwortet. Das musst du tun.«

Dann fragte der Gelehrte Jesus, weil er sich für die Frage rechtfertigen wollte, die er ihm gestellt hatte:

»Und wer ist mein Nächster?«

Jesus erklärte es ihm mit folgendem Gleichnis: »Ein Mann reiste von Jerusalem nach Jericho. Der Weg war sehr gefährlich, denn oft versteckten sich Räuber zwischen den Bäumen des Waldes, um Reisende zu überfallen und auszuplündern. Und das widerfuhr diesem Mann. Ein paar Banditen fielen über ihn her und ließen ihn halb tot liegen.

Bald darauf kam ein Priester vorbei. Als er den schwer verletzten und blutenden Mann sah, machte er einen Bogen und lief weiter, denn er hielt es für besser, kein Blut anzufassen, um rein zu sein, wenn er im Tempel die Opfer darbrachte. Dann kam ein Tempeldiener vorbei. Er verhielt sich genauso wie der Priester: Er machte einen Bogen und lief weiter.

Wenig später kam ein Samariter mit seinem Esel vorbei. Als dieser Samariter den Mann erblickte, ging er zu ihm hin. Und als er sah, dass er schwer verletzt war, hatte er Mitleid mit ihm und kümmerte sich um ihn. Er behandelte und verband seine Wunden. Dann hob er ihn vorsichtig auf seinen Esel und brachte ihn in eine Herberge im nächsten Ort.

Dort sagte er zum Wirt: ›Sorge gut für ihn. Alles, was du für seine Pflege ausgibst, werde ich dir auf dem Rückweg bezahlen.‹«

Als Jesus das Gleichnis zu Ende erzählt hatte, fragte er den Gelehrten: »Was meinst du, wer hat sich dem Mann gegenüber, der den Banditen in die Hände fiel, wie ein Nächster verhalten?«

Der Gelehrte antwortete:

»Der, der Mitleid mit ihm hatte und ihm half.«

Da sagte Jesus zu dem Gelehrten: »Geh hin und tu das Gleiche.«

Jesus und die Kinder

ÜBER DIESE GESCHICHTE

Die Kinder liebte Jesus ganz besonders. Bei vielen Gelegenheiten betonte er, wie wichtig es war, sie ernst zu nehmen und ihnen ähnlich zu werden, denn, so sagte er, das Reich Gottes gehört denen, die sich verhalten wie Kinder.

JESUS WILL DEN KINDERN NAHE SEIN

Eines Tages wollten Leute ein paar Kinder zu Jesus bringen, damit er ihnen die Hände auflegte und für sie betete.

Als seine Jünger sie energisch abwiesen, damit sie Jesus nicht störten, sagte er zu ihnen: »Lasst die Kinder zu mir kommen, denn das Reich Gottes gehört denen, die so sind wie sie.«

»Was soll das heißen?«, fragten manche.

»Wer nicht wird wie ein Kind, wird nicht in das Reich Gottes hineinkommen«, sagte Jesus, umarmte die Kinder, die zu ihm kamen, und segnete sie, indem er ihnen die Hände auflegte.

JESUS HEILT EIN MÄDCHEN

Eines Tages, als Jesus vom Predigen im Freien zurückkehrte, kam ein Synagogenvorsteher namens Jaïrus auf ihn zu, warf sich vor ihm auf die Knie und flehte ihn an: »Meister, bitte komm in mein Haus, mein Töchterchen liegt im Sterben!«

Das Mädchen tat Jesus sehr Leid und so ging er mit dem Synagogenvorsteher. Aber er kam kaum vorwärts, weil eine große Menschenmenge sich um ihn drängte. Da kam jemand aus dem Haus des Synagogenvorstehers angelaufen und meldete Jaïrus: »Deine Tochter ist gestorben. Du brauchst den Meister nicht mehr zu bemühen.«

Jaïrus wurde sehr traurig, aber Jesus, der die Nachricht gehört hatte, sagte zu ihm: »Fürchte dich nicht. Du brauchst nur zu glauben, dann wird dein Kind gerettet werden.«

Als sie im Haus von Jaïrus eintrafen, weinten dort alle um das Mädchen. Da sagte Jesus zu ihnen: »Weint nicht. Das Kind ist nicht tot; es schläft nur.«

Viele machten sich über Jesus lustig, aber er stieg mit den Eltern des Mädchens und den Jüngern Petrus, Jakobus und Johannes zum Krankenzimmer im ersten Stock hinauf.

Er ging hinein, trat ans Bett des Mädchens, nahm seine Hand und sagte mit sanfter Stimme zu ihm:
»Mädchen, steh auf.«
Das Mädchen richtete sich auf, als wäre es gerade aufgewacht.
Jesus nahm es und übergab es seiner Mutter mit den Worten »Nun gib dem Kind etwas zu essen; es scheint Hunger zu haben«.
Die erstaunten Eltern waren überglücklich und konnten das Wunder nicht fassen, das sie soeben erlebt hatten. Jesus bat sie niemandem zu erzählen, was geschehen war.

Der Einzug in Jerusalem

ÜBER DIESE GESCHICHTE

In den Büchern des Alten Testaments hatten die Propheten geschrieben, dass der König der Juden bei seinem Einzug in Jerusalem auf einer Eselin reiten würde. Und so geschah es, als Jesus ein paar Tage vor dem Paschafest nach Jerusalem kam.

Jesus und seine Jünger machten sich auf den Weg nach Jerusalem, um dort wie alle Juden das Paschafest zu feiern.

Sie waren bereits in der Nähe der Stadt, am Ölberg, als Jesus zwei seiner Jünger anwies: »Geht in das nächste Dorf. Dort findet ihr eine angebundene Eselin mit einem Fohlen. Bindet sie los und bringt sie mir. Wenn jemand euch zur Rede stellt, dann sagt ihm, dass der Herr sie braucht und bald wieder zurückbringen lässt.«

Die zwei Jünger fanden die Eselin und das Fohlen an dem Ort, den Jesus ihnen genannt hatte, und nahmen sie mit zum Ölberg. Dort bildete sich ein großer Festzug. Jesus ritt auf der Eselin voran. Hinter ihm liefen Leute mit Zweigen, die sie von Olivenbäumen abgeschnitten hatten. Viele breiteten ihre Kleider vor ihm auf der Straße aus, wie man es bei Königen machte, die siegreich aus dem Krieg heimkehrten.

Und alle sangen und riefen: »Gepriesen sei er, der kommt im Namen des Herrn! Gepriesen sei der Messias!«

Als Jesus in Jerusalem eintraf, fragten die Leute: »Wer ist das?«

»Das ist Jesus von Nazaret, der von Gott gesandte Messias!«, antworteten seine Freunde.

So zogen sie in einer Prozession durch die Stadt, bis sie zum Tempel kamen. Jesus erschrak, als er sah, dass dort Stände aufgebaut waren, an denen die Leute alles Mögliche kauften und verkauften. Der Tempelbezirk glich eher einem Marktplatz als einem Ort des Gebets. Jesus wurde sehr zornig, aber die Leute dort schienen ihn gar nicht zu beachten. Sie waren vollauf damit beschäftigt, Geld zu wechseln und um die Waren zu feilschen. Sofort begann Jesus alle Verkaufsstände und die Tische und Stühle der Geldwechsler umzustoßen.

Dabei rief er: »Es steht geschrieben: ›Mein Haus soll ein Haus des Gebetes sein‹. Aber ihr habt daraus eine Räuberhöhle gemacht!«

Danach heilte Jesus im Tempel viele Blinde und Lahme, die zu ihm kamen.

»Es lebe Jesus! Es lebe der Messias!«, riefen die Kinder.

Als die Hohen Priester und die Schriftgelehrten die Wunder sahen, die er tat, und

die Hochrufe hörten, entrüsteten sie sich und fragten ihn: »Hörst du, was sie rufen?« Jesus antwortete ihnen: »Wisst ihr denn nicht, dass geschrieben steht, dass die Kinder mich preisen werden?«
Dann ging er aus Jerusalem fort und übernachtete in Betanien.

Jesus zahlt die Steuer an den Cäsar

ÜBER DIESE GESCHICHTE

Da Palästina damals vom Römischen Reich beherrscht wurde, mussten die Juden an den römischen Kaiser, den Cäsar, eine Steuer zahlen. Außerdem zahlten sie noch eine Steuer für die Pflege und Erhaltung des Tempels. Die strenggläubigen Juden meinten, es wäre ein Verrat an Gott, einem fremden Herrscher Steuern zu zahlen.

Als Jesus und seine Jünger einmal in die Stadt Kafarnaum zurückkamen, traten die Leute, die die Tempelsteuer kassierten, auf Petrus zu und fragten ihn: »Zahlt euer Meister die Steuer nicht?«
Petrus antwortete ihnen: »Doch, er bezahlt sie.«
Als alle zu Hause eintrafen, fragte Jesus Petrus: »Was meinst du, Simon, von wem kassieren die Könige dieser Welt Steuern? Von ihren eigenen Söhnen oder von den Fremden?«
»Von den Fremden«, erwiderte Petrus.
»Also sind ihre Söhne nicht verpflichtet die Steuern zu bezahlen. Doch damit wir keinem einen Vorwand liefern, sich zu empören, geh an den See und wirf die Angel aus, und wenn ein Fisch anbeißt, öffne ihm das Maul. Du wirst darin eine Münze finden. Nimm sie und bezahle damit diesen Leuten die Steuern für dich und für mich.«

Aber die Pharisäer verfolgten Jesus weiter, denn sie wünschten ihm den Tod und suchten daher einen Grund, um ihn vor einem römischen Gericht anklagen zu können.

So fragten sie ihn eines Tages scheinheilig: »Meister, wir wissen, dass du aufrichtig bist und dich nicht scheust vor jedem die Wahrheit zu sagen, wer er auch sei. Du lehrst stets den Weg Gottes und den Weg der Wahrheit. Sag uns deine Meinung: Soll ein guter Jude die Steuer an den römischen Kaiser zahlen oder nicht?«

Jesus, der begriff, dass sie ihm mit dieser Frage eine Falle stellen wollten, antwortete ihnen: »Warum versucht ihr mich mit den römischen Behörden in Konflikt zu bringen? Reicht mir eine der Münzen, mit denen die Steuern an den Kaiser bezahlt werden.«

Sie gaben ihm so eine Münze.
Er betrachtete sie und fragte: »Wessen Bild ist darauf?«
Sie antworteten: »Das Bild des Kaisers.«
Daraufhin sagte Jesus zu ihnen: »So gebt dem Kaiser, was dem Kaiser gehört, und Gott, was Gott gehört.«
Da waren sie verblüfft und verzogen sich.

Jesus verzeiht einer Frau

ÜBER DIESE GESCHICHTE

Die Juden hatten sehr strenge Gesetze. Eines besagte, dass eine Frau, die etwas mit einem Mann hatte, der nicht ihr Ehemann war, gesteinigt werden sollte. Die Pharisäer suchten ständig nach Gelegenheiten, Jesus in Bedrängnis zu bringen, um zu sehen, ob er es wagte, den jüdischen Gesetzen zu widersprechen. Eines Tages lehrte er sie, dass jeder Mensch ein Recht auf Vergebung hat.

Jesus ging auf den Ölberg, um zu beten. Am Morgen begab er sich wie schon so oft in den Tempel, um die dort versammelten Menschen zu lehren. Er setzte sich wie immer mitten unter sie. Da brachten die Pharisäer und die Schriftgelehrten eine Frau herein, die mit einem Mann ertappt worden war, der nicht ihr Ehemann war. Sie stellten die völlig verängstigte Frau in die Mitte und sagten zu Jesus: »Meister, diese Frau wurde mit einem Mann ertappt, der nicht ihr Ehemann ist. Das Gesetz Mose schreibt vor solche Frauen zu steinigen. Was meinst du dazu?«
Jesus merkte, dass sie ihm wieder eine Falle stellten, um ihn beschuldigen zu können gegen die Gesetze Mose zu verstoßen. Denn sie wussten, dass er dagegen sein würde, sie zu steinigen. Aber Jesus schwieg, beugte sich vor und begann mit dem Finger auf die Erde zu schreiben.
Als sie auf eine Antwort bestanden, richtete er sich auf und sagte zu ihnen: »Wer von euch noch nie eine Sünde begangen hat, der soll den ersten Stein werfen.«
Dann beugte er sich wieder vor und schrieb weiter auf die Erde. Die Zuhörer zogen sich einer nach dem andern zurück, zuerst die ältesten, dann auch alle übrigen. Am Ende waren nur noch Jesus und die Frau da, die immer noch ganz verängstigt vor ihm stand.
Jesus richtete sich wieder auf und sagte zu ihr: »Frau, wo sind all die Leute geblieben, die dich anklagten? Hat dich keiner verurteilt?«
»Keiner, Herr.«
Jesus sah sie an und sagte zu ihr: »Auch ich verurteile dich nicht. Geh und sündige von jetzt an nicht mehr.«

Jesus erweckt seinen Freund Lazarus wieder zum Leben

Über diese Geschichte

Das Wunder, von dem diese Geschichte berichtet, ist eines der wichtigsten, die Jesus vollbrachte. Mit ihm gab er sich als der Messias, der Sohn Gottes, zu erkennen, der die Macht besitzt, den Toten das Leben zurückzugeben. Jesus erklärt, dass er selbst die Auferstehung ist, das heißt, dass alle, die an ihn glauben, nach ihrem Tod ein neues Leben haben werden.

In einem Dorf namens Betanien lebten drei Geschwister, die mit Jesus gut befreundet waren: Lazarus, Marta und Maria. Eines Tages wurde Lazarus sehr krank. Seine Schwestern schickten einen Boten los, um Jesus zu benachrichtigen.

Als der Bote schließlich bei Jesus eintraf, sagte er zu ihm: »Herr, dein Freund Lazarus ist krank.«

Als Jesus das hörte, sagte er: »Diese Krankheit wird nicht mit dem Tod enden, sondern durch sie soll der Sohn Gottes verherrlicht werden.«

Zwei Tage später sagte Jesus zu seinen Jüngern: »Wir werden nach Judäa zurückkehren.«

Sie erwiderten: »Meister, denk daran, dass die Juden dich eben erst steinigen wollten. Und du willst nochmals dorthin gehen?«

Aber Jesus antwortete ihnen: »Hat der Tag nicht zwölf Stunden? Wer am Tag wandert, der stolpert nicht, weil das Licht dieser Welt seinen Weg erleuchtet. Wer aber nachts wandert, der stolpert, weil ihm das Licht fehlt.«

Einige verstanden nicht so recht, was er damit sagen wollte.

Jesus fügte hinzu: »Unser Freund Lazarus ist eingeschlafen und ich möchte ihn aufwecken.«

Seine Jünger sahen ihn verwundert an.

Einer sagte: »Meister, wenn er schläft, dann geht es ihm schon besser.«

Da erklärte Jesus ihnen: »Lazarus ist gestorben. Doch ich bin froh, dass ich nicht dort war, denn ihr sollt wirklich an mich und den Vater, der mich geschickt hat, glauben. Lasst uns zu ihm gehen.«

Daraufhin sagte Thomas zu den anderen Jüngern: »Dann gehen wir mit ihm, um mit ihm zu sterben.«

Alle folgten Jesus in das Dorf von Lazarus und seinen Schwestern. Dort erfuhren sie, dass Lazarus schon vier Tage tot war. Bevor sie das Haus erreichten, kam Marta ihnen entgegen.

Sie klammerte sich an Jesus und sagte: »Meister, wenn du hier gewesen wärst, wäre mein Bruder nicht gestorben. Ich weiß, dass Gott, dein Vater, dir alles gibt, worum du ihn bittest.«

Jesus erwiderte: »Dein Bruder wird auferstehen.«

»Ja, ich weiß, bei der Auferstehung aller Toten am Ende der Zeit.«

Da sagte Jesus zu ihr: »Marta, ich bin die Auferstehung und das Leben. Wer an mich glaubt, wird leben, auch wenn er gestorben ist, und jeder, der lebt und an mich glaubt, wird nie sterben. Glaubst du das, was ich sage?«

Marta antwortete ihm: »Ja, Herr, ich glaube, dass du der Messias bist, der Sohn Gottes, der in die Welt kommen soll.«

Dann ging sie zu ihrer Schwester Maria zurück, die zu Hause war, und sagte zu ihr: »Der Meister ist hier und lässt dich rufen.« Maria stand sofort auf und ging dorthin, wo Jesus war.

Als sie ihn sah, fiel sie ihm zu Füßen und sagte unter Tränen zu ihm: »Meister, wenn du hier gewesen wärst, wäre mein Bruder nicht gestorben.«

Jesus war tief erschüttert, als er sah, wie Maria und die Juden, die sie begleiteten, weinten.

Er fragte sie mit bewegter Stimme: »Wo habt ihr ihn bestattet?«

Sie antworteten ihm: »Komm, Herr, wir zeigen es dir.«

Da begann der betrübte Jesus ebenfalls zu weinen.

Die Juden sagten zueinander: »Seht, wie er ihn geliebt hat.«

Aber einige murmelten: »Er hat dem Blinden das Augenlicht geschenkt. Konnte er denn nichts tun, um den Tod von Lazarus zu verhindern?«

Jesus war innerlich sehr aufgewühlt. Der Tod seines Freundes schmerzte ihn sehr.

Er folgte ihnen zum Grab. Es war eine Höhle, deren Eingang mit einem großen Stein verschlossen war.

Jesus sagte zu ihnen: »Entfernt den Stein.« Sie schoben den Stein beiseite.

Den Blick zum Himmel gerichtet, rief Jesus aus: »Vater, ich danke dir, dass du mich erhört hast. Ich weiß sehr wohl, dass du mich immer erhörst. Aber ich spreche so zu dir, damit all diese Leute glauben, dass du mich geschickt hast.« Nach diesen Worten rief er mit lauter Stimme: »Lazarus, komm heraus!«

Kurz darauf erschien Lazarus, noch in Tücher und Binden eingewickelt.

Jesus sagte zu den Leuten: »Nehmt ihm die Binden ab, damit er gehen kann.«

Viele der Juden, die nach Betanien gekommen waren, um Maria zu besuchen, und sahen, was Jesus tat, glaubten an ihn. Aber einige liefen zu den Pharisäern und erzählten ihnen, was Jesus getan hatte.

Da riefen die Pharisäer den Hohen Rat zusammen und sagten: »Was sollen wir tun? Dieser Mensch tut viele Zeichen. Wenn wir ihn gewähren lassen, werden alle an ihn glauben. Dann werden die Römer kommen und unsere heilige Stätte und unser Volk vernichten.«

Schließlich sagte einer von ihnen, der Kajaphas hieß und Hohen Priester war: »Das Beste ist, wenn nur einer stirbt und nicht das ganze Volk. Deshalb soll Jesus sterben.«

So einigten sie sich darauf, ihn zu töten. Daher zeigte sich Jesus bei den Juden nicht mehr in der Öffentlichkeit und zog

sich in eine Gegend in der Nähe der Wüste zurück. Dort blieb er mit seinen Jüngern in einem Ort namens Efraim.

Das letzte Abendmahl

ÜBER DIESE GESCHICHTE

Jesus nahm mit seinen Jüngern das Paschamahl ein und verabschiedete sich von ihnen. Bei diesem gemeinsamen Abendessen tat er zwei besondere Dinge: Er wusch seinen Jüngern die Füße, um sie zu lehren, wie wichtig der Dienst am Nächsten ist, und er vollzog zum ersten Mal das Abendmahl. Seine Abschiedsbotschaft an sie lautete, dass sie einander lieben sollten.

Jesus wäscht seinen Jüngern die Füsse

Jesus wusste, dass seine Feinde ihn suchten, um ihn zu töten. Und bevor dieser Augenblick kam, wollte er zusammen mit seinen Freunden das Paschamahl einnehmen.

Als alle schon am Tisch saßen, erhob er sich von seinem Platz, legte seinen Umhang ab und band sich ein Leinentuch um. Dann nahm er eine Schüssel und einen Krug Wasser und begann den Aposteln die Füße zu waschen und sie mit dem Leinentuch abzutrocknen.

Als er zu Simon Petrus kam, zog dieser die Füße weg und fragte ihn entrüstet: »Du, Meister, willst mir die Füße waschen?«

Jesus erwiderte ihm: »Was ich tue, verstehst du jetzt noch nicht, Petrus, doch später wirst du es verstehen.«

Aber Petrus entgegnete ihm energisch: »Du sollst mir nie die Füße waschen!«

Da sagte Jesus zu ihm: »Petrus, wenn du mich nicht deine Füße waschen lässt, dann willst du nicht zu meinen Freunden gehören.«

»Meister, wenn das so ist, dann wasch mir nicht nur die Füße, sondern auch die Hände und den Kopf.«

»Nein Petrus, das ist nicht nötig. Wer rein ist, braucht sich nur die Füße zu waschen. Und ihr seid rein, aber nicht alle.« Jesus sagte das, weil er wusste, wer ihn verraten würde.

Als er seinen Jüngern die Füße gewaschen hatte, zog er seinen Umhang wieder an und setzte sich wieder auf seinen Platz in ihrer Mitte.

Dann sagte er zu ihnen: »Habt ihr begriffen, was ich gerade getan habe? Ihr nennt mich Herr und Meister. Ihr habt Recht, der bin ich. Wenn nun ich, euer Meister und euer Herr, euch die Füße gewaschen habe, dann müsst auch ihr einander die Füße waschen. Ich habe euch soeben ein Beispiel gegeben, damit ihr dasselbe tut wie ich. Der Größte von euch soll sich verhalten als wäre er der Kleinste und immer bereit sein, allen anderen zu dienen.«

DAS ABENDMAHL

Als das Essen schon auf dem Tisch stand, sagte Jesus zu ihnen: »Es war mein sehnlicher Wunsch, dieses Mahl mit euch einzunehmen, denn ich werde nicht mehr mit euch speisen, bis alles vorbei ist und der Wille Gottes, meines Vaters, sich erfüllt hat.«

Dann begannen sie das Paschalamm und das ungesäuerte Brot zu essen, wie alle Juden es taten – zum Gedenken daran, wie Gott ihr Volk aus der Knechtschaft in Ägypten befreite.

Während des Essens nahm Jesus das Brot, das auf dem Tisch lag, sprach das Dankgebet, brach das Brot in Stücke und reichte sie seinen Jüngern mit folgenden Worten: »Das ist mein Leib: Nehmt und esst!«

Dann nahm er den Kelch mit dem Wein in die Hände, sprach wieder das Dankgebet, ließ den Kelch herumgehen und sagte zu seinen Jüngern: »Das ist der Kelch mit meinem Blut, das vergossen wird zur Vergebung der Sünden. Trinkt alle daraus.«

Der Verrat des Judas

Während des Essens war Jesus innerlich aufgewühlt.
Schließlich sprach er folgende Worte: »Einer von euch wird mich noch heute Nacht verraten und meinen Feinden ausliefern.«
Einige fragten sich, wer das wohl sein könnte.
Petrus gab einem Jünger, der an der Seite von Jesus lag, mit einem Zeichen zu verstehen, dass er Jesus fragen sollte, wer der Verräter war.
Da lehnte dieser Jünger sich zu Jesus hinüber und fragte ihn: »Meister, wer ist es?«
Jesus erwiderte: »Es ist der, dem ich jetzt ein Stück eingetunktes Brot auf den Teller legen werde.«

Er nahm ein Stück Brot, tunkte es ein, reichte es Judas wie einem Freund und sagte zu ihm: »Judas, was du tun willst, das tu bald.«
Daraufhin verließ Judas den Raum.
Einige Jünger glaubten, Judas wäre weggegangen, um irgendetwas für Jesus zu erledigen. Tatsächlich aber traf er sich mit den Pharisäern und Hohen Priestern, die Jesus verhaften wollten. Er besprach mit ihnen, wo und wie er Jesus an sie ausliefern sollte und wie viel Geld er dafür bekommen würde.

Ein neues Gebot

Als Judas weg war, sagte Jesus zu den übrigen Jüngern: »Ich will euch ein neues Gebot geben: Liebt einander. Wie ich euch geliebt habe, so sollt auch ihr einander lieben. An eurer Liebe zueinander werden alle erkennen, dass ihr meine Jünger seid.«

Nach einer Weile, als Jesus sah, dass alle ganz traurig wurden, sagte er zu ihnen: »Seid nicht traurig oder mutlos. Glaubt an Gott und glaubt an mich. Im Haus meines Vaters gibt es viele Wohnungen und ich gehe dorthin, um einen Platz für euch vorzubereiten. Wenn ich einen Platz für euch vorbereitet habe, komme ich wieder und hole euch, damit auch ihr dort seid, wo ich bin.«

Simon Petrus fragte ihn: »Herr, kann ich dir nicht dorthin folgen, wo du hingehst?«

Aber Jesus erwiderte ihm: »Ich sage dir, Petrus, ehe heute der Hahn kräht, wirst du drei Mal bestreiten, dass du mich kennst.«

Dann fuhr Jesus fort: »Ihr sollt Vertrauen in mich haben. Zum Abschied wünsche ich euch Frieden, den Frieden, den ich gebe, nicht den, den die Welt gibt. Habt keine Angst und macht euch keine Sorgen. Ich gehe fort, aber ich komme wieder. Wie mich mein Vater geliebt hat, so habe ich euch geliebt. Und ihr sollt einander ebenfalls lieben. Es gibt keine größere Liebe, als wenn einer sein Leben für seine Freunde hingibt. Ihr seid meine Freunde. Nicht ihr habt mich zum Freund auserwählt, sondern ich habe euch auserwählt und sende euch aus, damit ihr meine Aufgabe fortsetzt. Alles, was ihr in meinem Namen vom Vater erbittet, wird er euch geben. Das Einzige, worum ich euch bitte, ist, dass ihr einander liebt.«

Jesus geht in einen Garten am Ölberg, um zu beten, und wird verhaftet

ÜBER DIESE GESCHICHTE

Jesus wusste, dass der Augenblick gekommen war, sein Leben hinzugeben, um das aller Menschen zu retten, denn das war der Wille seines Vaters. Daher zog er sich nach dem Paschamahl zurück, um allein mit Gott zu sprechen.

Nach dem Paschamahl mit den Zwölf ging Jesus mit seinen Jüngern zum Ölberg, in einen Garten, der Getsemani genannt wurde.
Dort sagte er zu ihnen: »Wartet hier, während ich mich eine Weile zum Beten zurückziehe.«
Er entfernte sich mit Petrus und den beiden Söhnen des Zebedäus, Jakobus und Johannes, und da er große Angst hatte, sagte er zu ihnen: »Meine Seele ist zu Tode betrübt. Bleibt hier und wacht mit mir.«

Dann ging er ein Stück weiter und betete auf den Knien und mit dem Gesicht am Boden: »Vater, wenn es möglich ist, erspare mir diese Qual. Aber nicht mein Wille geschehe, sondern deiner.«

Er ging zu den drei Jüngern zurück, die er mitgenommen hatte, und als er sah, dass sie eingeschlafen waren, sagte er zu Petrus: »Könnt ihr nicht einmal eine Stunde mit mir wachen? Wacht und betet, damit ihr nicht schwach werdet, denn euch steht eine schwere Prüfung bevor.«

Dann entfernte Jesus sich ein zweites Mal, um zu beten: »Vater, wenn ich diese Qual durchleiden muss, dann geschehe dein Wille.«

Er kehrte zu seinen Jüngern zurück, denen schon wieder die Augen zugefallen waren. Er ließ sie schlafen, ging wieder weg und sprach noch einmal dasselbe Gebet. Er hatte Angst und das Beten war der beste Trost.

Dann ging er wieder zu den dreien zurück und fragte sie: »Schlaft ihr immer noch und ruht euch aus? Begreift ihr nicht, dass ich gleich den Sündern ausgeliefert werde? Steht auf! Der Verräter ist schon ganz in der Nähe.«

In diesem Augenblick erschien Judas, der von den Zwölf, der ihn verraten hatte. Er kam mit einer Schar von Soldaten und Männern mit Schwertern und Knüppeln, die die Hohepriester und die Ältesten des Volkes mitgeschickt hatten.

Er ging auf Jesus zu und sagte: »Ich grüße dich, Meister!«

Dann gab er Jesus einen Kuss, denn das war das Zeichen, das er mit den Soldaten vereinbart hatte: »Der, den ich küssen werde, der ist es. Nehmt ihn fest.«

Jesus sagte zu ihm: »Freund, tu, wozu du gekommen bist.«

Sofort umringte die Schar Jesus und verhaftete ihn. Simon Petrus zog ein Schwert und schlug dem Diener des Hohen Priesters mit einem Hieb ein Ohr ab.

Aber Jesus sagte zu ihm: »Petrus, steck dein Schwert wieder ein.«

Dann sagte er zu der Schar: »Ihr seid mit Schwertern und Knüppeln losgezogen, um mich zu verhaften, als wäre ich ein Verbrecher. Aber all das geschieht, damit sich erfüllt, was die Propheten schrieben.«

Da bekamen seine Jünger so große Angst, dass sie ihn verließen und flohen.

Jesus wird Kajaphas vorgeführt

ÜBER DIESE GESCHICHTE

Der Hohe Priester Kajaphas war der Vorsitzende des Hohen Rates, der das oberste religiöse Gericht der Juden war. Der Hohe Rat erkannte nicht an, dass Jesus der Messias war, und beschloss ihn zu verurteilen.

Die Männer, die Jesus in dem Garten am Ölberg verhafteten, brachten ihn zum Haus von Kajaphas, wo sich alle religiösen Führer der Juden versammelt hatten. Petrus folgte Jesus in einiger Entfernung zum Palast des Hohen Priesters. Die religiösen Führer sammelten falsche Zeugenaussagen gegen Jesus, um ihn zum Tode verurteilen zu können.

Obwohl viele Leute erschienen, die falsche Aussagen über Jesus machten, reichten die Beweise nicht aus, um ihn zu verurteilen.

Schließlich traten zwei Zeugen auf, die auf Jesus zeigten und sagten: »Der da hat gesagt, er könnte den Tempel Gottes niederreißen.«

Jesus schwieg.

Kajaphas stand auf und fragte ihn: »Was sagst du zu den Anschuldigungen dieser Männer?«

Jesus schwieg weiter.

Da sagte Kajaphas zu ihm: »Ich befehle dir uns zu sagen, ob du der Messias, der Sohn Gottes, bist!«

Jesus hob den Kopf, sah Kajaphas an und erwiderte ihm: »Du hast es gesagt. Und ich sage euch: Von nun an werdet ihr den Menschensohn zur Rechten des Allmächtigen sitzen sehen.«

Da rief der Hohepriester aus: »Er hat Gott gelästert! Wie lautet euer Urteil?«

Alle antworteten wie aus einem Mund: »Er ist schuldig und muss sterben!«

Petrus saß mit anderen Leuten im Hof des Hauses und wärmte sich an einem Feuer. Eine Magd ging auf ihn zu und sagte zu ihm: »Du warst doch

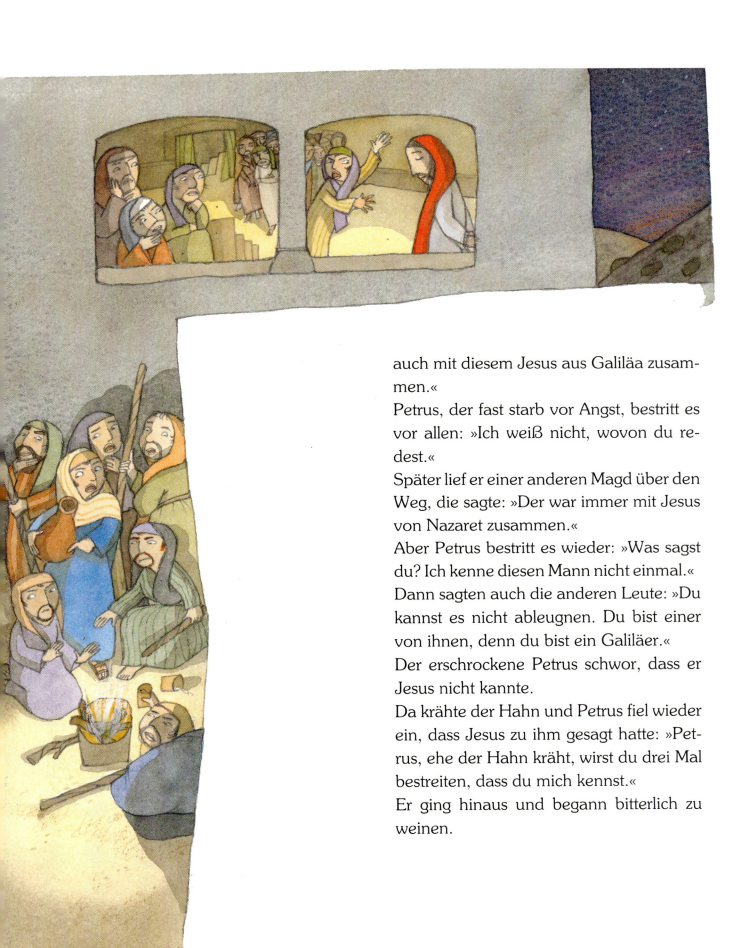

auch mit diesem Jesus aus Galiläa zusammen.«

Petrus, der fast starb vor Angst, bestritt es vor allen: »Ich weiß nicht, wovon du redest.«

Später lief er einer anderen Magd über den Weg, die sagte: »Der war immer mit Jesus von Nazaret zusammen.«

Aber Petrus bestritt es wieder: »Was sagst du? Ich kenne diesen Mann nicht einmal.«

Dann sagten auch die anderen Leute: »Du kannst es nicht ableugnen. Du bist einer von ihnen, denn du bist ein Galiläer.«

Der erschrockene Petrus schwor, dass er Jesus nicht kannte.

Da krähte der Hahn und Petrus fiel wieder ein, dass Jesus zu ihm gesagt hatte: »Petrus, ehe der Hahn kräht, wirst du drei Mal bestreiten, dass du mich kennst.«

Er ging hinaus und begann bitterlich zu weinen.

Jesus wird von einem Gericht zum andern geschickt

ÜBER DIESE GESCHICHTE

Jesus wurde vor verschiedene Gerichte gebracht, die ihn verurteilen sollten – von Kajaphas zu Pilatus, von Pilatus zu Herodes und von Herodes wieder zu Pilatus. Herodes war der Sohn von König Herodes, der den neugeborenen Jesus einst töten wollte. Pilatus war der römische Statthalter.

Sie brachten Jesus vom Haus des Kajaphas zur Residenz des römischen Statthalters Pilatus. Es war früh am Morgen. Die Juden betraten den Palast von Pilatus nicht, um nicht unrein zu werden, denn Pilatus war ein Heide.
So kam Pilatus heraus und fragte sie: »Welche Anklage erhebt ihr gegen diesen Menschen?«
Sie erwiderten: »Wir wissen, dass er ein Übeltäter ist.«
Pilatus sagte zu ihnen, sie sollten ihn selbst richten. Aber sie wollten, dass Jesus zum Tode am Kreuz verurteilt wurde, und das durften die Juden nicht tun.
Pilatus fragte Jesus: »Bist du der König der Juden?«
Jesus erwiderte: »Mein Königtum ist nicht von dieser Welt. Ich wurde geschickt, um die Wahrheit zu verkünden.«
Pilatus nahm Jesus mit auf den Balkon und sagte zu den draußen wartenden Juden, dass er Jesus unschuldig fand. Es entwickelte sich ein großer Tumult, weil einige von ihnen behaupteten, Jesus würde mit seinen Leuten aus Galiläa Aufstände planen. Als Pilatus sie von Galiläa reden hörte, ließ er Jesus zu König Herodes bringen, der diese Provinz regierte und sich in jenen Tagen gerade in Jerusalem aufhielt.

Herodes wollte, dass Jesus vor seinen Augen irgendein Wunder vollbrachte. Aber Jesus sprach kein Wort. Da wurde Herodes wütend und befahl Jesus ein buntes Gewand anzulegen, wie man es damals den Verrückten anzog. So gekleidet, ließ er ihn zu Pilatus zurückbringen.

Pilatus behagte es nicht, dass er sich erneut mit dem Fall Jesus beschäftigen musste. Er fand keine Schuld an dem Angeklagten und Herodes anscheinend auch nicht, da er ihn zurückgeschickt hatte. Pilatus pflegte jedes Jahr um diese Zeit einen Gefangenen freizulassen, den die Bevölkerung der Stadt auswählen durfte. Um Jesus zu retten, ließ er den Leuten die Wahl zwischen Jesus und Barabbas, einem Banditen, der einen Mord begangen hatte. Doch sie forderten die Freilassung von Barabbas.

Da ließ Pilatus Jesus auspeitschen. Nachdem die Soldaten ihn ausgepeitscht hatten, verspotteten sie ihn: Sie legten ihm einen Mantel um die Schultern, setzten ihm eine Dornenkrone auf und gaben ihm als Königszepter einen Stock in die Hand.

Dann stellten sie sich, einer nach dem andern, vor ihn hin, beugten das Knie, schlugen ihm mit dem Stock auf den Kopf, gaben ihm Ohrfeigen und sagten: »Heil dir, König der Juden.«

Jesus wird zum Tode verurteilt

ÜBER DIESE GESCHICHTE

Obwohl Pilatus Jesus für unschuldig hielt, verurteilte er ihn zum Tode, um die Juden zufrieden zu stellen. Viele Leute, die Jesus in anderen Augenblicken seines Lebens zugejubelt und bewundert hatten, forderten nun seinen Tod.

Pilatus war inzwischen davon überzeugt, dass Jesus nichts Unrechtes getan hatte, und wusste nicht, was er noch tun sollte, um ihn zu retten.
Nachdem die Soldaten Jesus ausgepeitscht hatten, ging Pilatus mit ihm auf den Balkon hinaus und sagte zu den Leuten: »Hier habt ihr den Mann. Ich finde keinen Grund, ihn zu töten.«
Aber als die Leute Jesus sahen, begannen alle zu schreien: »Weg mit ihm! Kreuzige ihn, kreuzige ihn!«

Pilatus war noch im Gerichtssaal, als seine Frau ihm sagen ließ: »Überlege dir gut, was du tust. Jesus ist unschuldig.«
Die Menschenmenge draußen schrie weiter. Pilatus war zwar davon überzeugt, dass Jesus nichts Unrechtes getan hatte, aber er hatte große Angst, dass die Juden dem römischen Kaiser melden würden, er hätte einen Rebellen und Aufrührer begnadigt.
Er ließ sich ein Gefäß mit Wasser bringen, wusch sich vor allen Leuten die Hände und sagte: »Ich habe keine Schuld am Tod dieses Mannes.«
Aber er lieferte ihnen Jesus aus, damit er gekreuzigt würde.
Der Verurteilte musste sein Kreuz selbst zur Hinrichtungsstätte tragen. Sie befand sich auf einem kleinen Hügel außerhalb von Jerusalem, der Schädelhöhe genannt wurde, weil er die Form eines Schädels hatte.
Da Jesus kaum noch Kräfte hatte, hielten die Soldaten unterwegs einen Mann an, der gerade vom Feld kam, und zwangen ihn das Kreuz von Jesus zu tragen. Er hieß Simon und stammte aus Zyrene.
So durchquerten sie die Stadt. Zusammen mit Jesus führten die Soldaten zwei Verbrecher, die sie aus dem Gefängnis geholt hatten, zur Hinrichtung.

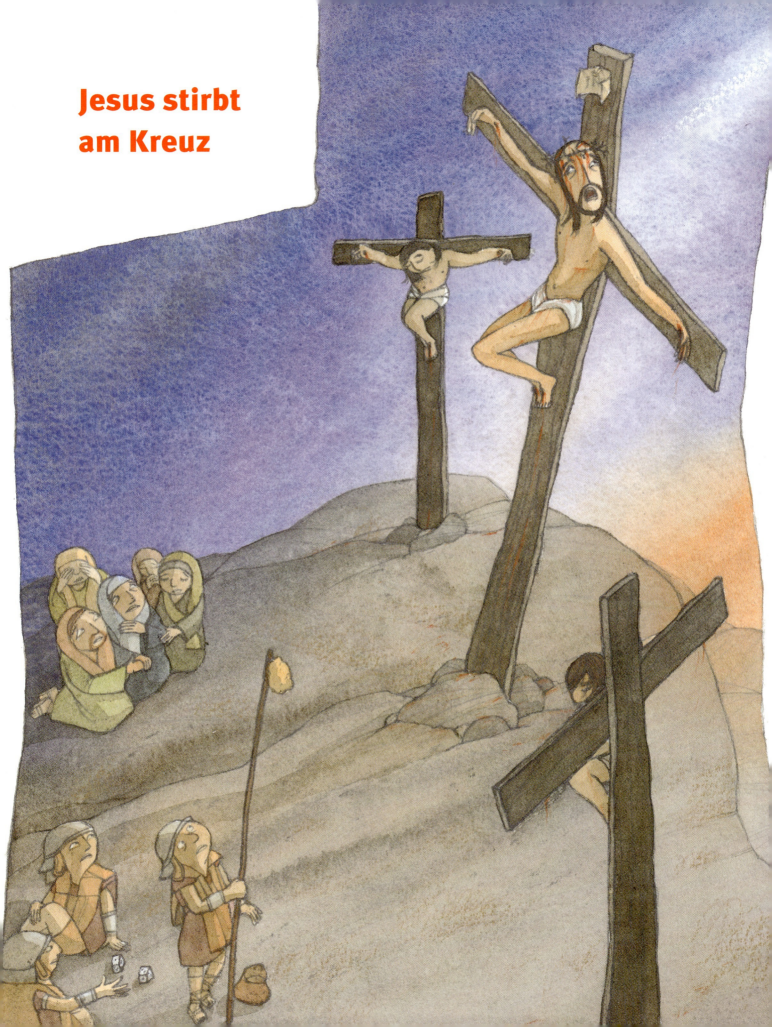

ÜBER DIESE GESCHICHTE

Zur Zeit Jesu starben zum Tode Verurteilte an einem Kreuz. So starb auch Jesus. Daher ist das Kreuz das Zeichen der Christen.

Als Jesus und die zwei Verbrecher auf der Schädelhöhe ankamen, zogen die Soldaten ihnen die Kleider aus und kreuzigten sie.

Jesus sagte: »Vater, vergib ihnen, denn sie wissen nicht, was sie tun.«

Doch die Leute grölten nur und beschimpften ihn.

Als das Kreuz schon aufgerichtet war, schrien viele: »Er soll vom Kreuz herabsteigen, dann werden wir an ihn glauben!«

Einer der beiden Verbrecher, die mit Jesus gekreuzigt wurden, wusste, dass Jesus nichts Unrechtes getan hatte, und sagte zu ihm: »Jesus, denk an mich, wenn du in dein Reich kommst.«

Und Jesus wandte ihm den Kopf zu und erwiderte: »Heute noch wirst du mit mir im Paradies sein.«

Die Soldaten, die ihre Aufgabe nun erfüllt hatten, begannen um die Kleider von Jesus zu würfeln. Da blickte Jesus zu seiner Mutter hinab, die mit ein paar Frauen neben dem Kreuz stand. Dort war auch der Jünger Johannes, den Jesus so liebte.

Unter großen Schmerzen sagte Jesus zu seiner Mutter: »Frau, da ist dein Sohn.«

Dann wandte er sich an den Jünger und sagte zu ihm: »Das ist deine Mutter.«

Von da an nahm Johannes Maria zu sich, als wäre sie seine eigene Mutter. Dann begann Jesus zu beten.

Mit lauter Stimme hörte man ihn den Anfang von einem Psalm sprechen: »Mein Gott, mein Gott, warum hast du mich verlassen?«

Die Leute beschimpften und verspotteten ihn weiter.

Jesus sagte: »Ich habe Durst.«

Da steckten die Soldaten einen mit Essig getränkten Schwamm auf einen Stock und hielten ihm diesen an den Mund.

Jesus kostete von dem Essig und rief aus: »Vater, in deine Hände lege ich meine Seele.«

Dann neigte er den Kopf zur Seite und starb. Oben am Kreuz hatte Pilatus eine Inschrift anbringen lassen: INRI – das sind die lateinischen Anfangsbuchstaben von »Jesus aus Nazaret, König der Juden«.

Jesus ist auferstanden!

ÜBER DIESE GESCHICHTE

Jesus hatte angekündigt, dass er drei Tage nach seinem Tod auferstehen würde. Damit wollte er sagen, dass er nach seinem Tod wieder leben würde. Die Auferstehung von Jesus ist für die Christen das wichtigste Ereignis.

ließ. Seine Gestalt leuchtete wie ein Blitz und sein Gewand war ganz weiß.

Die Grabwächter begannen vor Angst zu zittern und fielen wie tot zu Boden.

Auch die Frauen erschraken sehr, aber der Engel sagte zu ihnen: »Fürchtet euch nicht! Ich weiß, ihr sucht Jesus, den Gekreuzigten, aber er ist nicht mehr hier. Er ist auferstanden, wie er gesagt hat. Ihr könnt herkommen und euch die Stelle ansehen, wo er lag. Dann lauft schnell zu seinen Jüngern und sagt es ihnen. Ihr werdet Jesus in Galiläa finden. Das ist meine Botschaft.«

Voller Angst und gleichzeitig voller Freude verließen die Frauen das Grab und eilten davon, um den Jüngern Bescheid zu sagen.

Unterwegs kam ihnen plötzlich Jesus entgegen und sagte zu ihnen: »Seid gegrüßt!« Sie erkannten Jesus, und obwohl sie über sein Erscheinen erschraken, warfen sie sich vor ihm nieder, umfassten seine Füße und beteten ihn an.

Jesus sagte zu ihnen: »Fürchtet euch nicht! Ihr könnt ganz ruhig sein. Geht und sagt meinen Jüngern, sie sollen nach Galiläa gehen; dort werden sie mich treffen.«

Unterdessen liefen die Grabwächter in die Stadt und erzählten den Hohen Priestern, was geschehen war. Diese berieten mit den Ältesten, was sie tun sollten. Schließlich beschlossen sie sich das Schweigen der Grabwächter zu erkaufen, damit die Wahrheit nicht bekannt wurde, denn sie befürchteten, dass sonst alle Leute, die sie

Am Morgen nach dem Sabbat gingen ein paar Frauen in aller Frühe zum Grab von Jesus. Sie hatten wohlriechende Salben dabei, die sie zubereitet hatten, um Jesus einzubalsamieren. Als sie sich dem Grab näherten, bebte plötzlich die Erde. Sie fragten sich verängstigt, was das war. Es war ein Engel des Herrn, der vom Himmel herabstieg und den großen Stein, mit dem das Grab verschlossen war, wegrollen

erfuhren, glauben würden, dass Jesus tatsächlich der Messias war.

So sagten sie zu den Grabwächtern: »Erzählt den Leuten, in der Nacht, während ihr geschlafen habt, seien die Jünger gekommen und hätten den Leichnam von Jesus gestohlen. Keine Sorge, wenn das dem Statthalter zu Ohren kommt, werden wir ihn beruhigen und dafür sorgen, dass er euch nicht bestraft.«

Die Grabwächter nahmen das Geld und befolgten die Anweisungen, die sie erhalten hatten. So verbreitete sich diese Geschichte unter den Juden.

Am selben Tag ging auch Maria Magdalena zum Grab von Jesus und sah, dass der Stein, der es verschlossen hatte, weg war. Mit Tränen in den Augen beugte sie sich in die Grabkammer hinein und stellte fest, dass der Leichnam von Jesus tatsächlich verschwunden war. Wo er gelegen hatte, saßen zwei weiß gekleidete Engel, einer am Kopfende und einer am Fußende.

Sie fragten Maria Magdalena: »Frau, warum weinst du?«

Sie antwortete: »Weil sie meinen Herrn mitgenommen haben und ich nicht weiß, wo sie ihn hingebracht haben.«

Bei diesen Worten drehte sie sich um und sah einen Mann dastehen, der sie nun ebenfalls fragte: »Frau, warum weinst du? Wen suchst du?«

Es war Jesus, aber Maria erkannte ihn nicht, sondern hielt ihn für den Gärtner, der den Garten um das Grab pflegte.

Daher sagte sie zu ihm: »Herr, wenn du ihn weggebracht hast, dann sag mir, wohin du ihn gelegt hast. Dann geh ich ihn holen.«

Da rief Jesus aus: »Maria!«

In diesem Augenblick erkannte sie ihn. Hocherfreut sagte sie auf Hebräisch: »Rabboni«, das bedeutet »Meister«.

Aber Jesus sagte zu ihr: »Nun lass mich zu meinem Vater im Himmel gehen. Sag meinen Jüngern, dass ich zu Gott, meinem Vater, hinaufgehe, der auch euer Gott und Vater ist.«

Maria eilte davon, um die Jünger zu suchen, und als sie sie fand, richtete sie ihnen aus, was Jesus gesagt hatte.

Jesus erscheint auf dem Weg nach Emmaus

ÜBER DIESE GESCHICHTE

Nach seiner Auferstehung erschien Jesus seinen Jüngern mehrere Male. Diese Geschichte berichtet, wie Jesus zwei Jüngern erschien, die auf dem Weg in das Dorf Emmaus bei Jerusalem waren.

Zwei Jünger brachen zu einem Dorf namens Emmaus auf. Unterwegs unterhielten sie sich über das, was in Jerusalem geschehen war. Jesus näherte sich ihnen und lief neben ihnen her. Sie erkannten ihn nicht, begannen aber mit ihm zu sprechen.

Jesus fragte sie: »Worüber redet ihr die ganze Zeit?«

Sie blieben traurig stehen und einer von ihnen, der Kleopas hieß, antwortete ihm: »Warst du in den letzten Tagen nicht in Jerusalem? Hast du nicht gehört, was dort geschehen ist?«

»Was ist denn geschehen?«

»Das mit Jesus von Nazaret. Er war ein Prophet und sehr mächtig, nicht nur wegen dem, was er sagte, sondern auch wegen dem, was er tat. Aber die Ältesten und Hohen Priester ließen ihn zum Tode verurteilen und ans Kreuz schlagen. Wir hofften, er wäre der Messias, der gekommen war, um Israel zu erretten. Aber seit seinem Tod sind nun schon drei Tage vergangen und wir haben nichts von ihm gehört. Allerdings haben uns ein paar Frauen in große Aufregung versetzt, denn sie erzählten, sein Leichnam sei nicht mehr im Grab und Engel hätten ihnen gesagt, dass er lebe. Einige von uns gingen daraufhin auch zu seinem Grab und bestätigten, was die Frauen gesagt hatten. Aber ihn selbst sahen sie nicht.«

Da sagte Jesus zu ihnen: »Begreift ihr denn immer noch nicht? Bei den Propheten steht doch geschrieben, dass der Messias viel erleiden muss, bevor er seine Herrlichkeit erreicht.«

Er erinnerte sie an einige Prophezeiungen über den Messias, die sich nun erfüllt hatten. Als sie in Emmaus ankamen, tat Jesus so, als wolle er seinen Weg fortsetzen.

Aber sie sagten zu ihm: »Bleib doch bei uns, denn es ist schon sehr spät und es wird bald dunkel.«

Er blieb bei ihnen und sie luden ihn zum Abendessen ein. Als sie ihm eines der Brote reichten, die sie auf den Tisch gelegt hatten, sprach Jesus das Dankgebet, brach das Brot in Stücke und bot sie ihnen an. Da erkannten sie ihn, denn sie hatten ihn so oft das Brot brechen sehen. Aber in dem Augenblick, in dem sie Jesus erkannten, verschwand er.

Die beiden Jünger machten sich sofort auf den Weg nach Jerusalem, um den anderen zu erzählen, was sie erlebt hatten. Aber als sie dort eintrafen, ließen die anderen Jünger sie gar nicht zu Wort kommen, sondern begannen ihnen sogleich zu erzählen, dass Jesus Simon erschienen war. Dann erzählten die beiden aus Emmaus, was Jesus unterwegs zu ihnen gesagt hatte und wie sie ihn erkannt hatten, als er das Dankgebet sprach und das Brot brach.

Jesus erscheint seinen Jüngern

ÜBER DIESE GESCHICHTE

Fast alle Jünger hatten sich gerade zu einem gemeinsamen Abendessen versammelt, als Jesus in ihrer Mitte erschien. Thomas und Judas fehlten. Judas hatte sich erhängt, als er begriff, was er getan hatte, als er Jesus auslieferte. Da die Jünger befürchteten wie Jesus verfolgt zu werden, verschlossen sie die Türen des Raumes, in dem sie sich immer trafen, damit niemand hereinkommen konnte.

Am Abend des Paschasonntags waren die Jünger in dem Raum versammelt, in dem sie sich immer trafen. Die Türen hatten sie aus Furcht vor den Juden verschlossen.

Plötzlich erschien Jesus in ihrer Mitte und sagte zu ihnen: »Friede sei mit euch.«

Einige zitterten vor Angst. Sie wussten, dass Jesus ihnen gesagt hatte, er würde nach drei Tagen auferstehen, und es war der dritte Tag. Trotzdem erschraken sie sehr.

Da zeigte Jesus ihnen zum Beweis, dass er es wirklich war, die Wunden von den Nägeln in seinen Händen und die Wunde von der Lanze, die ein Soldat ihm in die Seite gestoßen hatte.

Dann sagte er wieder zu ihnen: »Friede sei mit euch. Habt keine Angst. Ich komme, um euch zu sagen: So wie mein Vater mich in die Welt gesandt hat, werde ich euch aussenden, damit ihr mein Werk fortsetzt.«

Nach diesen Worten hauchte er sie an und sagte: »Empfangt den Heiligen Geist! Wer bereit ist die Sünden anderer zu vergeben, dem werden sie selbst vergeben.«

Thomas, den sie den Zwilling nannten, war an diesem Abend nicht da. So liefen die anderen gleich zu ihm, um ihm alles zu erzählen.

»Wir haben den Herrn gesehen!«, sagten sie.

Er erwiderte: »Bevor ich nicht die Male der Nägel an seinen Händen sehe und meinen Finger in die Wunden und meine Hand an seine Seite lege, glaube ich nicht.«

Acht Tage später versammelten die Jünger sich wieder in ihrem Raum. Diesmal war Thomas auch da.

Da erschien Jesus, stellte sich in ihre Mitte und sagte zu ihnen: »Friede sei mit euch.«

Dann wandte er sich an Thomas: »Schau Thomas, hier sind meine Wundmale: Leg deinen Finger hinein. Und nun streck deine Hand aus und lege sie an meine Seite. Siehst du, ich bin es. Sei nicht so ungläubig. Du weißt doch, dass du dich auf mich verlassen kannst.«

Tief bewegt kniete Thomas vor ihm nieder und sagte: »Mein Herr und mein Gott!«

Da sagte Jesus zu ihm: »Du glaubst, weil du mich gesehen hast. Selig sind die, die an mich glauben, ohne mich gesehen zu haben.«

Jesus tat vor den Augen seiner Jünger noch viele andere Zeichen und Wunder.

Jesus erscheint am See

ÜBER DIESE GESCHICHTE

Sie berichtet, wie Jesus Petrus den besonderen Auftrag erteilte, sich um seine Lämmer und Schafe zu kümmern — damit meinte er alle, die an ihn glaubten. So wurde Petrus zum Oberhaupt der Kirche. Außerdem tauchen in dieser Geschichte zwei der Symbole auf, die Jesus immer benutzte, um seine Gefolgschaft das Teilen zu lehren: das Brot und die Fische.

Einige Zeit nachdem Jesus seinen Jüngern in ihrem Raum erschienen war, waren sieben von ihnen am See von Tiberias: Simon Petrus, Thomas, der Zwilling, Natanaël, die beiden Söhne des Zebedäus und zwei weitere Jünger.
Simon Petrus sagte zu den anderen: »Ich gehe fischen.«
Da sagten sie: »Wir kommen mit.«
So gingen sie zum Ufer, stiegen in das Boot und ruderten auf den See hinaus. Aber in dieser Nacht fingen sie nichts. Als es schon Morgen wurde, stand Jesus am Ufer, aber die Jünger erkannten ihn nicht.
Er sagte zu ihnen: »Freunde, habt ihr etwas zu essen?«
Sie erwiderten: »Nein, wir haben in der ganzen Nacht nicht einen Fisch gefangen.«
Da sagte er zu ihnen: »Werft das Netz auf der rechten Seite des Bootes aus, dann werdet ihr etwas fangen.«
Sie warfen das Netz aus und konnten es nicht wieder einholen, weil so viele Fische darin waren.
Da sagte der Jünger, den Jesus so liebte, zu Petrus: »Es ist der Herr!«
Als Petrus das hörte, zog er schnell sein Hemd über und sprang ins Wasser. Die übrigen Jünger kamen mit dem Boot nach. Das volle Netz zogen sie hinter sich her, denn sie waren nicht weit vom Ufer entfernt.

Als sie ans Ufer sprangen, sahen sie ein Kohlenfeuer und darauf Fische und Brot. Jesus sagte zu ihnen: »Kommt und esst!« Keiner der Jünger wagte ihn zu fragen, wer er war, denn alle ahnten es. Jesus nahm Brot und verteilte es. Dann tat er dasselbe mit dem Fisch. Das war das dritte Mal, dass der auferstandene Jesus seinen Jüngern erschien.

Als sie gegessen hatten, fragte Jesus Simon Petrus: »Simon, Sohn des Johannes, liebst du mich mehr als diese?«

Er antwortete: »Ja, Herr, du weißt, dass ich dich liebe.«

Da sagte Jesus zu ihm: »Hüte meine Lämmer.«

Kurz darauf fragte er ihn wieder: »Simon, Sohn des Johannes, liebst du mich?«

Er antwortete wieder: »Ja, Herr, du weißt, dass ich dich liebe.«

Da sagte Jesus zu ihm: »Hüte meine Schafe.«

Dann fragte er ihn zum dritten Mal: »Simon, Sohn des Johannes, liebst du mich?«
Nun wurde Petrus traurig und gab ihm zur Antwort: »Herr, du weißt alles, du weißt doch, dass ich dich liebe.«

Da sagte Jesus zu ihm: »Hüte meine Schafe, Petrus. Schau, als du jünger warst, hast du dir selbst die Tunika angezogen und konntest gehen, wohin du wolltest, aber wenn du älter wirst, wirst du die Hände ausstrecken und ein anderer wird dich ankleiden und dich führen, wohin du nicht willst«, das sagte er, weil er wusste, wie Petrus sterben würde.

Nach diesen Worten forderte er ihn auf: »Folge mir!«

Petrus wandte sich um und sah den Jünger, den Jesus so liebte.

Er deutete auf ihn und fragte Jesus: »Herr, was wird mit ihm?«

»Wenn ich will, dass er bis zu meiner Rückkehr bleibt, was geht das dich an? Du folge mir!«

Wegen dieser Worte von Jesus verbreitete sich das Gerücht, dass dieser Jünger nicht sterben würde, obwohl Jesus das gar nicht gesagt hatte.

Jesus fährt zum Himmel auf

ÜBER DIESE GESCHICHTE

Vierzig Tage nach seiner Auferstehung ging Jesus zu seinem Vater in den Himmel hinauf. Sein Aufstieg zum Himmel wird Himmelfahrt genannt. Vorher hatte er sich von seinen Jüngern verabschiedet und ihnen den Auftrag erteilt, der ganzen Welt die gute Botschaft von der Erlösung zu verkünden.

Nachdem Jesus den Aposteln mehrere Male erschienen war und ihnen angekündigt hatte, dass er ihnen eine von Gott versprochene Gabe vom Himmel herabsenden würde, führte er sie aus der Stadt, an einen Ort in der Nähe von Betanien, um ihnen zu zeigen, dass er wirklich auferstanden war.

Dort sagte er zu ihnen: »Gott hat mir für das, was ich euch sagen werde, alle Macht im Himmel und auf der Erde gegeben. Geht hinaus in die ganze Welt und versucht die Menschen, die euch hören, zu meinen Jüngern zu machen. Tauft alle, die glauben, im Namen des Vaters, des Sohnes und des Heiligen Geistes. Und lehrt sie, alles zu befolgen, was ich euch gelehrt habe. Ich versichere euch: Ich bin bei euch alle Tage bis zum Ende der Welt.« Er sagte auch zu ihnen: »Ihr sollt allen Menschen das Evangelium verkünden. Wer glaubt und sich taufen lässt, wird gerettet; wer sich weigert zu glauben, wird verdammt werden. Die, die glauben, werden so wunderbare Dinge tun können wie neue Sprachen sprechen, Kranke heilen und Menschen von Dämonen befreien.«

Die Jünger waren sehr traurig, denn sie begriffen, dass Jesus gleich fortgehen würde. Jesus segnete sie, und während er das tat, verließ er sie und wurde zum Himmel emporgehoben.

Danach zogen sie aus, um der ganzen Welt die Botschaft zu verkünden, die Jesus ihnen anvertraut hatte. Und an den Zeichen und Wundern, die sie in seinem Namen taten, erkannten sie, dass er sie begleitete.

Die Anhänger Jesu

Seit Jesus in den Dörfern und Städten Palästinas anfing zu predigen,
bekam er viele Anhänger. Als er zum Himmel aufstieg, verkündeteten die
Apostel, seine engsten Freunde, überall, dass Jesus auferstanden war.
Diejenigen, die an Jesu Botschaft glaubten, wurden seine Anhänger.
Die Apostelgeschichte berichtet von den ersten Menschen,
die die Nachfolge Jesu antraten.
Es waren einfache und demütige Menschen, die so leben wollten,
wie Jesus es gelehrt hatte. Seit der Geburt Jesu sind zwanzig Jahrhunderte
vergangen und überall auf der Welt gibt es Menschen,
die Jesus nachfolgen.
In diesen Geschichten lernst du das Leben der ersten
Anhänger Jesu kennen.

Die Berufung des Matthias und der Pfingsttag

Über diese Geschichte:

Am Pfingsttag feiern die Juden ein Fest, bei dem sie Gott die ersten Ähren opfern. Pentekoste heißt auf Griechisch »der fünfzigste Tag«; seit Ostern sind fünfzig Tage verstrichen. Am Pfingstfest empfingen die Apostel den Heiligen Geist, den Jesus ihnen sandte.

Die Wahl des Matthias zum Apostel und das Pfingstereignis

Nachdem Jesus zum Himmel aufgefahren war, kehrten die Jünger vom Ölberg in das nahe gelegene Jerusalem zurück. Dort gingen sie in das Obergemach des Hauses, in dem sie sich einquartiert hatten. Es handelte sich um Petrus und Johannes, Jakobus und Andreas, Philippus und Thomas, Bartholomäus und Matthäus, Jakobus, der Sohn des Alphäus, Simon, der Zelot, sowie Judas, der Sohn des Jakobus. Hier verharrten sie häufig im Gebet. Auch einige der Frauen, die Jesus begleiteten, darunter seine Mutter, waren bei ihnen.

Eines Tages, als sie sich zum Gebet versammelt hatten, erhob sich Petrus im Kreis der etwa hundertzwanzig Versammelten und sagte: »Brüder, was der Heilige Geist David über Judas hat voraussagen lassen, hat sich erfüllt. Judas hat Jesus verraten und den Feinden ausgeliefert, die ihn gefangen genommen haben. Danach wurde sich Judas seines Verrats bewusst und er erhängte sich an einem Baum. Somit war sein Amt frei geworden und muss von einem der Jünger Jesu besetzt werden.«

Also wählten sie unter den Jüngern zwei aus: Josef, genannt Barsabbas, der den Beinamen Justus hatte, und Matthias.

Dann sprachen sie folgendes Gebet: »Herr, du kennst die Herzen aller, zeige uns, welchen der beiden du erwählt hast das Apostelamt zu übernehmen, das vorher Judas innehatte.«

Dann warfen sie das Los; es fiel auf Matthias und er wurde in den Kreis der Apostel aufgenommen, um Zeugnis abzulegen von der Auferstehung Jesu und seine Botschaft in allen Ländern zu verbreiten.

Am Pfingsttag waren sie alle versammelt, um das Pfingstfest zu feiern. Plötzlich hörte man ein Brausen vom Himmel, wie ein heftiger Sturm, der das Haus erfüllte. Und es erschienen ihnen Zungen wie von Feuer, die sich verteilten: Auf jeden von ihnen ließ sich eine nieder. Sofort wurden alle vom Heiligen Geist erfüllt und sie begannen in verschiedenen fremden Sprachen zu sprechen, die ihnen völlig unbekannt waren.

Zum Pfingstfest waren auch Juden aus anderen Teilen der Welt gekommen. Als sie das Getöse hörten, eilten sie herbei, um zu sehen, was los war. Sie waren sehr erstaunt, als sie vernahmen, wie jeder der Apostel in ihrer jeweiligen Muttersprache redete.

»Sind das nicht alles Galiläer? Wie kommt es, dass jeder von uns sie in seiner Muttersprache reden hört?«, fragten sie sich verblüfft. »Wie kommt es, dass sie Gottes große Taten in ihrer Muttersprache verkünden, die wir verstehen können?«

Sie waren völlig außer sich. Einige fragten sich: »Was bedeutet das?«

Andere dagegen spotteten und sagten: »Sie sind betrunken.«

Da stand Petrus mit den anderen elf Jüngern auf und erhob seine Stimme: »Ihr Juden und alle Bewohner von Jerusalem, hört meine Worte.

Diese Männer sind nicht betrunken, wie ihr behauptet, denn es ist ja erst neun Uhr morgens. Jetzt erfüllt sich, was der Prophet Joël verkündet hat.«

Und Petrus sagte: »Der Prophet Joël hat vorausgesagt, dass Gott seinen Geist über alle ausgießen werde, über Söhne und Töchter, Junge und Alte, dass er Wunder wirken und Zeichen oben am Himmel sowie auf der Erde erscheinen lassen werde und dass alle, die an den Herrn glauben, gerettet werden.«

»Und was für Zeichen sind das?«, fragte einer.

»Israeliten, hört: Wie ihr wisst, hat Jesus von Nazaret Wunder unter uns gewirkt. Ihr habt ihn ans Kreuz schlagen lassen. Aber Gott hat Jesus auferweckt. König David, dem Gott den Eid geschworen hatte, dass einer seiner Nachkommen auf seinem Thron sitzen werde, hat die Auferstehung des Messias bereits vorausgesagt. Jesus ist auferstanden und wir können das bezeugen. Alle Israeliten sollen wissen, dass Gott Jesus zum Herrn und Messias bestimmt hat.«

Die Worte des Petrus gingen allen Versammelten zu Herzen. Sie fragten ihn und die übrigen Apostel: »Brüder, was sollen wir tun?«

Und Petrus antwortete ihnen: »Geht in euch! Jeder von euch lasse sich auf den Namen Jesu Christi taufen, damit euch die Sünden vergeben werden. Dann werdet ihr die Gabe des Heiligen Geistes empfangen. Diese Verheißung gilt euch und euren Kindern und all denen, die der Herr unser Gott rufen wird.«

Und mit vielen anderen Worten beschwor er sie und sagte: »Lasst euch retten und wendet euch vom Bösen ab.«

Die seine Worte annahmen, ließen sich auf der Stelle taufen.

An diesem Tag wurden etwa dreitausend Menschen getauft. Alle lauschten der Lehre der Apostel und brachen das Brot, wie es Jesus gelehrt hatte, und beteten.

Viele waren beeindruckt von den Wundern, welche die Apostel wirkten. Und alle, die an Jesus glaubten, bildeten eine Gemeinschaft, in der allen alles gemeinsam gehörte. Sie verkauften ihr Hab und Gut und verteilten es entsprechend dem jeweiligen Bedürfnis des Einzelnen. Jeden Tag gingen sie in den Tempel. In ihren Häusern brachen sie das Brot und teilten voller Freude ihr Mahl. Sie beteten zu Gott und lobten ihn.

Der Herr erweiterte ihre Gemeinschaft um jene, die sich taufen ließen.

Das Leben der ersten Anhänger Jesu

ÜBER DIESE GESCHICHTE:

Die Apostel verkündeten überall, dass Jesus auferstanden sei. Die an Jesus glaubten, waren getauft. So bildete sich die erste Gemeinschaft der Anhänger Jesu, die alle ein Herz und eine Seele waren. Diese Urgemeinde bildete die Grundlage der heutigen Kirche.

Die zwölf Apostel fühlten in sich die Kraft des Heiligen Geist. Das half ihnen den Auftrag, den Jesus ihnen erteilt hatte, zu erfüllen. Sie verkündeten nicht nur seine Botschaft und tauften jene, die an Jesus glaubten, sondern lebten wie eine große Familie zusammen. Es gab kein Privateigentum, sondern sie besaßen alles gemeinsam. So gab es keine Armen unter ihnen. Wer Grundstücke, Häuser oder sonstige Güter besaß, verkaufte sie und brachte den Erlös den Aposteln. Diese teilten davon jedem so viel zu, wie er benötigte. Auch Josef, den die Apostel Barnabas nannten, was bedeutet »Sohn des Trostes«, verkaufte seinen Besitz. Er stammte aus Zypern und half den Priestern im Tempel. Josef verkaufte einen Acker, der ihm gehörte, und gab den Aposteln das Geld dafür. Ein Mann namens Hananias, der sich vor den Aposteln als guter Christ ausgab, verkaufte ein Grundstück und behielt einen Teil des Erlöses für sich.

Als er Petrus das Geld gab, sagte dieser zu ihm: »Hananias, warum willst du uns weismachen, dass das der ganze Erlös ist, wo du doch einen Teil davon für dich behalten hast? Wen willst du täuschen? Du hast nicht uns Menschen, sondern Gott belogen.«

Aber ein solches Verhalten war nicht üblich. Gewöhnlich teilten die Menschen, die sich den Jüngern anschlossen, ihren Besitz, weil sie an die Botschaft Jesu glaubten.

Sie ließen sich nicht nur taufen und teilten ihr Hab und Gut miteinander, sondern versammelten sich auch in den Häusern, um das Wort Gottes zu hören, um zu beten und das Brot zu brechen, wie Jesus es beim letzten Abendmahl gelehrt hatte.

Außerdem wirkten die Apostel viele Wunder. Alle Gläubigen versammelten sich in dem Tempel, in der Halle Salomos. Die Kranken trug man auf die Straße hinaus und legte sie auf Betten, damit, wenn Petrus vorbeikam, wenigstens sein Schatten auf einige von ihnen fiel. Auch aus den Nachbarorten Jerusalems brachte man Menschen, die an allen möglichen Krankheiten litten. Und alle wurden geheilt. So glaubten immer mehr Menschen an Jesus.

Petrus heilt einen Gelähmten

ÜBER DIESE GESCHICHTE:

Dank dem Heiligen Geist, der die Apostel erfüllte, spürten sie eine außerordentliche Kraft. Sie verkündeten den Menschen die Botschaft Jesu, tauften sie und heilten Kranke.

Im Tempel bettelten häufig Arme um Almosen. Unter ihnen war ein etwa vierzigjähriger Gelähmter, der von den paar Münzen, die barmherzige Menschen ihm gaben, nur recht und schlecht leben konnte. Da er nicht aus eigener Kraft zum Tempel gehen konnte, setzten seine Freunde ihn täglich an das Tor des Tempels, das man Schöne Pforte nannte. Eines Tages gingen Johannes und Petrus an ihm vorbei, um die Nachmittagsandacht im Tempel zu besuchen.

Der Gelähmte bat sie um ein Almosen. Petrus und Johannes blickten ihn an und sagten zu ihm: »Sieh uns an!«

Er beobachtete sie, weil er erwartete, etwas von ihnen zu bekommen.

Aber Petrus sagte: »Ich besitze weder Silber noch Gold, doch ich gebe dir, was ich habe. Im Namen Jesu Christi, des Nazareners, steh auf und geh!«

Und er nahm seine rechte Hand und richtete ihn auf. Sogleich spürte der Gelähmte Kraft in den Füßen und Gelenken: Er sprang auf und ging umher. Er begleitete sie in den Tempel, sprang umher und lobte Gott.

Die Leute im Tempel sahen ihn. Als sie ihn erkannten, fragten sie voller Verwunderung: »Ist das nicht der Gelähmte, der gewöhnlich an der Schönen Pforte des Tempels saß?«

Dann begaben sie sich zur Halle Salomos, wo sich Petrus, Paulus und der Gelähmte befanden.

Als Petrus sie sah, sagte er: »Israeliten, was wundert ihr euch, dass wir diesen Mann zum Gehen gebracht haben. Denkt ihr vielleicht, wir hätten es aus eigener Kraft geschafft? Da irrt ihr euch. Ihr habt Jesus seinen Mördern ausgeliefert. Dieser Mann hier kann gehen, weil wir Zeugen der Auferstehung Jesu wurden und an ihn geglaubt haben.« Petrus fuhr fort: »Brüder, ich weiß, dass ihr und eure Führer aus Unwissenheit gehandelt habt, weil ihr nicht gewusst habt, dass Jesus wirklich der von Gott gesandte Messias war. Aber Gott hat damit erfüllt, was die Propheten verkündet hatten. Deshalb fordere ich euch auf Buße zu tun. Wenn ihr euch taufen lasst, werden eure Sünden vergeben. Ihr seid die Söhne der Propheten und des Bundes, den Gott mit unserem Volk geschlossen hat.«

Petrus und Johannes vor dem Hohen Rat

ÜBER DIESE GESCHICHTE:

Der Hohe Rat war der Rat, der Jesus zum Tode verurteilt hatte. Als die Priester des Hohen Rats von dem Wunder erfuhren, das Petrus im Tempel durch die Heilung des Gelähmten bewirkt hatte, fürchteten sie, dass sich immer mehr Menschen zu Jesus bekehren würden.

Nach der Heilung des Gelähmten blieben Petrus und Paulus im Tempel und unterhielten sich. Da traten die Priester und der Anführer der Tempelwache zu ihnen. Sie waren aufgebracht, weil die Apostel das Volk lehrten und verkündeten, die Auferstehung Jesu habe sich bereits erfüllt. Sie nahmen die beiden fest und warfen sie bis zum nächsten Tag ins Gefängnis. Viele Menschen, die Petrus zugehört hatten, bekehrten sich und so stieg die Zahl der Anhänger Jesu auf etwa fünftausend. Am nächsten Tag versammelten sich die obersten Priester, die Ältesten und die Schriftgelehrten in Jerusalem. Auch Hannas, der Hohe Priester, Kajaphas, Johannes und Alexander und sämtliche Priester. Sie ließen Johannes und Petrus vorführen und fragten: »Mit welcher Kraft oder in wessen Namen habt ihr das getan?«

Da erwiderte Petrus, erfüllt vom Heiligen Geist: »Ihr Führer des Volkes und ihr Ältesten: Nachdem wir einem Kranken Gutes getan haben, fragt ihr uns heute, in wessen Namen wir ihn geheilt haben. Es geschah im Namen Jesu Christi, des Nazareners, den ihr gekreuzigt habt und den Gott von den Toten auferweckt hat. Durch ihn ist dieser Mann heute gesund. Es gibt keinen anderen von Gott gesandten Messias, durch den wir gerettet werden können.«

Die Mitglieder des Hohen Rats befahlen ihnen hinauszugehen und berieten sich: »Was sollen wir mit ihnen tun? Sie haben ein Wunder gewirkt, das wissen alle Bewohner von Jerusalem und wir können es nicht abstreiten. Die einzige Möglichkeit, sie daran zu hindern, diese Tat weiterzuerzählen, besteht darin, ihnen zu verbieten, über diesen Mann zu sprechen.«

Sie einigten sich und ließen Petrus und Johannes vortreten, um ihnen ihren Beschluss mitzuteilen.

Aber diese erwiderten: »Glaubt ihr, Gott findet es richtig, lieber euch zu gehorchen als ihm? Denkt nach. Wir können nicht verschweigen, was wir wissen und was wir gesehen und gehört haben.«

Die Mitglieder des Hohen Rats warnten sie

erneut zu schweigen, sahen aber aus Angst vor dem Volk, das Gott wegen des geheilten Gelähmten pries, keine Möglichkeit, sie zu bestrafen.

Nach ihrer Freilassung gingen die Apostel zu ihren Brüdern und berichteten ihnen, was die Hohen Priester zu ihnen gesagt hatten.

Die Männer erhoben ihre Stimme zu Gott und sprachen: »Herr, du hast verkündet, dass die Könige und Regierenden der Erde sich gegen den Herrn und den von ihm gesandten Messias verbünden würden. So ist es in dieser Stadt geschehen: Herodes und Pilatus verbündeten sich mit Heiden und den Stämmen Israels, um deinen Sohn zu töten. Deshalb, oh Herr, bitten wir dich, dass wir deine Botschaft verkünden dürfen, ohne uns verbergen zu müssen. Zeig deine Macht, damit Heilungen, Zeichen und Wunder im Namen Jesu geschehen.«

Nach diesem Gebet bebte der Ort, an dem sie versammelt waren, und alle wurden erneut vom Heiligen Geist erfüllt. Von da an verkündeten sie das Wort Gottes mit mehr Freimut.

Die Steinigung des Stephanus

ÜBER DIESE GESCHICHTE:

Die ersten Anhänger Jesu wurden verfolgt. Jene, die starben, weil sie an die Auferstehung Jesu glaubten, wurden Märtyrer genannt. Diese Geschichte erzählt von Stephanus, dem ersten christlichen Märtyrer. Stephanus war einer der sieben von den Aposteln ernannten Diakone. Diakon bedeutet »Diener« und seine Aufgabe bestand darin, den Bedürftigen der Christengemeinde zu helfen, vor allem den Witwen.

Die Zahl der Gläubigen nahm sehr schnell zu. Einige beklagten sich, die Apostel würden sich zu wenig um die Notleidenden kümmern.

Um das Problem zu lösen, riefen die Apostel alle Jünger zusammen und sagten zu ihnen: »Wir müssen das Evangelium verkünden und können uns nicht um die Bedürftigen kümmern. Wählt aus eurer Mitte sieben Männer voll Weisheit und gutem Herzen, die diese Aufgabe übernehmen. So können wir uns noch intensiver dem Gebet widmen und das Wort Gottes verkünden.«

Der Vorschlag fand bei allen Beifall und sie wählten Stephanus, Philippus, Prochorus, Nikanor, Timon, Parmenas und Nikolaus. Als diese sieben vor die Apostel traten, legten ihnen diese die Hände auf.

Stephanus war erfüllt vom Geist Gottes und wirkte große Wunder, die von allen gelobt wurden. Aber einige, die nicht mit seiner Lehre einverstanden waren, bekämpften ihn. Sie kauften falsche Zeugen, die aussagen sollten, dass er gegen Mose und Gott lästerte.

Als Stephanus vor den Hohen Rat geführt wurde, fragte ihn der Hohe Priester: »Stimmt das, was man über dich sagt?«

Stephanus erklärte ihnen, dass Jesus der von Gott und von den Propheten angekündigte Messias sei. Und er warf ihnen vor, dass sie ihn töten ließen, genauso wie seine Vorgänger die Propheten getötet hatten.

Die Mitglieder des Rats waren so aufgebracht, dass sie mit den Zähnen knirschten.

Stephanus aber, erfüllt vom Heiligen Geist, blickte zum Himmel hoch, sah die Herrlichkeit Gottes und Jesus zu seiner Rechten und rief: »Ich sehe den Himmel offen und Jesus zur Rechten Gottes stehen.«

Da erhoben sie lautes Geschrei, hielten sich die Ohren zu und stürmten auf ihn los, trieben ihn zur Stadt hinaus und steinigten ihn. Die Zeugen legten ihre Kleider zu Füßen eines jungen Mannes namens Saul, um die Steine besser werfen zu können.

Aber Stephanus, von den Steinen seiner Feinde gepeinigt, wiederholte laut dieses Gebet: »Herr Jesus, nimm meinen Geist auf!« Als er in die Knie sank, rief er laut: »Herr, rechne ihnen diese Sünde nicht an. Vergib ihnen!«

Nach diesen Worten starb er.

Saul aber billigte die Steinigung des Stephanus. Sein Hass auf die Gläubigen wurde immer größer. Er verfolgte sie, drang in ihre Häuser ein und schleppte sie ins Gefängnis.

Damit begannen die Juden die Christen zu verfolgen. Deshalb zerstreuten sich alle Gläubigen in der Gegend von Judäa und Samaria. Nur die Apostel blieben in Jerusalem.

Die Bekehrung eines Äthiopiers

ÜBER DIESE GESCHICHTE:

Das Wort Gottes wurde in verschiedenen Gegenden verkündet. Die Menschen, die an Jesus glaubten und sich taufen ließen, gliederten sich in die Gruppe der Gläubigen ein. Diese bildeten unter Leitung der Apostel die Kirche. Diese Geschichte erzählt, wie sich ein Äthiopier nach seiner Begegnung mit dem Diakon Philippus zu Christus bekehrte.

Alle Gläubigen zogen umher und verkündeten das Wort Gottes. Philippus gelangte in die Hauptstadt Samarias und verkündete dort, dass Jesus der Messias sei. Die Menschen schenkten ihm große Aufmerksamkeit und sahen die Wunder und die Heilungen, die er bewirkte. In der ganzen Stadt herrschte Freude.
Da erschien Philippus ein Engel des Herrn, der zu ihm sagte: »Mach dich auf den Weg und zieh nach Süden.«
Und Philippus gehorchte. Unterwegs stieß er auf einen Äthiopier, der Hofbeamter der Kandake, der Königin von Äthiopien, war. Er war nach Jerusalem gekommen, um Gott anzubeten, und kehrte nun nach Hause zurück. Er saß in seinem Wagen und las aus dem Propheten Jesaja.
Philippus fragte ihn: »Verstehst du auch, was du da liest?«
Der Äthiopier erwiderte: »Wie kann ich das, wenn mich niemand anleitet?«
Und er fragte Philippus, ob er mit ihm fahren wolle, um ihm zu erklären, was der Prophet Jesaja geschrieben hat.
Er las: »Wie ein Schaf wurde er zur Schlachtbank geführt und wie ein Lamm, das vor seinem Scherer verstummt, so tat er seinen Mund nicht auf. In seiner Erniedrigung wurde sein Urteil aufgehoben.«
Philippus erklärte ihm das Schriftwort und verkündete ihm das Evangelium. Er berichtete ihm, dass Jesus nicht protestiert hatte, als man ihn ans Kreuz schlug. Er habe sich wie ein Schaf verhalten, das zur Schlachtbank geführt wurde. Er erklärte ihm auch, dass Gott ihn von den Toten auferweckt hat und dass die Menschen, die an Gott glaubten, getauft wurden. Sie zogen weiter und gelangten zu einer Wasserstelle.
Da sagte der Äthiopier zu Philippus: »Sieh, da ist Wasser. Kannst du mich hier taufen?«
Und Philippus erfüllte ihm den Wunsch. Als sie aus dem Wasser stiegen, bewirkte der Geist des Herrn, dass Philippus verschwand. Der Äthiopier aber zog voller Freude weiter.
Philippus gelangte nach Aschdod. Von hier aus wanderte er weiter und verkündete das Evangelium, bis er nach Cäsarea kam.

Die Bekehrung des Saul

ÜBER DIESE GESCHICHTE:

Saul, auch Paulus genannt, war ein junger Jude aus Tarsus, einer Stadt in Kleinasien. Deshalb war er römischer Bürger. Er lebte in Jerusalem. Saul war ein strenggläubiger Jude und verfolgte die Christen.
Diese Geschichte erzählt, wie Saul sich wandelte und der beste Freund Jesu wurde.

Saul, der den Jüngern Jesu mit dem Tod drohte, bat den Hohen Priester um die Erlaubnis, alle Christen in der Stadt Damaskus festnehmen zu lassen und nach Jerusalem zu bringen. Der Hohe Priester gab ihm die Briefe an die Synagogen dieser Stadt mit. Dann machte sich Saul auf den Weg. Als er sich bereits Damaskus näherte, umstrahlte ihn plötzlich ein Licht vom Himmel, das ihn blendete.
Er stürzte zu Boden und hörte eine Stimme, die zu ihm sprach: »Saul, Saul, warum verfolgst du mich?«
Dieser erwiderte voller Staunen: »Wer bist du, Herr?«

Und dieselbe Stimme sprach: »Ich bin Jesus, den du verfolgst. Steh auf, geh in die Stadt, dort wird man dir sagen, was du tun sollst.«

Seine Begleiter waren sprachlos. Sie hörten zwar die Stimme, sahen aber niemand. Saul erhob sich vom Boden. Als er aber die Augen öffnen wollte, sah er nichts, er war völlig blind.
Seine Freunde halfen ihm und führten ihn nach Damaskus. Er war drei Tage blind, aß und trank nichts.
In Damaskus lebte Hananias, ein Jünger Jesu. Dieser hatte eine Vision, in der er die Stimme des Herrn hörte, die ihn rief: »Hananias!«
Er erwiderte: »Hier bin ich, Herr.«

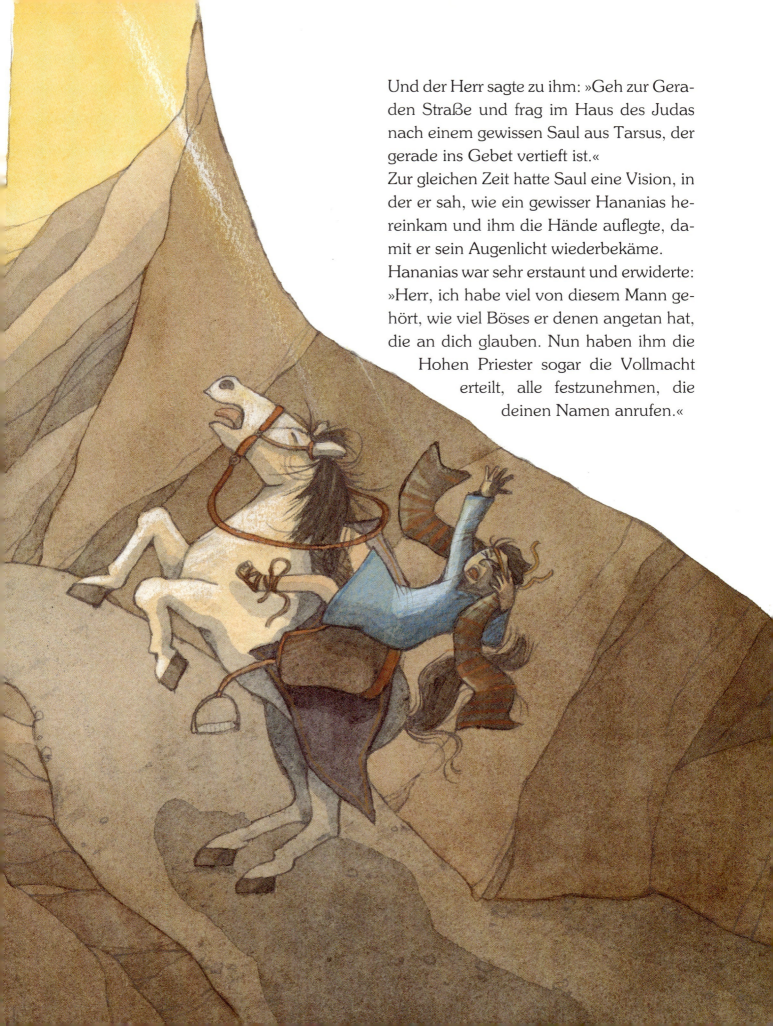

Und der Herr sagte zu ihm: »Geh zur Geraden Straße und frag im Haus des Judas nach einem gewissen Saul aus Tarsus, der gerade ins Gebet vertieft ist.«
Zur gleichen Zeit hatte Saul eine Vision, in der er sah, wie ein gewisser Hananias hereinkam und ihm die Hände auflegte, damit er sein Augenlicht wiederbekäme.
Hananias war sehr erstaunt und erwiderte: »Herr, ich habe viel von diesem Mann gehört, wie viel Böses er denen angetan hat, die an dich glauben. Nun haben ihm die Hohen Priester sogar die Vollmacht erteilt, alle festzunehmen, die deinen Namen anrufen.«

Aber der Herr sprach zu ihm: »Geh und tu, was ich dir sage, denn er dient mir als Werkzeug, um meinen Namen unter Heiden, Königen und den Söhnen Israels zu verbreiten. Dafür wird er große Verfolgungen erleiden.«

Da begab sich Hananias ins Haus des Judas. Als er eintrat, sah er Saul ins Gebet versunken, wie ihm der Herr verkündet hatte. Er trat auf ihn zu, legte ihm die Hände auf und sagte: »Bruder, der Herr hat mich gesandt, der dir auf dem Weg hierher erschienen ist. Du sollst wieder sehen und mit dem Heiligen Geist erfüllt werden.«

Sofort fiel es ihm wie Schuppen von den Augen und er sah wieder. Er ließ sich taufen, dankte dem Herrn und nahm ein Mahl zu sich, um wieder zu Kräften zu kommen. Er blieb einige Tage bei den Jüngern in Damaskus, die ihn das Evangelium lehrten.

Und sogleich verkündete er in den Synagogen das Wort Gottes und sagte: »Er ist der Sohn Gottes.«

Alle, die es hörten, äußerten verwundert: »Ist das nicht der Mann, der in Jerusalem alle verfolgt hat, die an Jesus glauben? Ist er nicht hierher gekommen, um sie mit Erlaubnis der Hohen Priester gefesselt nach Jerusalem zu bringen?«

Aber Saul kümmerte sich nicht um diese Bemerkungen und sein Glaube festigte sich von Tag zu Tag. Alle, die ihn hörten, waren über seine Wandlung verwundert, und viele schlossen sich ihm an. Da beschlossen die Juden ihn zu töten. Sie bewachten Tag und Nacht die Stadttore. Aber Saul erfuhr von ihren Plänen. Eines Nachts ließen ihn seine Jünger in einem Korb die Stadtmauer hinunter.

Die Befreiung des Petrus aus dem Gefängnis

ÜBER DIESE GESCHICHTE:

Die ersten Christen wurden mit großer Grausamkeit verfolgt. Aber sie ließen sich dadurch nicht entmutigen. Im Gegenteil, sie spürten, dass Gott ihnen Kraft verlieh, und verkündeten weiterhin das Wort Gottes. Diese Geschichte erzählt, wie der Apostel Petrus ins Gefängnis geworfen und wieder befreit wurde.

König Herodes verfolgte die Anhänger Jesu und befahl einige aus der Gemeinde ins Gefängnis zu werfen. Jakobus den Älteren, den Bruder des Johannes, ließ er töten. Als er sah, dass das den Juden gefiel, ließ er Petrus ins Gefängnis werfen. Das geschah in den Tagen, als das Paschafest gefeiert wurde. Herodes ließ Petrus von vier Abteilungen Soldaten bewachen, denn er wollte ihn nach dem Paschafest dem Volk vorführen. In jenen Tagen betete die ganze Gemeinde zu Gott und bat um seine Freilassung.

In der Nacht vor dem Morgen, an dem Petrus auf Veranlassung von Herodes vorgeführt werden sollte, schlief er, von zwei Soldaten bewacht und mit Ketten gefesselt. Vor der Tür bewachten zwei Posten den Kerker. Plötzlich strahlte ein helles Licht in die Zelle. Ein Engel trat ein.

Er stieß Petrus in die Seite, um ihn zu wecken, und forderte ihn auf: »Schnell, steh auf!«

Da fielen die Ketten von seinen Händen.

Der Engel sprach zu ihm: »Lege dir den Gürtel um und zieh deine Sandalen an.« Petrus gehorchte.

Und der Engel sprach zu ihm: »Wirf deinen Mantel um und folge mir.«

Petrus folgte ihm, er dachte, es sei ein Traum. Sie gingen an der ersten Wache vorbei und es geschah nichts. Genauso war es bei der zweiten. Sie kamen zum eisernen Tor, das auf die Straße führte; es öffnete sich ihnen von selbst. Sie traten hinaus. Als sie auf der Straße standen, verschwand der Engel und Petrus sah ihn nicht wieder.

Da ging Petrus in sich und dachte: Nun weiß ich, dass alles so geschehen ist. Der Herr hat einen Engel gesandt, der mich von Herodes befreit hat und davor, dem jüdischen Volk vorgeführt zu werden.

Dann begab er sich zum Haus von Maria, der Mutter des Johannes mit dem Beinamen Markus, wo viele Anhänger Jesu im Gebet versammelt waren. Er klopfte an die Tür und ein Mädchen namens Rhode kam, um nachzusehen, wer draußen stand. Als sie die Stimme von Petrus erkannte, war sie so erfreut, dass sie, statt zu öffnen, zu den anderen lief, um ihnen zu sagen, wer vor der Tür stand.

Alle, die ihre Worte vernahmen, sagten: »Du bist verrückt.«

Aber sie versicherte ihnen, dass Petrus vor der Tür stand.

Inzwischen klopfte Petrus weiterhin an die Tür. Endlich öffneten sie. Als sie ihn sahen, staunten sie. Petrus erzählte ihnen, wie der Herr ihn aus dem Gefängnis geholt hatte.

Und er sagte zu ihnen: »Berichtet das dem Jakobus, dem Vorsteher der Synagoge, und den übrigen Brüdern.«
Dann machte er sich auf den Weg, damit sie ihn nicht fanden.
Als es im Kerker Tag wurde, herrschte große Aufregung, weil Petrus verschwunden war. Herodes ließ ihn überall suchen, ohne Erfolg. Dann verhörte er die Wachen und befahl sie zu töten.
Daraufhin zog er von Judäa nach Cäsarea, wo er länger verweilte. Er war über die Bewohner der Städte Tyrus und Sidon sehr aufgebracht. Eines Tages suchte ihn eine Gesandtschaft dieser Städte auf und bat um Frieden. Sie mussten sich mit dem König versöhnen, denn sie bezogen ihre Nahrung aus dem Land des Herodes.

Dieser nahm im Königsgewand auf einer Tribüne Platz und hielt eine Ansprache für sie.

Alle, die ihn hörten, riefen: »Das ist die Stimme Gottes, nicht die eines Menschen!«

Im selben Augenblick schlug ihn der Engel des Herrn, weil Herodes Gott nicht gehorsam gewesen war. Und nach kurzer Zeit starb Herodes.

Die ersten Reisen des Paulus

ÜBER DIESE GESCHICHTE:

Es gab einige Christen, die wegen der Verfolgungen Jerusalem verließen und in anderen Städten lebten, wo sie das Wort Gottes verkündeten. In Antiochia in Syrien waren die Anhänger Jesu genauso zahlreich wie in Jerusalem. Dort fingen sie an sich Christen zu nennen, da »Messias« auf Griechisch Christus heißt.

Barnabas und Saul, auch Paulus genannt, reisten von Antiochia in verschiedene Städte, um das Wort Jesu zu verkünden. Auch Johannes, genannt Markus, schloss sich ihnen an.

ZYPERN

Als sie in Zypern anlangten, verkündeten sie das Wort Gottes in den Synagogen der Juden. In der Stadt Paphos trafen sie einen jüdischen Zauberer namens Barjesus, einen falschen Propheten, der zum Gefolge des Prokonsuls Sergius Paulus gehörte, einem verständigen, klugen Mann.

Der Prokonsul ließ Barnabas und Saul rufen, weil er das Wort Gottes hören wollte. Aber der Zauberer widersetzte sich, weil er verhindern wollte, dass der Prokonsul sich zum Glauben bekannte.

Paulus, erfüllt vom Heiligen Geist, blickte den Zauberer durchdringend an und sagte zu ihm: »Du Anhänger des Teufels, Feind alles Guten, wann wirst du aufhören dich Gottes Plänen zu widersetzen? Die Hand des Herrn wird über dich kommen. Du wirst blind werden und eine Zeit lang das Licht der Sonne nicht mehr sehen.«

Im selben Augenblick wurde der Zauberer blind. Er tappte umher und suchte jemand, der ihn an der Hand führte. Als der Prokonsul das sah, glaubte er an die Botschaft, die Paulus und Barnabas verkündeten; er war von der Lehre Jesu beeindruckt.

ANTIOCHIA IN PISIDIEN

Paulus und seine Begleiter setzten ihre Reise fort. Von Paphos kamen sie nach Perge in Pamphylien. Von dort kehrte Johannes, genannt Markus, nach Jerusalem zurück und sie wanderten weiter nach Antiochia in Pisidien.

Am Sabbat gingen sie in die Synagoge und nahmen Platz. Nach der Lesung aus dem Gesetz und den Propheten forderten die Synagogenvorsteher Paulus auf zu reden. Da stand Paulus auf und erklärte ihnen den wichtigsten Teil der Geschichte Jesu.

In der folgenden Woche versammelten sich alle in der Synagoge und baten Paulus und Barnabas, ihnen noch mehr über Jesus zu berichten. Die Juden wurden eifersüchtig und unterbrachen Paulus mit Lästerungen.

Paulus und Barnabas erklärten ihnen freimütig: »Wir wollten euch als Erste das Wort Gottes verkünden. Da ihr es aber nicht empfangen wollt, wenden wir uns an die Heiden.«

Die Heiden freuten sich sehr. Die Juden aber veranlassten, dass die Ersten der Stadt sich gegen Paulus und Barnabas wandten, sie verfolgten, bis es ihnen gelang, sie zu vertreiben.

Bevor sich Paulus und Barnabas auf den Weg machten, schüttelten sie den Staub von den Füßen, wie es ihnen Jesus empfohlen hatte, wenn ein Volk ihre Botschaft ablehnte.

Lystra

Paulus und Barnabas waren auch in Lystra. Dort lebte ein Mann, der von Geburt an gelähmt war. Eines Tages lauschte er aufmerksam Paulus' Worten. Dieser blickte ihn fest an.

Als er sah, dass der Mann ihm vertraute, rief er laut: »Steh auf!«

Der Gelähmte sprang auf und ging umher. Alle sagten: »Die Götter sind in Menschengestalt zu uns herabgestiegen!«

Und sie nannten den Barnabas Zeus, den Paulus aber, da er der Wortführer war, nannten sie Hermes. Der Priester des Tempels ließ ihnen Stiere und Kränze bringen und wollte ihnen ein Opfer darbringen, als ob sie Götter wären.

Paulus und Barnabas riefen: »Was tut ihr da? Wir sind Menschen wie ihr. Wir reden und handeln im Namen Jesu.«

Mit diesen Worten überzeugten sie sie. Aber einige Juden aus Ikonion und Lykaonien wiegelten die Menge gegen Paulus auf.

Sie schleiften ihn zur Stadt hinaus und bewarfen ihn so lange mit Steinen, bis sie ihn für tot hielten.

Als die Jünger ihn umringten, stand er auf und kehrte in die Stadt zurück. Aber am anderen Tag machte er sich mit Barnabas auf den Weg.

Paulus reist nach Philippi

Über diese Geschichte:

Paulus und Barnabas kehrten nach Jerusalem zurück, um die Apostel über die Aufgabe, die sie erfüllt hatten, zu informieren. Später unternahm Paulus erneut Reisen in Städte, in denen bereits Christen lebten, um sie zu besuchen und aufzumuntern. Aber er hielt sich auch in anderen Städten auf, um Juden und Nicht-Juden das Wort Gottes zu verkünden.

Paulus wanderte durch Dörfer und Städte und verkündete das Wort Gottes, damit sich die Menschen bekehrten und an Jesus glaubten. Eines Nachts hatte er eine seltsame Vision.
Vor ihm stand ein Mazedonier, der ihn bat: »Komm nach Mazedonien und hilf uns.«
Als Paulus aufwachte, war er davon überzeugt, dass Gott ihn dazu berief, in Mazedonien das Evangelium zu verkünden. So brach er mit seinem Begleiter Silas nach Philippi auf.
Philippi war eine der größten Städte von Mazedonien und außerdem eine römische Kolonie. Paulus und Silas hielten sich einige Tage dort auf. Am Sabbat gingen sie zum Stadttor hinaus und begaben sich zu

einem Flussufer, wo die Menschen ihre Gebete zu verrichten pflegten. Sie unterhielten sich mit einer Gruppe Frauen. Unter ihnen war auch die fromme Lydia, eine Purpurhändlerin.

Während Paulus predigte, öffnete der Herr Lydias Herz, sodass sie den Worten des Paulus aufmerksam lauschte. Schließlich bat sie um die Taufe und sagte zu ihnen: »Wenn ihr glaubt, dass ich gottesfürchtig bin, kommt als Gäste in mein Haus.«

Schließlich hatte sie die beiden überredet und Paulus und Silas kamen in ihr Haus.

Als sie sich eines Tages auf dem Weg zur Gebetsstätte befanden, kam ihnen eine Magd entgegen, die die Wahrsagekunst beherrschte, womit sie ihren Herren großen Gewinn einbrachte.

Als sie Paulus und Silas sah, lief sie ihnen nach und rief: »Diese Männer sind Diener des höchsten Gottes und predigen den Weg des Heils.«

Das tat sie mehrere Tage. Paulus erkannte, dass ein Geist sie beherrschte.

Er sagte zu diesem: »Im Namen Jesu Christi befehle ich dir von dieser Frau auszufahren!«

Und im gleichen Augenblick verließ der Geist die Frau.

Als ihre Herren sahen, dass Paulus ihnen das Geschäft verdorben hatte, ergriffen sie Paulus und Silas und schleppten sie auf den Markt vor die Stadtbehörden und sagten: »Diese Männer bringen Unruhe in die Stadt. Sie sind Juden und verkünden Bräuche, die wir Römer weder akzeptieren noch ausüben können.«

Das Volk erhob sich gegen sie und die obersten Beamten befahlen, ihnen die Kleider vom Leib zu reißen und sie mit Ruten zu schlagen. Danach warfen sie sie ins Gefängnis und befahlen den Gefängniswärtern sie streng zu bewachen.

Der Gefängniswärter schloss sie in das innere Gefängnis. Damit sie keine Fluchtmöglichkeit hatten, schloss er ihre Füße in einen Block. Um Mitternacht sangen Paulus und Silas ein Loblied zur Ehre Gottes und die anderen Gefangenen hörten ihnen zu.

Plötzlich gab es ein Erdbeben, das die Grundmauern des Gefängnisses ins Wanken brachte. Sofort sprangen alle Türen auf und allen Gefangenen fielen die Ketten ab. Der Gefängniswärter, der geschlafen hatte, wachte auf. Als er sah, was geschehen war, zog er sein Schwert, um sich das

Leben zu nehmen, denn er glaubte, die Gefangenen seien entflohen. Aber Paulus rief ihm zu: »Tu dir nichts an, wir sind alle noch hier.«

Der Gefängniswärter nahm eine Fackel, stürzte hinein und fiel Paulus und Silas zu Füßen, denn er erkannte, dass sie Gesandte Gottes waren.

Er führte sie aus dem Gefängnis und fragte sie: »Was muss ich tun, um gerettet zu werden?«

Sie antworteten: »Glaube an Jesus, den Herrn, dann wirst du mit deiner Familie gerettet werden.«

Und sie erklärten ihm das Evangelium. In derselben Nacht nahm der Gefängniswärter sie mit sich, wusch ihre Wunden und ließ sich mit seiner ganzen Familie taufen. Dann führte er sie in sein Haus, bot ihnen ein Mahl an und feierte mit seiner ganzen Familie seine Bekehrung.

Als es Tag wurde, schickten die obersten Beamten die Amtsdiener, um die Männer freizulassen.

Der Gefängniswärter unterrichtete Paulus darüber: »Die obersten Beamten haben den Befehl erteilt, euch freizulassen. Also könnt ihr in Frieden ziehen!«

Paulus erwiderte: »Sie haben uns ohne Urteil öffentlich auspeitschen lassen, obwohl wir römische Bürger sind, und jetzt möchten sie uns heimlich freilassen? Sie sollen selbst herkommen und uns hinausführen.«

Die Amtsdiener meldeten Paulus' Entschluss den obersten Beamten. Diese erschraken, als sie hörten, es seien römische Bürger. So beschlossen sie sie persönlich um Verzeihung zu bitten und sie aufzufordern die Stadt zu verlassen.

Als Paulus und Silas das Gefängnis verließen, gingen sie zu Lydia. Dort begrüßten sie alle Brüder und ermutigten sie im Glauben. Dann zogen sie weiter.

Paulus reist nach Athen, Korinth und Ephesus

ÜBER DIESE GESCHICHTE:

Paulus wollte das Evangelium allen verkünden, Juden und Nicht-Juden. Deshalb beschloss er Städte aufzusuchen, in denen es viele Bewohner gab, die keine Religion hatten oder an mehrere Gottheiten gleichzeitig glaubten.

ATHEN

In Athen erzürnte sich Paulus, weil die Stadt voller Götzenbilder war. Er redete in den Synagogen und unterhielt sich auf dem Marktplatz mit allen, die er antraf. Einige Philosophen diskutierten mit ihm. Dagegen bemerkten andere: »Was will denn dieser Scharlatan?«
»Er scheint ein Verkünder fremder Gottheiten zu sein.«
Als Paulus das Evangelium und die Auferstehung Jesu verkündete, ergriffen sie ihn und führten ihn zum Areopag, einem kleineren Platz als der Marktplatz, und fragten ihn: »Können wir erfahren, was das für eine neue Lehre ist, die du vorträgst? Du sagst Dinge, die uns befremdlich vorkommen, und wir wollen wissen, was sie bedeuten.«
Paulus erhob sich und stellte sich in die Mitte des Areopags und sagte: »Athener, ich habe beobachtet, dass ihr sehr fromm seid. Als ich eure Heiligtümer besichtigte, fand ich einen Altar mit der Inschrift ›Dem unbekannten Gott‹. Diesen Gott, den ihr anbetet, ohne ihn zu kennen, verkünde ich euch. Dieser Gott erschuf Himmel und Erde. Er wohnt nicht in Tempeln, die von Menschenhand erbaut wurden. Er lässt sich auch nicht von Menschen bedienen, denn er gibt allen das Leben und den Atem. Er erschuf den ersten Menschen, damit er die Erde bewohne. Er ist kein ferner Gott, denn wir leben mit ihm. Dieser Gott bittet uns gerecht zu handeln und deshalb hat er uns einen Messias gesandt, der auferstanden ist.«
Als sie von der Auferstehung hörten, spotteten die einen, andere aber wollten ihn darüber ein andermal sprechen hören.
Einige aber glaubten an Jesus und ließen sich taufen.

KORINTH

Von Athen ging Paulus nach Korinth. Dort blieb er anderthalb Jahre und lehrte das Evangelium, denn er hatte eine Vision, in der der Herr zu ihm sprach: »Fürchte dich nicht, Paulus, verkünde weiter, dass ich bei dir bin, und niemand wird dir etwas antun, denn in dieser Stadt habe ich viele Anhänger.«
Als Gallio Prokonsul von Achaia war, wandten sich die Juden einmütig gegen Paulus und brachten ihn vor Gericht. Sie warfen ihm vor, er verführe die Menschen zu einer Gottesverehrung, die gegen das Gesetz verstoße. Gallio jedoch sagte, das

müssten sie unter sich ausmachen, er wolle in solch einer Angelegenheit nicht urteilen. Und er wies ihre Klage ab.

Ephesus

Nach einiger Zeit ging Paulus nach Ephesus. Dort sprach er in der Synagoge. Da sich aber einige weigerten zu glauben und seine Lehre verspotteten, trennte er sich mit seinen Jüngern von ihnen und unterwies sie in der Schule des Tyrannus. Er blieb zwei Jahre dort. Außerdem tat er ungewöhnliche Wunder.
Wenn man den Kranken Tücher auflegte, die er berührt hatte, wurden sie gesund.
Einige riefen den Namen Jesu an, um die bösen Geister auszutreiben.
Dabei benutzten sie folgende Worte: »Ich beschwöre euch bei dem Jesus, den Paulus verkündet.«
Aber der böse Geist antwortete: »Ich kenne Jesus und auch Paulus. Doch wer seid ihr?«
Und er warf sich mit solcher Gewalt auf sie, dass sie fliehen mussten. Alle, die dies vernahmen, wurden von Furcht gepackt.
Der Name Jesu wurde hoch gepriesen und viele ließen sich taufen.
Aber eines Tages entstand großer Aufruhr. Demetrius, ein Silberschmied, der silberne Artemistempel herstellte, sah seine Gewinne durch Paulus' Worte gefährdet.
Also rief er alle Männer seines Gewerbes zusammen und sagte zu ihnen: »Männer, ihr wisst, dass wir unseren Wohlstand den Tempeln, die wir aus Silber herstellen, verdanken. Aber ihr hört, dass Paulus behauptet, die mit Händen gemachten Götter seien keine. Damit ist nicht nur unser Gewerbe in Gefahr, sondern auch der Tempel der großen Göttin Artemis.«
Als sie das hörten, riefen alle wütend: »Groß ist die Artemis von Ephesus!«
Die ganze Stadt geriet in Aufruhr. Alle stürmten ins Theater und sie schleppten Gaius und Aristarch, Begleiter des Paulus, mit sich. Paulus wollte sich unter die Menge mischen, aber die Jünger erlaubten es ihm nicht, weil sie Angst hatten, es könnte ihm etwas zustoßen. Zwei Stunden lang waren sie aufgebracht und schrien durcheinander. Schließlich gelang es dem Stadtschreiber, die Menge zu beruhigen.
Er sagte: »Männer von Ephesus! Wer wüsste nicht, dass sich in Ephesus der Tempel der großen Göttin Artemis befindet? Ihr müsst die Ruhe bewahren. Diese Männer, die ihr hergeschleppt habt, haben unsere Göttin nicht beleidigt. Wenn Demetrius und seine Zunftgenossen Beschwerden gegen sie haben, sollen die Richter das klären. Wir laufen Gefahr, wegen Aufruhr verklagt zu werden, ohne dass ein Grund vorhanden wäre, mit dem wir diesen Aufruhr entschuldigen könnten.«
Nach diesen Worten löste er die Versammlung auf. Paulus rief die Jünger zusammen, sprach ihnen Mut zu und verabschiedete sich von ihnen.

Paulus wird in Jerusalem verhaftet

ÜBER DIESE GESCHICHTE:

Paulus wurde verfolgt, weil er das Wort Gottes verkündete. Bei einigen Gelegenheiten nahmen die Juden ihn gefangen. Paulus wusste aber selbst im Gefängnis genau, dass Jesus bei ihm war.

Paulus predigte gerade im Tempel von Jerusalem, als einige Juden aus verschiedenen Provinzen, in denen Paulus das Wort Gottes verkündet hatte, eintrafen. Sie brachten das Volk gegen ihn auf und behaupteten, dass sich seine Lehre gegen das Gesetz richte. Die ganze Stadt geriet in Aufruhr und das Volk eilte zum Tempel. Sie ergriffen Paulus, zerrten ihn aus dem Tempel und wollten ihn töten.

Als der Oberst der römischen Soldaten von dem Tumult erfuhr, eilte er zum Tempel und befahl Paulus in Ketten zu legen. Er fragte sie, weshalb sie ihn töten wollten. Da alle durcheinander redeten und er nichts Genaueres in Erfahrung bringen konnte, befahl er ihn in die Burg abzuführen.

Bevor man ihn dorthin brachte, erzählte Paulus der Menge in einer Verteidigungsrede, wer er war, wie er – genau wie seine Zuhörer – die Anhänger Jesu verfolgt hatte und wie er sich zum Apostel dieses Jesu gewandelt habe, den er einst gehasst hatte.

Da fing die Menge wieder an zu schreien: »Dieser Mann muss sterben; er verdient nicht am Leben zu bleiben.«

Und sie wurden immer lauter, zerrissen ihre Kleider und warfen Staub in die Luft.

Da befahl der Oberst Paulus in den Kerker zu werfen und ihn unter Geißelschlägen zu verhören. Auf diese Weise wollte er herausfinden, warum alle so wütend auf ihn waren.

Als man ihn für die Geißelung fesselte, fragte Paulus: »Dürft ihr einen römischen Bürger geißeln, ohne dass eine Verhandlung und ein Urteil vorausgehen, das ihm seine Bürgerrechte aberkennt?«

Der Hauptmann wandte sich an den Obersten und sagte warnend: »Sei vorsichtig! Dieser Mann ist ein Römer.«

Da fragte der Oberst Paulus: »Bist du ein römischer Bürger?«

»Ja.«

Dann ließ der Oberst Paulus vor den Rat der Juden führen.

Paulus gab sich ihnen als ehemaliger Pharisäer zu erkennen und verteidigte sich. Die Ratsmitglieder waren sich uneinig: Die einen sagten, Paulus sei ein von Gott gesandter Engel, andere griffen ihn hart an. Es ging so heftig zu, dass der Oberst ihn schnell wieder ins Burggefängnis bringen ließ und beschloss ihn dem römischen Statthalter in Cäsarea zu übergeben.

In der Nacht erschien der Herr dem Paulus und sprach zu ihm: »Hab Mut! Du hast bereits in Jerusalem für mich Zeugnis abgelegt. Genauso wirst du es in Rom tun.«

Paulus' Berufung beim römischen Kaiser

Über diese Geschichte:

Paulus war römischer Bürger, weil er in Tarsus geboren war. Das verlieh ihm das Recht, allein vom Kaiser gerichtet zu werden. Deshalb musste er als Gefangener nach Rom, der Hauptstadt des Römischen Reiches, gebracht werden.

Man brachte Paulus nach Cäsarea vor den römischen Statthalter. Dieser las den Brief, den die Soldaten ihm überreicht hatten, und sagte zu Paulus: »Ich werde dich vernehmen, sobald deine Ankläger eingetroffen sind.«

Und man sperrte ihn in den Palast des Herodes. Nach fünf Tagen traf der Hohe Priester Hananias ein. Er warf Paulus vor ein Unruhestifter bei allen Juden der Welt zu sein, einer der Rädelsführer der Nazarenersekte. Er habe sogar versucht den Tempel zu entweihen.

Alle Juden, die Hananias begleiteten, bestätigten seine Worte.

Dann forderte der Statthalter Paulus auf, sich zu verteidigen.

Paulus wies alle Anklagen von sich und sagte, dass sie ihn nur deshalb verurteilten, weil er sich zur Auferstehung von den Toten bekannte.

Der Statthalter, der gut über das Christentum unterrichtet war, erteilte den Soldaten den Befehl, Paulus in Gewahrsam zu halten, erlaubte jedoch, dass seine Freunde ihn besuchten. Er selbst unterhielt sich ab und zu mit Paulus. Manchmal wurde er von seiner Gemahlin begleitet. Sie wollten Paulus überreden, er solle sich seine Freiheit gegen Geld erkaufen. Aber als sie seine Worte hörten, begriffen sie, dass er ihnen kein Geld geben würde. Nach zwei Jahren wurde dieser Statthalter von seinem Nachfolger abgelöst. Nachdem dieser drei Tage im Amt war, reiste er nach Jerusalem. Dort erstatteten die vornehmsten Juden erneut Anzeige gegen Paulus und verlangten, dass er in Jerusalem vor Gericht gestellt werde. Sie wollten ihn nämlich unterwegs aus dem Hinterhalt überfallen und töten. Doch der Statthalter lehnte ab und sagte zu ihnen, wenn sie Anklage gegen ihn erheben wollten, sollten sie das in Cäsarea tun, wo er selbst auch sein werde.

Als der Statthalter in Cäsarea eintraf, setzte er sich auf den Richterstuhl und gab den Befehl, Paulus vorzuführen. Als dieser erschien, umringten ihn die Juden, die von Jerusalem gekommen waren. Sie brachten viele Beschuldigungen vor, die sie aber nicht beweisen konnten. Paulus verteidigte sich und sagte, er habe weder gegen das Gesetz der Juden verstoßen, noch gegen den Tempel oder den Kaiser.

Der Statthalter, der sich mit den Juden gut stellen wollte, fragte ihn: »Willst du dich nach Jerusalem begeben, um mir dort den Fall vorzutragen?«

»Ich stehe vor dem Gericht des Kaisers, wo ich gerichtet werden muss«, erwiderte Paulus. »Ich habe mich keines Vergehens schuldig gemacht. Die Anklagen der Juden entbehren der Grundlage und niemand hat das Recht, mich ihnen auszuliefern. Ich lege Berufung beim römischen Kaiser ein.«

Da besprach sich der Statthalter mit seinen Ratgebern und sagte zu Paulus: »Auf den Kaiser hast du dich berufen, vor den Kaiser sollst du kommen.«

Paulus' Reise nach Rom

ÜBER DIESE GESCHICHTE:

Paulus wurde von Cäsarea nach Rom gebracht, der Hauptstadt des Römischen Reiches. Auf See wurde er wie durch ein Wunder vor dem Schiffbruch bewahrt. In Rom angekommen, verkündete er das Wort Gottes.

Als beschlossen war, dass Paulus nach Rom reisen sollte, um dem Kaiser vorgeführt zu werden, wurde er mit anderen Gefangenen einem Hauptmann namens Julius übergeben. Sie gingen an Bord eines Schiffes, das mehrere Häfen in Kleinasien anlaufen sollte. Sie liefen als Erstes den Hafen von Myra an. Dort fand der Hauptmann ein alexandrinisches Schiff, das nach Italien fuhr. Da die Winde nicht günstig waren, benötigten sie mehr Tage als vorgesehen, bis sie die Küste erreichten, und die Lebensmittel wurden knapp.

Da sagte Paulus zum Hauptmann: »Ich sehe, dass diese Fahrt nur mit Gefahr und großem Schaden vor sich gehen wird, nicht nur für die Ladung und das Schiff, sondern auch für unser Leben.«

Aber der Hauptmann vertraute dem Steuermann und dem Kapitän mehr als den Worten des Paulus. Sie zogen es vor, weiterzufahren, da der Hafen, wo sie gelandet waren, zum Überwintern ungeeignet war. Also lichteten sie den Anker und fuhren die Küste der Insel Kreta entlang.

Kurz danach aber brach ein Sturmwind los, der das Schiff mitriss. Da es nicht möglich war, gegen den Wind anzukämpfen, ließen sie sich treiben. Als der Sturm am nächsten Tag noch heftiger wurde, blieb ihnen nichts anderes übrig, als einen Teil der Ladung abzuwerfen. Am dritten Tag mussten sie sogar das Schiffsgerät ins Meer werfen.

Mehrere Tage sahen sie weder Sonne noch Sterne. Da sie keine Hoffnung auf Rettung hatten, wollten sie nicht mehr essen. Da trat Paulus in ihre Mitte und sprach: »Ihr hättet auf mich hören und auf Kreta bleiben sollen. Es wären uns diese Gefahren und der Schaden erspart geblieben. Doch nun ermahne ich euch den Mut nicht zu verlieren, denn keiner von euch wird umkommen, nur das Schiff geht verloren. Heute Nacht ist mir ein Engel des Herrn, dem ich gehöre, erschienen und hat gesagt: ›Paulus, fürchte dich nicht. Du musst vor den Kaiser treten. Und Gott schenkt dir das Leben all jener, die dich begleiten.‹ Habt also Mut, Freunde, ich vertraue den Worten des Herrn. Bald werden wir an einer Insel stranden.«

Sie trieben bereits die vierzehnte Nacht auf der Adria. Um Mitternacht merkten die Matrosen, dass sie sich der Insel näherten. Da sie fürchteten auf Klippen aufzulaufen, warfen sie vom Bug aus Anker, bereit vom Schiff zu springen.

Aber Paulus sagte zum Hauptmann: »Wenn sie nicht auf dem Schiff bleiben, können sie nicht gerettet werden.«

Da durchschnitten die Soldaten die Taue des Beiboots und ließen es ins Meer hinab.

In der Morgendämmerung forderte Paulus alle auf etwas zu essen: »Seit vierzehn Tagen harrt ihr aus, ohne einen Bissen zu euch zu nehmen. Ich rate euch, esst etwas, denn das rettet euch das Leben.«

Nach diesen Worten nahm er Brot, dankte Gott in Anwesenheit aller, brach es und fing an zu essen. Da fassten auch die anderen Mut und aßen. Es waren insgesamt zweihundertsechsundsiebzig Menschen. Sie aßen, bis sie satt waren. Dann warfen sie das Getreide ins Meer, um das Schiff zu erleichtern.

Es wurde Tag. Die Matrosen entdeckten eine Bucht mit einem Strand und beschlossen dort einzulaufen. Als sie über eine Sandbank gerieten, bohrte sich das Vorderschiff in den Grund und saß fest. Da beschlossen die Soldaten die Gefangenen zu töten, damit keiner schwimmend entkommen konnte. Aber der Hauptmann, der Paulus retten wollte, verbot es. Er befahl, dass alle, die schwimmen konnten, als Erste über Bord springen und an Land schwimmen und die anderen ihnen auf Brettern und Wrackteilen folgen sollten.

Als sie alle festen Boden unter den Füßen hatten, erfuhren sie, dass sie auf der Insel Malta waren. Die Einheimischen behandelten sie sehr freundlich, zündeten ein Feuer an, damit sie sich aufwärmten. Eine Viper, die vor der Hitze des Feuers floh, biss sich an Paulus' Hand fest. Alle vermuteten, dass er nach diesem Biss bald tot umfallen würde. Als sie aber sahen, dass sein Arm nicht anschwoll und nichts mit ihm geschah, verehrten sie ihn wie einen Gott. Als Paulus den Vater des Statthalters der Insel heilte, der an Fieber erkrankt war, kamen auch andere Kranke zu ihm. Paulus heilte sie alle.

Drei Monate später fuhren sie mit einem alexandrinischen Schiff, das auf der Insel überwintert hatte, weiter nach Rom.

Bei ihrer Ankunft wurde Paulus von seinen Glaubensbrüdern empfangen.

Nach drei Tagen rief er die angesehensten Juden der Stadt herbei und sagte zu ihnen: »Brüder, obwohl ich mich nicht gegen das Volk gewandt habe, nahm man mich in Jerusalem gefangen und lieferte mich den Römern aus. Diese haben mich verhört und, da nichts gegen mich vorlag, beschlossen mich freizulassen. Aber die Juden erhoben Einspruch und ich sah mich gezwungen Berufung beim Kaiser einzulegen, ohne mein Volk anklagen zu wollen.«

Sie versprachen ihn anzuhören und legten einen bestimmten Tag fest. Vom frühen Morgen bis zum Abend erklärte er ihnen dann das Reich Gottes, erwähnte Mose und die Propheten, berichtete von Jesus, dem Messias. Die einen glaubten ihm, andere aber nicht. Sie verabschiedeten sich, ohne einig geworden zu sein, und Paulus sagte zu ihnen: »Erinnert euch, was der Prophet Jesaja zu euren Vätern gesagt hat: ». . . das Herz dieses Volkes ist verstockt. Mit ihren Ohren hören sie nur schwer und die Augen halten sie geschlossen, damit sie nicht erkennen. Aber ihr sollt wissen, dass das Wort Got-

tes auch für die Heiden gilt. Und sie werden es hören.«
Paulus blieb zwei Jahre in Rom, wo er das Reich Gottes verkündete und das Evangelium lehrte, ganz freimütig und ungehindert.

Verzeichnis der zitierten Bibeltexte

Die Vorläufer Jesu

Gott erschuf die Welt
Genesis 1,1–31 und 2,1–4

Gott erschuf Mann und Frau
Genesis 2,5–25

Der Sündenfall und seine Folgen
Genesis 3,1–24

Kain und Abel
Genesis 4,1–16

Die Arche Noach
Genesis 6–8 und 9, 1–17

Babel und die Sprachverwirrung
Genesis 11,1–9

Gott schließt ein Bündnis mit Abraham
Genesis 12,13 und 15

Abrahams Opfer
Genesis 22

Die Brüder Esau und Jakob
Genesis 25,19–34 und 27,1–43

Josefs Träume
Genesis 37

Die Träume des Pharaos
Genesis 39,40 und 41

Josefs Brüder in Ägypten
Genesis 42–47

Mose wird aus den Fluten gerettet
Exodus 1 und 2

Mose kehrt nach Ägypten zurück, um die Israeliten zu retten
Exodus 3

Der Auszug der Israeliten aus Ägypten
Exodus 11 und 14

Das Paschafest
Exodus 12,1–14; 13,1–4 und 15,1–21

Die Durchquerung der Wüste
Exodus 16,1–35 und 17,1–7

Die Zehn Gebote und der Bund
Exodus 19,1–25 und 20,1–21

Das Goldene Kalb und der neue Bund
Exodus 32–34, 28

Das Heiligtum und die Bundeslade
Exodus 36,1–38; 37,1–29 und 38,1–20

Testament und Tod des Mose
Deuteronomium 31–34

Israel zieht durch den Jordan
Josua 3 und 4

Die Eroberung Jerichos
Josua 5,13–15 und 6

Josuas Abschied und die Erneuerung des Bundes
Josua 23 und 24

Debora rettet die Israeliten
Richter 4

Die Geschichte Gideons
Richter 6–8

Simson
Richter 13–16

Rut, die gute Schwiegertochter
Rut 1–4

Samuels Berufung
1 Samuel 1 und 3

David wird zum König gesalbt
1 Samuel 16,1–13

David und Goliat
1 Samuel 17, 1–58

Saul gegen David
1 Samuel 18,1–30; 19,11–17 und 24,1–23

Gottes Versprechen gegenüber David
2 Samuel 7, 1–29

Die Psalmen Davids
Psalm 3, 4, 8, 9, 10, 23, 51, 55 und 92

Salomos Vision
1 Könige 3,1–5

Das salomonische Urteil
1 Könige 3,16–28

Einweihung von Salomos Tempel
1 Könige 8,1–66

Tobits Unglück
Tobit 2 und 3

Tobias' Reise
Tobit 5 und 6

Die Hochzeit von Tobias und Sara
Tobit 7, 8 und 9

Tobias kehrt nach Hause zurück
Tobit 10, 11 und 12

Der König Artaxerxes und Ester
Esther 2–9

Die Geschichte von Daniel
Daniel 2–3, 1–23, 91–97 und 5–6

Die Geschichte von Jona
Jona 1–4

Jesus von Nazaret

Ein Engel verkündet die Geburt Jesu
Lukas 1,26–38

Maria besucht Elisabet
Lukas 1,39–80

Die Geburt Jesu
Lukas 2

Die Weisen aus dem Morgenland
Matthäus 2,1–12

Die Flucht nach Ägypten und die Rückkehr nach Nazaret
Matthäus 2,13–23

Jesus im Tempel
Lukas 2,22–52

Die Taufe Jesu und die Versuchungen in der Wüste
Matthäus 3,13–17 und 4,1–11; Markus 1,9–12; Lukas 3,21–22 und 4,1–13; Johannes 1,29–34

Jesus wählt seine Jünger aus
Johannes 1,35–51; Lukas 5,1–11; Lukas 5,27–32; Lukas 6,12–16

Jesus lehrt in der Synagoge
Markus 1,21–28

Die Hochzeit in Kana
Johannes 2,1–12

Die Bergpredigt
Matthäus 5 und 6

Das Gleichnis vom Sämann
Matthäus 12,1–9 und 18–23

Jesus hilft einer Witwe und einem Hauptmann
Markus 7,11–17; Matthäus 8,5–13

Jesus heilt den Gelähmten vom Teich
Johannes 5,1–18

Das Gleichnis vom Pharisäer und vom Zöllner und das Gleichnis vom unbarmherzigen Gläubiger
Lukas 18,9–14; Matthäus 18,15–35

Jesus und die Aussätzigen
Lukas 5,12–16 und 17,11–19

Jesus und Zachäus
Lukas 19

Das Gleichnis vom guten Hirten und das Gleichnis vom verlorenen Sohn
Lukas 15,1–7 und 11–32

Das Wunder von den Broten und den Fischen
Johannes 6,1–15

Jesus besänftigt den Sturm
Matthäus 8,23–27

Jesus gibt sich seinen Jüngern als der Messias zu erkennen
Matthäus 16,13–20 und 17,1–9; Markus 8,27–30 und 9,2–13; Lukas 9,18–21 und 28–36

Der barmherzige Samariter
Lukas 10,25–37

Jesus und die Kinder
Matthäus 19,13–15; Lukas 8,40–56

Der Einzug in Jerusalem
Matthäus 21,1–17

Jesus zahlt die Steuer an den Cäsar
Matthäus 17,24–27; Matthäus 22,15–22; Markus 12,13–17; Lukas 20–26

Jesus verzeiht einer Frau
Johannes 8,1–11

Jesus erweckt seinen Freund Lazarus wieder zum Leben
Johannes 11,1–44

Das letzte Abendmahl
Johannes 13,1–13; 14,1–4; 27–28 und 15,9–17; Matthäus 22,21–23 und 26,14–29; Markus 14,17–26; Lukas 22,14–23

Jesus geht in einen Garten am Ölberg, um zu beten, und wird verhaftet
Matthäus 26,36–56; Markus 14,32–42; Lukas 22,39–46; Johannes 18,3–11

Jesus wird Kajaphas vorgeführt
Matthäus 26,57–75

Jesus wird von einem Gericht zum andern geschickt
Johannes 18,28–19,3; Lukas 23,1–20

Jesus wird zum Tode verurteilt
Matthäus 27 und 32; Markus 15 und 21; Lukas 23,26–31; Johannes 19–10–16

Jesus stirbt am Kreuz
Matthäus 27,33–66; Markus 15,22–47; Lukas 23, 32–56; Johannes 19,17–42

Jesus ist auferstanden!
Johannes 20,11–18

Jesus erscheint auf dem Weg nach Emmaus
Lukas 24,13–35

Jesus erscheint seinen Jüngern
Lukas 24,36–49

Jesus erscheint am See
Johannes 21, 1–25

Jesus fährt zum Himmel auf
Matthäus 28,16–20; Markus 16,14–20; Lukas 24,50–53; Apostelgeschichte 1,3–11

Die Anhänger Jesu

Die Berufung des Matthias und der Pfingsttag
Apostelgeschichte 4,32–37 und 5,1–16

Das Leben der ersten Anhänger Jesu
Apostelgeschichte 4, 32–37 und 5, 1–16

Petrus heilt einen Gelähmten
Apostelgeschichte 3,1–26

Petrus und Johannes vor dem Hohen Rat
Apostelgeschichte 4,1–31

Die Steinigung des Stephanus
Apostelgeschichte 6,1–15; 7,1–60 und 8,1–3

Die Bekehrung eines Äthiopiers
Apostelgeschichte 8,4–8 und 26–40

Die Bekehrung des Saul
Apostelgeschichte 9,1–25

Die Befreiung des Petrus aus dem Gefängnis
Apostelgeschichte 12,1–23

Die ersten Reisen des Paulus
Apostelgeschichte 13,1–52 und 14,8–20

Paulus reist nach Philippi
Apostelgeschichte 16,9–40

Paulus reist nach Athen, Korinth und Ephesus
Apostelgeschichte 17,16–34; 18, 1–17 und 19,8–20,1

Paulus wird in Jerusalem verhaftet
Apostelgeschichte 21,27–23,11

Paulus' Berufung beim römischen Kaiser
Apostelgeschichte 24 und 25

Paulus' Reise nach Rom
Apostelgeschichte 27 und 28

In biblischer Zeit...

Auf den folgenden Seiten lernst du die Orte kennen, wo sich Jesus und seine Vorläufer aufhielten. Du erfährst, wie das Volk Israel lebte, lernst seine Bräuche kennen, erfährst, wie es sich kleidete, womit es sich ernährte und wie seine Häuser beschaffen waren und vieles mehr. Zudem kannst du wunderbare Kunstwerke betrachten, auf denen einige Geschichten von Gott dargestellt sind.

Schauplätze des Alten Testaments

Kanaan, die Geburtsstätte des Volkes Israel, liegt zwischen Asien und Afrika. Hier lebten zwei unterschiedliche Bevölkerungsgruppen: die Völker, die aus Mesopotamien einwanderten, und jene, die aus Ägpyten kamen. Außer Kanaan gibt es noch viele weitere Orte, wo sich die Ereignisse des Alten Testaments abspielten.

Kanaan

Kanaan ist das Gelobte Land, das Gott Abraham und seinen Nachkommen versprochen hat. Es ist auch unter den Begriffen Israel und Palästina bekannt.

Sichem: eine Stadt, in der sich Abraham und Jakob aufhielten

Mamre (auch Hebron genannt): ein Ort, wo sich Abraham mit seiner Familie ansiedelte

Jordan: Als die Israeliten unter Führung Josuas nach Kanaan zogen, überquerten sie diesen Fluss.

Jericho: die erste Stadt Kanaans, die die Israeliten auf wunderbare Weise eroberten

Betlehem: Hier wurde König David geboren.

Jerusalem: Hier befand sich der Tempel, Zeichen der Gegenwart Gottes inmitten seines Volkes.

Ägypten

Land in Afrika, in das die Israeliten auswanderten und wo sie später wie Sklaven gehalten wurden.

Nil: Die Tochter des Pharaos fischte Mose aus dem Fluss und rettete ihn somit vor dem Ertrinken.

Rotes Meer: Mose und die Israeliten durchqueren es und befreiten sich von der Verfolgung der Ägypter.

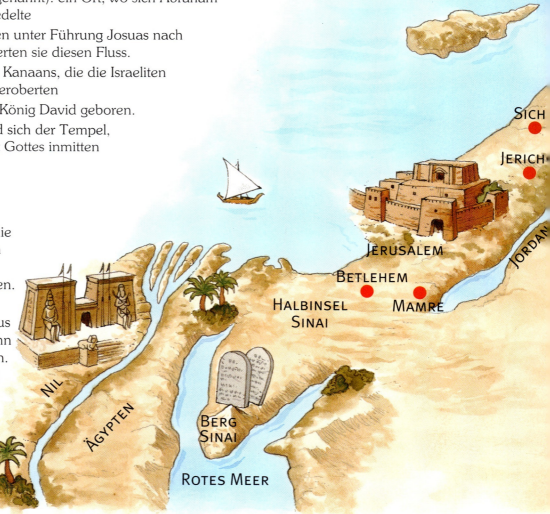

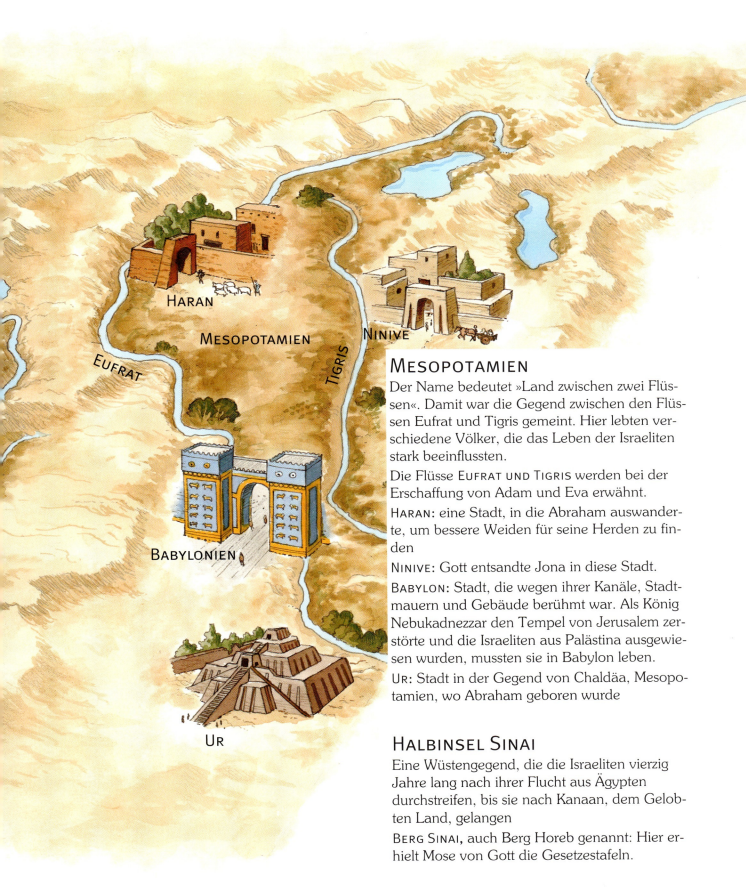

Mesopotamien

Der Name bedeutet »Land zwischen zwei Flüssen«. Damit war die Gegend zwischen den Flüssen Eufrat und Tigris gemeint. Hier lebten verschiedene Völker, die das Leben der Israeliten stark beeinflussten.

Die Flüsse EUFRAT UND TIGRIS werden bei der Erschaffung von Adam und Eva erwähnt.

HARAN: eine Stadt, in die Abraham auswanderte, um bessere Weiden für seine Herden zu finden

NINIVE: Gott entsandte Jona in diese Stadt.

BABYLON: Stadt, die wegen ihrer Kanäle, Stadtmauern und Gebäude berühmt war. Als König Nebukadnezzar den Tempel von Jerusalem zerstörte und die Israeliten aus Palästina ausgewiesen wurden, mussten sie in Babylon leben.

UR: Stadt in der Gegend von Chaldäa, Mesopotamien, wo Abraham geboren wurde

Halbinsel Sinai

Eine Wüstengegend, die die Israeliten vierzig Jahre lang nach ihrer Flucht aus Ägypten durchstreifen, bis sie nach Kanaan, dem Gelobten Land, gelangen

BERG SINAI, auch Berg Horeb genannt: Hier erhielt Mose von Gott die Gesetzestafeln.

Vor 4000 Jahren...

Im Altertum gab es viele Völker und Familien, die sich der Weidewirtschaft widmeten. Die Hirten waren Nomaden, das heißt, sie zogen von einem Ort zum anderen, immer auf der Suche nach den besten Weiden für ihre Herden. Abraham war einer dieser Nomaden-Hirten. Er wurde in der Stadt Ur geboren, lebte aber in Haran und Umgebung, wo es gutes Weideland für das Vieh gab.

DIE HANDELSSTRASSEN

Haran war ein bedeutender Handelsknotenpunkt Mesopotamiens. Man versammelte sich dort, um Waren zu kaufen und zu verkaufen. Im Allgemeinen herrschte noch der Tauschhandel. Zum Beispiel wurden Stoffe, Zinn und Getreide gegen Silber getauscht. Um die Vorherrschaft über die Handelsstraßen wurden viele Kriege geführt.

VIELE GÖTTER

Die Völker von Mesopotamien und Kanaan glaubten nicht an einen einzigen Gott, sondern an viele Götter. Diese hielten sie für die Ursache aller Geschehnisse – des Guten und des Bösen. Jedes Volk besaß seine eigenen Götterstatuen. Baal, der Gewittergott, wurde zum Beispiel in Form eines Stiers dargestellt und Astarte, die Göttin der Fruchtbarkeit, als Schwangere.

Gelegentlich verehrten sie ihre Götter auf Altären unter freiem Himmel und brachten ihnen Tieropfer, ja sogar Menschenopfer dar, um sie milde zu stimmen, ihre Gunst zu erlangen oder um ihnen zu danken. Sie opferten ihnen auch Lebensmittel, Duftstoffe und andere Wertgegenstände.

DIE ZIKKURATS

In Mesopotamien gab es Tempel, die jeweils einem Gott gewidmet waren. Diese wurden über einem mehrstöckigen Gebäude, genannt Zikkurat, errichtet. Vermutlich handelte es sich beim Turm von Babel um einen Zikkurat.

DER CODEX HAMMURABI

Hammurabi war der bekannteste König von Babylon. Er ließ die Bräuche, Gesetze und Regeln jener Zeit aufschreiben. Diese Sammlung nannte man Codex, weil sie eine Gesetzessammlung darstellt. Dadurch wissen wir, welche Gesetze in jener Zeit den Handel, die Steuern, die Ehe, die Scheidung, die Sklaverei, die Verbrechen und die Schulden regelten.

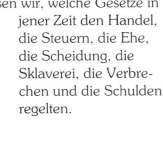

Ein von Gott erwähltes Volk

Zur Zeit Abrahams galt Kinderlosigkeit als Unglück. Abraham und seine Frau waren bereits alt und kinderlos. Aber Gott versprach Abraham einen Sohn und ein Land, auf dem ein neues Volk, das Volk Israel, entstehen sollte. Abraham, sein Sohn Isaak und dessen Sohn Jakob gelten als die Patriarchen oder ältesten Vorfahren des Volkes Gottes.

Das Volk Gottes

Das Volk Abrahams unterscheidet sich von den Nachbarvölkern durch seinen Glauben an einen einzigen Gott. Als Zeichen der Zugehörigkeit zum Volk Gottes führt Abraham den Beschneidungsritus ein.

Das Gelobte Land

In Kanaan, dem Land, das Gott Abraham versprochen hatte, gab es gute Weiden für das Vieh. Also beschloss Abraham sich mit seiner Familie und seinem Vieh dort niederzulassen.

Außerdem waren die Kanaaniter erfahrene Huf-, Gold- und Silberschmiede, die auch Elfenbein schnitzen konnten.

Der Bund

Bund bedeutet »Pakt zwischen zwei oder mehr Personen«. Gott schloss mit Abraham diesen Bund: »Du wirst der Stammvater eines großen Volkes sein und ich werde dein einziger Gott und der deiner Nachkommen sein.«

Der Vater der Gläubigen

Gott hielt sein Versprechen und schenkte Abraham einen Sohn namens Isaak.

Da Abraham grenzenloses Vertrauen zu Gott hatte, wird er als Vater all jener angesehen, die an Gott glauben. Dazu gehören: Juden, Christen und Muslime.

Die Juden kommen zum Gebet an die Klagemauer in Jerusalem

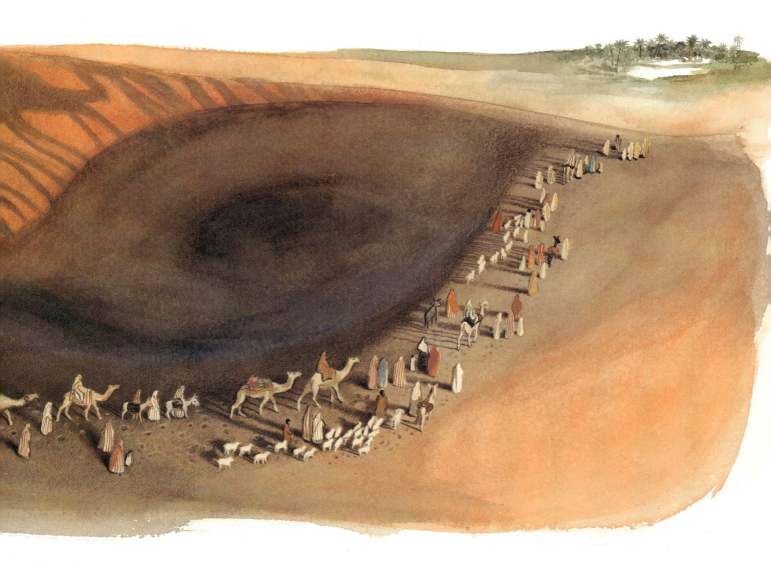

DIE MENSCHENOPFER

Bei den kanaanitischen Familien herrschte der Brauch, den erstgeborenen Sohn zu opfern. Damit boten sie ihren Göttern das Kostbarste und Liebste, was sie besaßen, an. In der Bibel wird erzählt, wie Abraham bereit war, seinen Sohn Isaak zu opfern, aber von Gott daran gehindert wurde.

DIE VERSCHIEDENEN BEZEICHNUNGEN FÜR DAS VOLK GOTTES

Die Nachkommen Abrahams erhielten verschiedene Namen:

ISRAELITEN: Das bedeutet »Nachkommen Israels«. Gott gab Jakob, dem Neffen Abrahams, den Namen Israel.

HEBRÄER: Das bedeutet »Fremder«, »Heimatloser«. So wurden die Israeliten in Ägypten genannt, wo sie wie Sklaven gehalten wurden.

JUDEN: Das bedeutet »aus Judäa stammend«, einer Gegend in Palästina. Als Juden gelten all jene, die die jüdischen Gesetze und Traditionen praktizieren.

Das Volk Israel wandert nach Ägypten aus

Ägypten war ein sehr reiches Land, in dem sich eine der bedeutendsten Zivilisationen der Antike entwickelte. Wenn in Kanaan eine Dürre herrschte, gingen die Israeliten nach Ägypten, um dort Getreide zu kaufen. Eine dieser Dürren war so schrecklich, dass sie beschlossen sich in Ägypten niederzulassen. Anfangs wurden sie dank Josef, einem Nachkommen Abrahams, gut behandelt. Da aber immer mehr Israeliten nach Ägypten kamen, fürchtete der Pharao, dass sie zu viel Macht bekämen. Also machte er sie zu Sklaven und zwang sie die härtesten Arbeiten zu verrichten. Zum Beispiel mussten sie beim Bau der Pyramiden mithelfen.

Ein landwirtschaftliches Land

Ägypten war ein landwirtschaftliches Land. Jedes Jahr zwischen August und Oktober trat der Nil über die Ufer und überschwemmte die Uferlandschaft. So entstand ein für Getreide- und Gemüseanbau geeigneter Boden. Von November bis Februar war der Wasserstand des Nils wieder normal und es wurde gesät.

Die Götter Ägyptens

Die Ägypter glaubten an viele Götter. Die wichtigsten waren Re, der Sonnengott; Tot, der Gott der Weisheit; Isis, die Muttergöttin; Anubis, der Totengott. Zu Ehren der Götter vollzogen die Ägypter verschiedene Riten und brachten ihnen Geschenke dar, um sie gewogen zu machen.

DER PHARAO

Der Pharao, wie der ägyptische König genannt wurde, galt als Gott. Er besaß große Macht und ein starkes, gut organisiertes Heer. Josef, der Sohn Jakobs, wurde Statthalter von Ägpyten, weil es ihm gelang, die Träume des Pharaos zu deuten.

DIE PYRAMIDEN

Die Pharaonen und weitere hoch gestellte Persönlichkeiten wurden in großen Steinpyramiden begraben. Die Ägypter glaubten an ein Leben nach dem Tode. Deshalb mumifizierten sie ihre Leichen und legten sie in einen Sarkophag, zusammen mit Opfergaben, Lebensmitteln und dem Besitz des Verstorbenen. Dann brachten sie den Sarkophag zu einer Grabstätte im Innern der Pyramide.

DIE HIEROGLYPHEN

Die Ägypter erfanden eine Art Schrift, die aus einer Reihe von Symbolen, den Hieroglyphen, bestand. Auch heute noch gibt es in Stein gravierte und auf Papyrus geschriebene Hieroglyphen. Viele davon sind Inschriften auf Grabstätten.

Gott befreit die Israeliten aus der Sklaverei der Ägypter

Die Israeliten baten Gott sie aus der Sklaverei zu befreien. Und Gott wählte Mose, um sie aus Ägypten herauszuführen und erneut nach Kanaan zu geleiten. An dem von Mose angegebenen Tag opferten die Israeliten abends ein Lamm, brieten und verzehrten es. Sie aßen im Stehen, bereit jeden Augenblick aufzubrechen. Diesen Vorgang nennt man Pascha, auch Exodus, das heißt »Auszug«, denn in jener Nacht zogen sie aus Ägypten in das Gelobte Land.

Die Gesetzestafeln

Gott schloss mittels Mose einen Bund mit seinem Volk. Als Zeichen dafür empfing Mose auf dem Berg Sinai zwei Tafeln, auf denen die Zehn Gebote des Gesetzes Gottes eingraviert waren. Gott verpflichtete sich, sein Volk zu beschützen, und dieses wiederum verpflichtete sich, im Glauben an Gott treu zu sein und seine Gebote zu befolgen.

Das Rote Meer

Der Pharao bereute es, dass er die Israeliten hatte ziehen lassen. Er verfolgte sie mit seinem Heer und holte sie ein, als sie am Ufer des Roten Meeres angelangt waren. Doch die Israeliten durchquerten unter der Führung von Mose das Meer auf wunderbare Weise und die Ägypter konnten sie nicht weiterverfolgen.

Die Wüste

Die Israeliten wanderten vierzig Jahre durch die Wüste. Gott half ihnen durch Wunder. Einmal sandte er ihnen Manna, eine vom Himmel fallende Speise.

Die Stiftshütte oder das Offenbarungszelt

Es bestand aus einem großen Zelt aus Stoff und Holz und wurde als Tempel zur Verehrung Gottes genutzt.

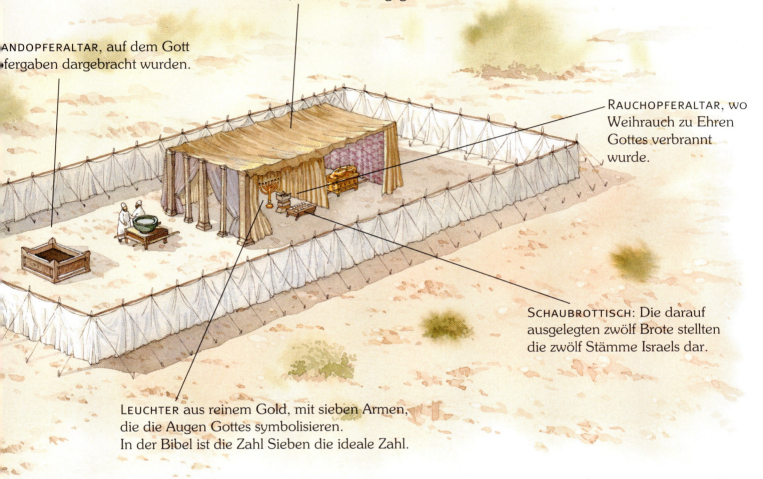

Das Heiligtum, wo die Bundeslade aufbewahrt wurde. Bedeutet »das Allerheiligste«. Nur Mose durfte es betreten, um Gott zu begegnen.

Brandopferaltar, auf dem Gott Opfergaben dargebracht wurden.

Rauchopferaltar, wo Weihrauch zu Ehren Gottes verbrannt wurde.

Schaubrottisch: Die darauf ausgelegten zwölf Brote stellten die zwölf Stämme Israels dar.

Leuchter aus reinem Gold, mit sieben Armen, die die Augen Gottes symbolisieren. In der Bibel ist die Zahl Sieben die ideale Zahl.

Das Goldene Kalb

Das Volk Gottes hielt sich nicht immer an seine Verpflichtungen. Einige Israeliten lehnten sich gegen Gott auf, stellten ein Goldenes Kalb her und beteten es an.

Die Bundeslade (Lade der Bundesurkunde)

Die Israeliten fertigten eine Lade an, um darin die Gesetzestafeln aufzubewahren. Die Bundeslade symbolisiert die Gegenwart Gottes inmitten seines Volkes. Sie bestand aus Akazienholz und war mit Gold überzogen. Sie war 1,25 m lang, 75 cm breit und 75 cm hoch. Über ihr waren zwei betende Kerubim angebracht.

Das Volk Israel im Gelobten Land

Kurze Zeit, bevor die Israeliten nach Kanaan gelangten, starb Mose. Josua wurde sein Nachfolger. Die Israeliten überquerten den Jordan, eroberten die Stadt Jericho und nahmen somit das von Gott versprochene Gelobte Land in Besitz. Sie schlossen sich zu Stämmen zusammen, denen Anführer vorstanden, die Richter. Wurden die Israeliten von anderen Völkern angegriffen, führten die Richter sie in den Kampf.

Die Organisation der Israeliten

Die Israeliten organisierten sich in Stämmen, die aus Familienverbänden bestanden. In Israel gab es zwölf Stämme, die von den zwölf Söhnen Jakobs abstammten. Diese Stämme teilten das Gebiet von Kanaan unter sich auf. Sie lebten gewöhnlich in kleinen Dörfern in Gebirgsgegenden und ernährten sich von Landwirtschaft und Viehzucht. Der Handel war zu jener Zeit noch unbedeutend.

Die Philister

Sie waren ein sehr kriegerisches Volk. Die meisten waren über das Meer gekommen und hatten sich im Süden Kanaans niedergelassen. Auf Grund ihrer Eisenrüstung und ihrer militärischen Übermacht waren sie sehr mächtig und standen ständig im Krieg mit den Israeliten.

DIE RICHTER

Die Stammesältesten versammelten sich häufig, um Beschlüsse von allgemeinem Interesse zu fassen, wie zum Beispiel die Verteidigung des Territoriums.

In Krisenzeiten wurden die Stämme von selbst ernannten Anführern, den Richtern, vereint und geleitet. Sie waren berechtigt in politischen und militärischen Angelegenheiten Entscheidungen zu treffen. Dank ihrer Hilfe gelang es den Israeliten, sich gegen die Philister zu verteidigen, ihren Landbesitz im Gelobten Land zu sichern und neue Städte zu erobern.

In der Bibel werden verschiedene Ruhmestaten einiger Richter, die als von Gott auserwählt betrachtet werden, berichtet. Die hervorragendsten Persönlichkeiten unter ihnen waren Debora, Gideon, Simson und Samuel.

DAS VOLK MÖCHTE EINEN KÖNIG

Die Schwierigkeiten Israels, sein Gebiet zu verteidigen, wurden immer größer. Als die Philister die Bundeslade in ihre Gewalt bekamen, erkannten die Israeliten, dass das Stammessystem nicht sicher genug war. Deshalb beschlossen sie genau wie andere Völker ihren eigenen König zu ernennen. Samuel, der gleichzeitig Prophet und Richter war, erklärte ihnen: »Der einzige König Israels ist Gott.« Aber das Volk setzte seinen Willen durch und ernannte Saul zum König.

Die Könige Israels

Als Samuel Saul zum König salbte, wurde aus dem einst von Stämmen regierten Israel eine Monarchie. Auf Saul folgte David, dann Salomo. Unter den Königen erlebte Israel einige Jahre des Friedens und des Wohlstands.

DER DAVIDSSTERN

Ein Symbol des Königs David und seiner Nachkommen. Es handelt sich um einen Stern mit sechs Spitzen, der zum Symbol der Juden wurde.

DAVID, DER HERAUSRAGENDSTE KÖNIG

David, ein Hirte aus Betlehem, nahm es mit dem Riesen Goliat auf und besiegte mit Gottes Hilfe die Philister. So gelangte er wieder in den Besitz der Bundeslade. Außerdem gelang es ihm die Stämme zu vereinen. Unter ihm erlebte das Volk Israel eine glanzvolle Zeit.

DIE PSALMEN

David war ein kultivierter und einfühlsamer König. Sein Name bedeutet »Liebling«. Er galt als Dichter von Liedern, den so genannten Psalmen, die er Gott widmete. Er trug sie als Lied vor und spielte dabei auf der Leier oder der Harfe. In der Bibel sind sie im Buch »Psalmen« zusammengefasst. Einige Psalmen werden jedoch Davids Sohn Salomo zugesprochen.

Jerusalem, wie es heute aussieht

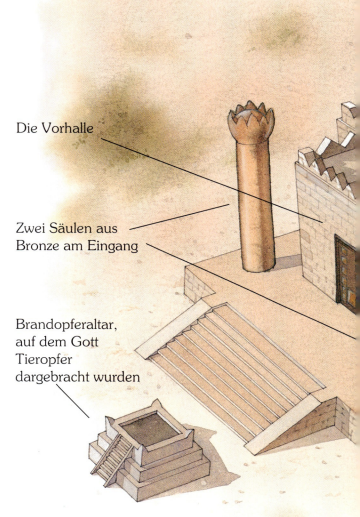

Schiff oder für den Gottesdienst vorgesehene Haup[t]

- Die Vorhalle
- Zwei Säulen aus Bronze am Eingang
- Brandopferaltar, auf dem Gott Tieropfer dargebracht wurden

JERUSALEM, HEILIGE STADT

König David eroberte die Stadt Jerusalem, die »Stadt des Friedens«. Er machte sie zur Hauptstadt Israels und baute den Königspalast. Er überführte auch die Bundeslade, das Zeichen der Gegenwart Gottes, nach Jerusalem. Deshalb galt diese Stadt als Urbild der Heiligen Stadt.

SALOMO

Er folgte seinem Vater David auf den Thron und war wegen seiner Weisheit berühmt. Er erweiterte die Stadtmauer und ließ eine Reihe unterirdischer Kanäle legen, um die Stadt mit Wasser zu versorgen. Aber sein herausragendstes Werk war der Bau des Tempels von Jerusalem.

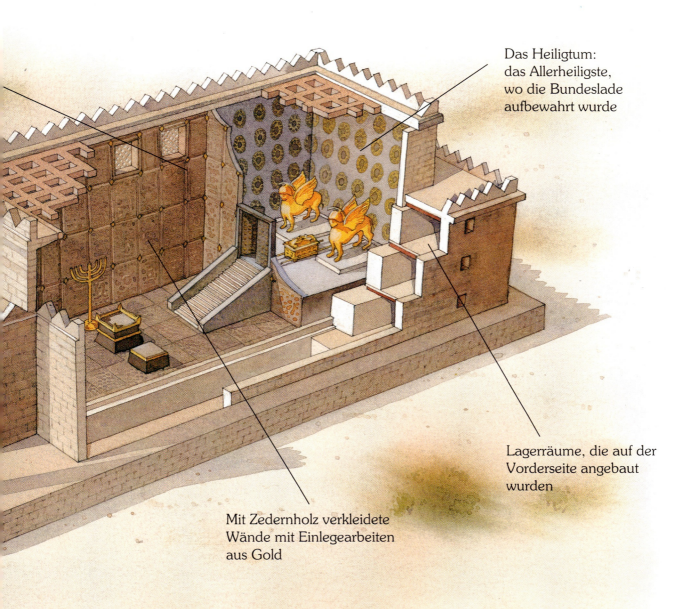

Das Heiligtum: das Allerheiligste, wo die Bundeslade aufbewahrt wurde

Lagerräume, die auf der Vorderseite angebaut wurden

Mit Zedernholz verkleidete Wände mit Einlegearbeiten aus Gold

SALOMOS TEMPEL

Es handelte sich um ein rechteckiges Gebäude, das dreißig Meter lang, zehn Meter breit und 15 Meter hoch war. Salomo ließ ihn erbauen, um die Bundeslade darin aufzubewahren und Gott anzubeten.

Die Bibel rühmt die Pracht dieses Tempels hauptsächlich wegen des kostbaren Materials, das dafür verwendet wurde, und weniger wegen seiner Größe.

Ein geteiltes, entwurzeltes Volk

Nach dem Tod König Salomos wurde Israel in zwei Königreiche aufgeteilt: eines im Norden, das weiterhin Israel hieß, und eines im Süden, das Judäa genannt wurde und dessen Bewohner als Juden bezeichnet wurden. Seitdem musste das Land viele Prüfungen bestehen.

Die Propheten

Die Propheten sprachen im Namen Gottes zum Volk. Sie prangerten Ungerechtigkeit an und forderten die Einhaltung der Gebote. Sie ermunterten das Volk und verkündeten ihm, dass Gott es durch einen Messias von allen Übeln erlösen werde. Die größten Propheten waren Jesaja, Jeremia und Ezechiel.

I. Invasion der Assyrer

Die Assyrer, ein kriegerisches Volk, das sich der Weidewirtschaft widmete, eroberten einige Städte und Königreiche, darunter auch Israel. Die Assyrer behandelten die Israeliten sehr grausam und zwangen viele zur Sklaverei. Diese Besetzung dauerte fast zweihundert Jahre. Obwohl Judäa von den Assyrern unterworfen wurde, konnte es sich als Königreich halten, musste aber den Assyrern hohe Steuern entrichten.

II. Invasion aus Babylonien

Das Königreich Babylonien erhob sich gegen die Assyrer und vernichtete sie. So entstand das neubabylonische Reich, das neue Völker und Städte eroberte. Die Juden erhoben sich dagegen, wurden aber niedergeschlagen. Nebukadnezzar, bedeutendster König Babylons, eroberte Jerusalem und zerstörte die Stadt und den von König Salomo erbauten Tempel.

III. Die Verbannung

Die Juden wurden aus ihrem Land vertrieben und nach Babylon verbannt. Dort hatten sie weder Land noch einen Tempel. Sie wendeten sich jetzt anderen Göttern zu. Die Verbannung dauerte fast fünfzig Jahre.

IV. Das Ende der Verbannung

Der Perserkönig Kyrus eroberte das babylonische Reich, vernichtete es und schuf ein neues. Die Israeliten durften, obwohl sie von den Persern unterworfen worden waren, in ihr Land zurückkehren und Jerusalem und den Tempel wieder aufbauen. Außerdem erneuerten sie ihren Glauben an Gott und ihr Versprechen, den Bund mit ihm einzuhalten. Später wurden sie von anderen Völkern wie zum Beispiel den Griechen und Römern unterworfen.

Ein tiefreligiöses Volk

Im Allgemeinen waren die Völker der Antike sehr religiös. Doch die Israeliten oder Juden waren im Unterschied zu den übrigen Völkern die Einzigen, die an einen einzigen Gott glaubten. Ihr ganzes Leben drehte sich um ihren Glauben an Gott und den Bund, den sie mit ihm geschlossen hatten. Ihren Glauben bewiesen sie durch die Einhaltung der Zehn Gebote.

Ein einziger Gott: Jahwe
Jahwe bedeutet »Ich bin«. Unter diesem Namen offenbarte sich Gott Mose.

Ein Volk: das Volk Israel
Israel ist das Volk, mit dem Gott diesen Bund schloss: »Ihr seid mein Volk und ich bin euer Gott.«

Ein Land: Kanaan
Das Land, das Abraham den Israeliten versprochen hat. Es symbolisiert Sicherheit und ist die Grundlage für Frieden und Wohlstand.

Ein Gesetz: die Zehn Gebote
Auf dem Berg Sinai übergab Gott Mose die Gesetzestafeln für das Volk Israel. Auf diesen Tafeln sind die Zehn Gebote eingraviert.

Ein heiliger Tag: der Sabbat
Dieser Tag ist Gott geweiht und sollte folglich genutzt werden, um zu beten und um die Bibel zu lesen. Außerdem war er ein Tag der Ruhe. Am Sabbat war jede Art von Arbeit verboten. Man durfte sich nicht einmal um die Pflege der Kranken kümmern, es sei denn, der Kranke befand sich in Lebensgefahr.

Jesus wurde kritisiert, weil er das Sabbat-Gebot übertrat und am Sabbat Kranke heilte, aber er sprach: »Der Sabbat ist für den Menschen da, nicht der Mensch für den Sabbat.«

Ein Fest: das Pascha
An diesem Tag wird der Auszug der Israeliten aus Ägpyten gefeiert. Gott befreite sie mit Hilfe von Mose von der Sklaverei. Es ist das größte Fest des Jahres.

Ein Tempel: der Tempel von Jerusalem

Der Tempel war das höchste Heiligtum, das Zeichen der Gegenwart Gottes inmitten seines Volkes. An bestimmten Tagen unternahmen die Israeliten eine Pilgerfahrt zu diesem Tempel. Dort beteten sie, lasen in der Bibel und brachten Gott ihre Opfer dar.

Ein Ort der Begegnung: die Synagogen

Die Juden versammelten sich in Gebäuden, die Synagogen genannt wurden, um die Bibel zu studieren und Gott anzubeten. Sie dienten auch als Schulen für die Jungen.

Eine Hoffnung: die Ankunft des Messias

Die Propheten verkündeten, dass Gott der Welt einen Messias senden würde, um sein Volk von allem Unheil zu befreien. Messias bedeutet »der Gesalbte« oder »der Gottgesandte«. Dieser Messias würde einen neuen Bund zwischen Gott und seinem Volk schließen und allen Völkern Frieden bringen.

Die großen jüdischen Feste

In der Antike richteten sich die Feste nach den Arbeiten auf dem Feld oder nach den Jahreszeiten. Es gab unter anderem Saat-, Ernte- und Weinlese-Feste. Die Juden feierten zudem andere Ereignisse, die das Volk Israel im Laufe seiner Geschichte erlebt hatte.

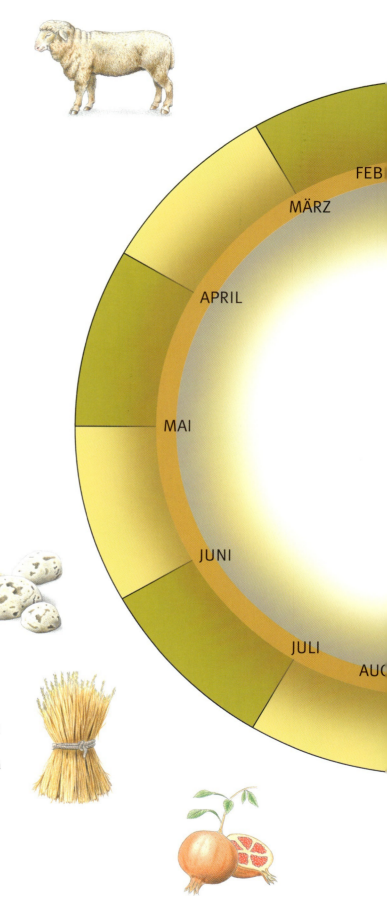

DAS PASCHA

Es wurde in der ersten Vollmondnacht des Frühlings begangen. Es war das wichtigste Fest der Juden und fiel mit dem Beginn der Ernte zusammen. Mit diesem Fest wird ein entscheidendes Ereignis des Volkes Israel, der Auszug aus Ägypten, gefeiert, als Gott die Israeliten aus der Sklaverei befreite. Es wurde ein Lamm geschlachtet und gebraten und mit bitteren Kräutern und ungesäuertem Brot verzehrt.

Am Vorabend seines Todes feierte Jesus mit seinen Jüngern das Abendmahl und legte damit den Grundstein für die Eucharistie als Zeichen des neuen Bundes zwischen Gott und den Menschen.

SCHAWUOTFEST

Dieses Fest wird auch Fest der Wochen genannt. Es fand sechs Wochen nach dem Paschafest statt. In dieser Zeit wurde die Ernte eingeholt. Bei diesem Fest brachten die Juden die Feldfrüchte als Opfer dar und dankten Gott dafür. Außerdem feierten sie den Bund, den Gott durch Mose mit seinem Volk schloss.

Am Tag des Schawuotfestes kam der Heilige Geist, dessen Ankunft Jesus versprochen hatte, über die Apostel. Die Christen nennen diesen Tag Pfingsten.

Das Purimfest

Der Begriff Purim leitet sich von pur »Los« ab. Das Purimfest erinnert an die Errettung der Juden aus der Hand ihres Feindes, des Statthalters Haman, der beschlossen hatte sie auszulöschen. Ester gelang es, ihn von diesem Plan abzubringen. Dieses Fest wird mit Geschenken, Festmahlen und Verkleidungen gefeiert.

Das Herbst-Fest
(Lese- oder Laubhütten-Fest)

Es wurde Anfang Oktober gefeiert. Es war ein Herbstfest, das mit dem Ende der Weinlese zusammenfiel. Eine Woche lang wohnten die Besucher in Laubhütten. Damit wurde an den Marsch der Israeliten durch die Wüste erinnert, bei dem sie in Zelten hausten.

Der Versöhnungstag

Dieses Fest wurde Ende September begangen. An diesem Tag fasteten die Menschen und baten Gott um Vergebung der Sünden. Der Hohe Priester ließ einen Ziegenbock frei und trieb ihn in die Wüste hinein.
Dieser sollte die Sünden der Menschen mit sich fortnehmen.

Das Trompetenfest

Es fand Mitte September statt. An diesem Tag erklang lauter Trompetenklang, um an die Eroberung Jerichos und den Einzug in Kanaan, dem Gelobten Land, zu erinnern. Damit wird auch an die erneute Verbannung erinnert. Dieses Fest fällt auch mit dem Tag zusammen, an dem das neue religiöse Jahr beginnt. Dieser Tag war der Ruhe und dem Gebet gewidmet.

Die jüdische Familie

Die jüdischen Familien waren sehr groß. Es gab nicht nur viele Kinder, sondern es lebten auch verschiedene Generationen unter einem Dach: Urgroßeltern, Großeltern, Eltern und Kinder. Die Söhne galten als Segen Gottes. Keine Söhne zu haben galt als Fluch. Im Allgemeinen führten die Söhne das Geschäft oder den Beruf der Väter weiter und halfen bei häuslichen Aufgaben. Der Vater war das Familienoberhaupt; er traf alle Entscheidungen. Alle Verwandten halfen sich gegenseitig.

Die Ehe

Die Eltern suchten für ihre Kinder den Ehepartner aus. Es war üblich, dass die Jungen zwischen vierzehn und achtzehn Jahren heirateten und die Mädchen zwischen zwölf und vierzehn. Nach der Heirat verließen die Mädchen ihre Familie und lebten in der Familie ihres Mannes.

Die Erziehung

Die Eltern brachten ihren Kindern ihre Sprache und ihre Bräuche bei. Sie unterwiesen sie auch im Gebet. Zwischen dem fünften und dem zwölften Lebensjahr besuchten die Jungen die Schule, die sich in der Synagoge befand. Dort lernten sie lesen und schreiben, beschäftigten sich mit der Bibel, die sie auswendig lernten.

Mit dreizehn arbeiteten die meisten bei ihren Vätern. Einige wenige setzten ihre Studien bei Lehrern fort, die wegen ihrer Kenntnisse der Bibel und der jüdischen Religion bekannt waren.

DIE HOCHZEIT

Am Abend vor dem Hochzeitstag holten der Bräutigam und seine Freunde die Braut bei ihren Eltern ab und führten sie in einem Festzug zum Haus des Bräutigams. Dabei sangen und tanzten sie. Man bewarf die Brautleute mit Granatapfelkernen und es wurden duftende Essenzen versprüht. Am nächsten Tag wurde im Haus des Bräutigams ein großes Hochzeitsmahl gefeiert.
Jesus wirkte sein erstes Wunder bei einer Hochzeit in Kana.

DIE MITGIFT

Die Familie des Bräutigams musste der Familie der Braut eine Heiratsgabe bezahlen, weil die Tochter nun nicht mehr als Hilfe im Haus und auf dem Feld zur Verfügung stand.

DIE FRAUEN

Die Mädchen durften keine Schule besuchen, sondern mussten ihre Mutter bei den vielfältigen häuslichen Aufgaben unterstützen. Zum Beispiel mussten sie Wasser am Brunnen holen, das Korn mahlen, kochen, putzen, Tontöpfe herstellen, weben, sich um die Tiere kümmern und die kleinen Kinder hüten. Häufig arbeiteten sie auch auf dem Feld und hüteten das Vieh.

Die Häuser in Jerusalem

Die israelitischen Häuser bestanden aus Lehmziegeln, waren rechtwinklig und mit einem Flachdach ausgestattet. Sie hatten ein ausgebautes Obergeschoss und einen zentral gelegenen Innenhof. Um diesen Hof gruppierten sich mehrere Räume, in denen Gerätschaften und Vorräte aufbewahrt wurden und in die man sich bei Regen zurückzog. Das Leben der Familien spielte sich im Innenhof ab, wo sie kochten und ihre Mahlzeiten zu sich nahmen. Die Größe der Häuser war unterschiedlich, je nachdem, ob ihre Bewohner arm oder reich waren. Einige Menschen lebten auch in Höhlen.

Eine Luxuswohnung

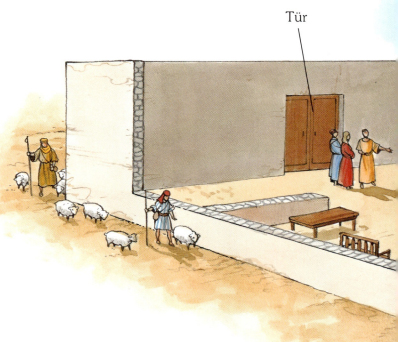

Eine Durchschnittswohnung

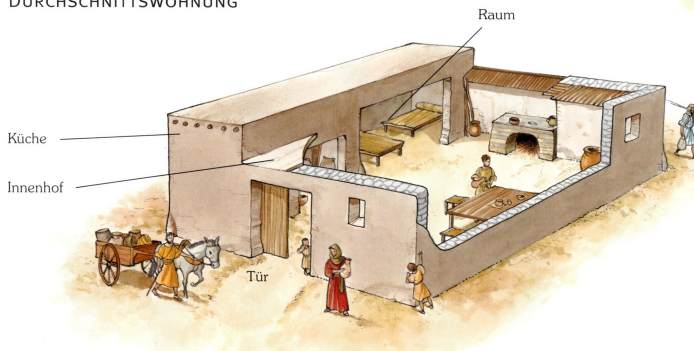

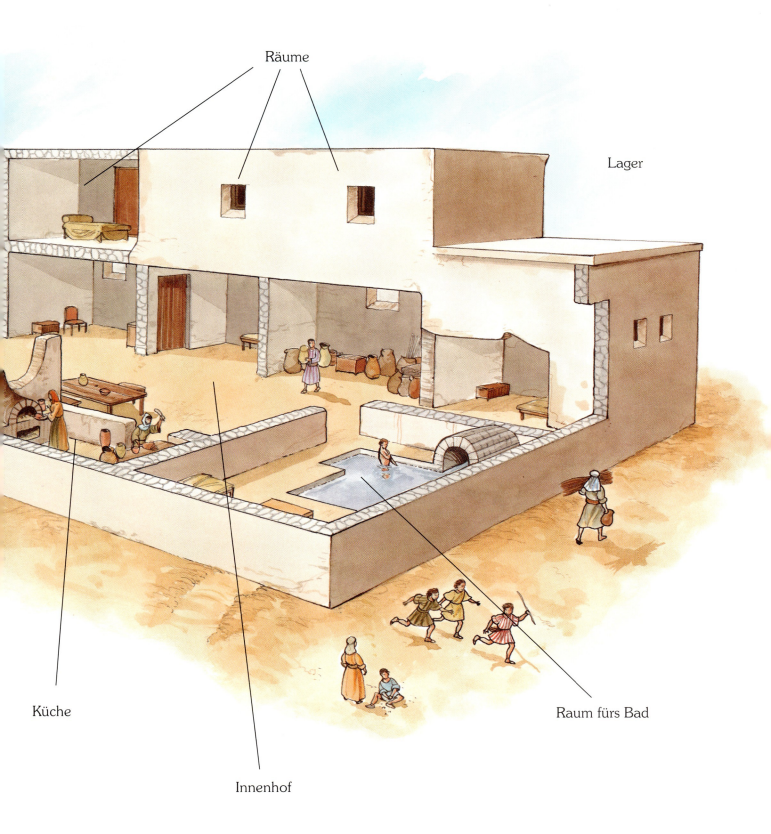

Das Leben in den Dörfern

Die meisten jüdischen Familien lebten in kleinen Ortschaften und widmeten sich der Landwirtschaft. Der Alltag war durch Feldarbeit ausgefüllt. Dazu gehörten: pflügen, säen, Unkraut jäten, Ernte einbringen, Korn reinigen, Obst ernten, Öl pressen, Vorräte einlagern, usw. Viele besaßen Ziegen und Schafe, die sie auf die Weide führten. Dort wurden sie von den Frauen oder den Kindern gehütet. Andere Familien widmeten sich der Fischzucht, dem Handwerk oder dem Handel. Der Vater Jesu war Zimmermann.

Der israelitische Innenhof

Hier spielte sich nicht nur das Familienleben ab, sondern es wurden auch häusliche Arbeiten verrichtet, wie zum Beispiel Brot backen oder Öl pressen. Doch nicht alle Familien hatten diese Möglichkeit. Also mussten sie öffentliche Ölmühlen benutzen. Bekannt war eine Ölmühle in Getsemani, in der Umgebung von Jerusalem.

Das Wasser

Wasser war knapp und deshalb hoch geschätzt. Zum Trinken und zum Waschen verwendete man Brunnenwasser, daneben nutzten die Menschen auch Regenwasser, das in Zisternen aufgefangen und gespeichert wurde.

Zur Bewässerung der Gärten bediente man sich eines Hebelsystems, mit dessen Hilfe Wasser aus dem Brunnen geschöpft und über Bewässerungskanäle verteilt wurde.

Bei der Feldarbeit hatte man einen Lederbeutel mit Trinkwasser bei sich.

Licht

Zu jener Zeit gab es noch kein elektrisches Licht. Um das Haus zu erhellen, zündete man Öllampen an. Im Hof wurde ein Feuer gemacht, das Licht und Wärme spendete.

Die Spiele

Die Kinder liebten Spielzeug, das Lärm machte, wie Schellen, Kinderknarren und Pfeifen. Die Mädchen spielten mit Flickenpuppen. Sie ahmten die Erwachsenen nach, indem sie auf der Straße Hochzeit spielten.

Die älteren kegelten, spielten mit Steinschleudern und Lederbällen. Sie praktizierten auch Bogenschießen und Tischspiele wie zum Beispiel Brett- oder Würfelspiele.

Das Essen in der Familie

Bei den Juden gab es zwei Mahlzeiten pro Tag: mittags und abends. Das Abendessen war am wichtigsten, weil sich dabei die ganze Familie versammelte.

Brot war ein Grundnahrungsmittel. Wein trank man nur bei Festmahlen. Die Frauen backten Brot, stellten Käse und Butter her und bereiteten das Essen zu. Es wurden alle möglichen Feldfrüchte gegessen. Zum Beispiel waren Linsen- und Gemüsegerichte sehr beliebt. Auch Fleisch stand auf der Speisekarte, doch das Fleisch von bestimmten Tieren war verboten. In Gegenden mit Fischzucht wurde Fisch gegessen. Die Speisen wurden mit Honig gesüßt oder es wurde eine Honig-Nachspeise zubereitet.

Das Essen war eine Gelegenheit, Gott zu danken und den Frieden und die Freude miteinander zu teilen.

Grünes Gemüse und Hülsenfrüchte

Porree — Zwiebeln — Knoblauch

Gurken — Linsen — Bohnen

Getreide

Weizen — Gerste — Roggen

TISCHSITTEN

Ein strenger religiöser Ritus schrieb vor, die Hände vor dem Essen zu waschen. Zudem galt es als eine Geste der Gastfreundschaft, den Gästen die Füße zu waschen und ihnen Duftstoffe anzubieten. Aber es war verboten, den Tisch mit nichtjüdischen Personen zu teilen; diese durften nicht einmal das Haus betreten.

Die Mahlzeiten wurden auf dem Boden eingenommen. Man saß um einen niedrigen Tisch herum, aber manchmal gab es auch Stühle und Diwane. Vor und nach dem Essen segnete der Familienvater die Speisen. Danach verteilte er das Essen und gab jedem Einzelnen noch ein Brot dazu. Es wurde mit den Fingern gegessen, denn es gab noch kein Besteck. Für die Soße gab es nur eine Schüssel, in die alle ihr Brot tunken konnten. Aber es zeugte von schlechten Manieren, wenn man es gleichzeitig mit jemand anderem tat.

FRÜCHTE

Feigen

Äpfel

Granatäpfel

Trauben

Wassermelone

Melone

GETRÄNKE

Bier

Wein

FLEISCH

Die Juden unterschieden zwischen Tieren, deren Fleisch gegessen werden konnte, und solchen, deren Verzehr verboten war.

Junghähne

Hühner

Ziegenböcklein

Lämmer

Kühe

Enten

Tauben

Ochsen

Die Juden durften kein Fleisch von Fleisch fressenden Tieren essen. Verboten war auch der Verzehr des Fleisches jener Tiere, die in mehr als einem Naturelement leben (Erde, Meer und Luft).

Schweinefleisch war grundsätzlich verboten.

Sitten und Bräuche des Volkes Israel

Viele Bräuche des Volkes Israel galten nicht nur als Regeln im Umgang mit anderen, sondern auch als religiöse Pflichten. Wer sie nicht erfüllte, wurde von den anderen verachtet, galt als Sünder und wurde aus der Gesellschaft ausgeschlossen. Das war der Fall, wenn jemand nicht entsprechend dem Brauch gekleidet oder halb nackt war. Auch Personen mit bestimmten Krankheiten oder körperlichen Mängeln und solche, die gegen die von den Oberen auferlegten religiösen Regeln verstießen, waren davon betroffen.

DIE KLEIDUNG

Männer und Frauen waren mehr oder weniger gleich gekleidet. Ihre Kleidung unterschied sich lediglich durch die Länge des Oberkleides, die Qualität des Stoffes und die Farben. Manchmal trugen die Frauen ein großes Tuch, das über die Schulter geworfen wurde, und gelegentlich war ihr Gesicht durch einen Schleier verhüllt.

Die Farben der Stoffe waren Blau, Safrangelb, Indigoblau und Karminrot. Die Stoffe in Purpurrot waren sehr teuer. Die dunklen Farben galten als Zeichen der Trauer. Die Stoffe bestanden aus Wolle oder Baumwolle. Gewänder aus Leinen wurden an Festen getragen.

DIE MÜNZEN UND MASSE

Auch wenn in vielen Gegenden noch der Tauschhandel üblich war, gab es bereits Münzen.
Zum Abmessen wurden Längenmaße wie die Elle und die Spanne verwendet; um Gewichte abzumessen, benutzte man eine Waage.

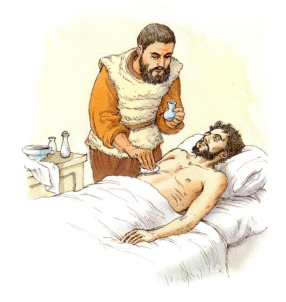

DIE KRANKHEITEN

Die Juden waren der Meinung, dass Krankheiten wie Lepra, Pest oder Lähmung eine Strafe Gottes seien. Deshalb glaubten sie, dass Gott sie heilen müsse und nicht die Ärzte. Diese Kranken waren aus der Gesellschaft ausgeschlossen und es war verboten, sich ihnen zu nähern. Jesus heilte viele Kranke.

Die Ärzte heilten Wunden mit Öl, Wein, Balsam, Fischgalle, Auflagen aus Feigen und anderen Salben.

DER TOD

Wenn jemand gestorben war, versammelten sich die Familie und die Freunde um den Verstorbenen. Manchmal wurde er auch von Klageweibern umringt. Vor der Bestattung wurde der Leichnam einbalsamiert und in Bandagen gewickelt.

DAS BEGRÄBNIS

Die Grabstätten waren natürliche Höhlen oder wurden auf dem Landbesitz der eigenen Familie oder außerhalb der Siedlung ausgehoben. Es gab auch Felsengrabstätten. Die Grabstätte wurde mit einem großen runden Stein verschlossen. Auch Jesus wurde in einem solchen Grab bestattet.

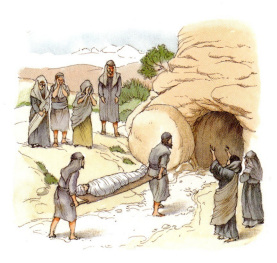

Orte, an denen sich Jesus aufhielt

Sechzig Jahre vor der Geburt Jesu eroberten die Römer das Land Israel und gaben ihm den Namen Palästina. Dieses Land lag zwischen dem Mittelmeer und dem Fluss Jordan und erstreckte sich von seiner nördlichen Grenze aus 250 Kilometer nach Süden und von seiner östlichen Grenze aus 100 Kilometer nach Westen. Palästina war in drei Gebiete aufgeteilt: Galiläa, Samaria und Judäa. Die meisten Einwohner waren Juden. Aber da sich in Palästina viele Reisewege zwischen Asien und Afrika kreuzten, traf man dort auch viele Menschen aus fremden Ländern, vor allem römische Soldaten und Händler, die auf der Durchreise waren. Jesus lebte in der Stadt Nazaret. Sie lag in dem Gebiet, das Galiläa genannt wurde. Dort zog er durch alle Orte und verkündete die Botschaft Gottes.

Betlehem
Der Geburtsort von Jesus

Die Wüste von Judäa
Der Ort, an den Jesus sich zum Beten zurückzog. Dort wurde er vom Teufel in Versuchung geführt.

Judäa
In diesem Teil Palästinas liegt Jerusalem, die Stadt, in der Jesus starb und wieder auferstand.

Samaria
Die Leute aus Samaria, die Samariter, verstanden sich nicht gut mit Leuten aus Judäa. Jesus kam nur auf dem Weg nach Jerusalem durch dieses Gebiet.

Galiläa
Der Teil Palästinas, in dem Jesus aufwuchs und die meiste Zeit seines Lebens verbrachte

Kafarnaum
Eine Stadt, in der Jesus oft war und mehrere Wunder vollbrachte. Dort heilte er zum Beispiel den Diener eines römischen Hauptmanns.

Kana
Dort verwandelte Jesus auf einem Hochzeitsfest Wasser in Wein.

Der See Tiberias
In diesem See, der auch See Gennesaret genannt wird, fischten die Freunde von Jesus, die er aufforderte, sich ihm anzuschließen.

EMMAUS

BETLEHEM

BETSAIDA
In dieser Stadt gab es einen Teich, dessen Wasser Heilkräfte besaß. Dort heilte Jesus einen Gelähmten.

NAZARET
In dieser Stadt lebte Jesus, bis er dreißig Jahre alt war.

DER BERG TABOR
Auf diesem Berg erschien Jesus einigen Jüngern als Lichtgestalt, um ihnen zu zeigen, dass er der Messias war.

NAÏN
In dieser Stadt gab Jesus dem jungen Sohn einer Witwe das Leben zurück.

DER FLUSS JORDAN
Er fließt von Norden nach Süden durch Palästina und bildet die Ostgrenze des Landes. In diesem Fluss ließ Jesus sich von Johannes dem Täufer taufen.

EMMAUS
In diesem Dorf erschien der auferstandene Jesus zwei Jüngern.

JERUSALEM
In Jerusalem, der wichtigsten Stadt der Juden, starb Jesus und erstand wieder auf.

BETANIEN
In diesem Dorf lebten einige Freunde von Jesus. Einer von ihnen war Lazarus, den Jesus wieder zum Leben erweckte.

Die Herrschaft der Römer

Zur Zeit Jesu stand Palästina unter römischer Herrschaft. Im Grunde respektierten die Römer die Juden und ließen sie ihre Religion frei ausüben. Sie ernannten sogar einen Juden namens Herodes zum König von Palästina. Dieser Herodes wollte Jesus töten, als er von seiner Geburt erfuhr.

HERODES »DER GROSSE«

Obwohl Herodes Jude war, schlug er sich auf die Seite der Römer und ließ viele seiner Landsleute erbarmungslos verfolgen, um an der Macht zu bleiben. Er wollte aus Jerusalem eine Stadt im römischen Stil machen und ließ daher große Paläste und ein Olympiastadion bauen.

Die Juden lehnten ihn ab, weil er die Römer unterstützte und sehr grausam war. So ließ er den Tempel von Jerusalem renovieren, um sich bei ihnen beliebt zu machen.

Modell des Palastes des Herodes in Jerusalem

DER RÖMISCHE KAISER

Er war die oberste Autorität im Römischen Reich und damit auch in Palästina. All seine Untertanen, einschließlich der Juden, waren verpflichtet seine Befehle zu befolgen und Steuern an ihn zu bezahlen. Als Jesus geboren wurde, herrschte in Rom der Kaiser Augustus. Er ließ eine Liste von allen Menschen erstellen, die damals in Palästina wohnten. Josef und Maria mussten nach Betlehem reisen, um sich in diese Liste einzutragen, da Josefs Familie aus Betlehem stammte. Dort wurde Jesus geboren.

Standbild des Augustus

DER RÖMISCHE STATTHALTER

Wenige Jahre nach dem Tod von Herodes wurde aus Palästina eine römische Provinz. Sie wurde von einem Statthalter regiert, der vom römischen Kaiser ernannt wurde und über ein großes Heer verfügte.
Der römische Statthalter, der Jesus zum Tode am Kreuz verurteilte, hieß Pontius Pilatus.

DIE SITTEN DER RÖMER

Die Römer verehrten viele Götter, während die Juden nur an einen Gott glaubten.
Die Juden vermieden es, sich mit den Römern zu vermischen, weil viele Sitten der Römer gegen den jüdischen Glauben verstießen.
Die Römer badeten gern in öffentlichen Bädern, die die Juden nicht besuchen durften.
Die Feiern, Festessen und Spiele, die die Römer in den Amphitheatern veranstalteten, waren für die Juden eine Beleidigung Gottes.
Die Kleidung der Römer bestand aus einem schlichten Gewand, das Tunika genannt wurde.

Manche, vor allem die Politiker, die Philosophen und die Soldaten, trugen darüber noch eine Toga – das war ein sieben Meter langes Stück Stoff, das um den Körper gewickelt wurde.

DER HOHE RAT

Für die Juden war die einzige Autorität nach Gott der Hohe Rat, der aus einundsiebzig Vertretern der Ältesten, der Priester und der Schriftgelehrten bestand. Den Vorsitz führte der Hohe Priester. Der Hohe Rat war für alle Angelegenheiten zuständig, die mit der Religion und dem Gesetz zu tun hatten.

Er verurteilte Jesus zum Tode, aber da er nicht die Macht besaß, ihn hinrichten zu lassen, bat er den römischen Statthalter die Hinrichtung zu veranlassen.

Die Gesellschaft zur Zeit Jesu

Zur Zeit Jesu gab es große Standesunterschiede zwischen den Menschen. Die Gesellschaft war in Klassen aufgeteilt. Jesus verkündete allen Menschen die Botschaft Gottes, aber seine besondere Zuneigung galt den Armen, die er als »selig« bezeichnete, weil Gott sie am meisten liebte und weil sie für seine Liebe besonders empfänglich waren.

1 Die Weber
Sie webten und färbten Baumwollstoffe, Wollstoffe und Leinen.

2 Die Gerber
Sie gerbten Tierhäute und fertigten aus dem Leder Sandalen, Riemen und Gürtel an.

3 Die Tempelpriester
Sie leiteten den Gottesdienst und brachten Gott im Namen des Volkes Opfer dar.

4 Die Schreiner
Sie fertigten Türen, Fenster, Karren, Räder, Pflüge und Möbel an. Josef war Schreiner.

5 Die Töpfer
Sie stellten Krüge, Töpfe, Geschirr und andere Gebrauchsgegenstände aus Ton her.

6 Die Sklaven
Die Römer hatten Sklaven und Sklavinnen, die ihr Eigentum waren und umsonst für sie arbeiten mussten.

7 Die römischen Bürger
Palästina wurde von den Römern regiert. Sie genossen besondere Vorrechte.

8 Die Fischer
Sie fischten im See Tiberias.
Die besten Freunde von Jesus waren Fischer.

9 Die Bauern
Sie arbeiteten auf dem Feld und bauten Getreide, Obst, Wein, Oliven und so weiter an.

10 Die Beamten
Sie arbeiteten mit den Römern zusammen und standen in deren Dienst.

11 Die Hirten
Sie hüteten Tiere, vor allem Ziegen und Schafe.

12 Die Armen, die Aussenseiter und die Menschen mit ansteckenden Krankheiten
Sie wurden von den anderen verachtet, lebten getrennt von ihnen und mussten um Almosen betteln. Jesus wurde ihr Freund und heilte viele.

13 Die Grundbesitzer
Sie besaßen Land und viel Macht und waren die Reichsten von allen.

14 Die Händler
Sie verkauften Waren, auch in fremde Länder.

15 Die Schmiede
Sie stellten Werkzeuge und Waffen her.

Jesus wird verfolgt

Jesus trat als der Messias auf, den Gott geschickt hatte, um das jüdische Volk und die ganze Menschheit zu retten. Viele folgten ihm, um zu hören, was er lehrte. Doch ausgerechnet die religiösen Führer der Juden, die sich für besonders gottesfürchtig hielten, betrachteten ihn als einen Schwindler und Betrüger. Sie warfen ihm vor, er würde Unruhe stiften und sich als Gottes Sohn ausgeben. Die Mitglieder des Hohen Rates verurteilten ihn zum Tode. Und um zu erreichen, dass der römische Statthalter Jesus ans Kreuz schlagen ließ, behaupteten sie, er hätte sich selbst zum König der Juden erklärt und sei daher ein Feind des römischen Kaisers.

DIE PRIESTER

Sie hatten großen Einfluss. Sie hielten Jesus für einen schlechten Juden, der die Religion nicht ernst nahm. Jesus kritisierte sie, weil sie sich zwar viel mit den religiösen Ritualen beschäftigten, aber vergaßen, sich um die Armen und Bedürftigen zu kümmern.

DIE PHARISÄER

Einige von ihnen ließen sich gern öffentlich als fromme Männer ehren und verachteten alle, die nicht so waren wie sie. Jesus nannte sie Heuchler.

DIE RABBIS ODER GESETZESLEHRER

Sie kannten die Heilige Schrift sehr gut und lehrten sie in den Synagogen. Jesus sagte über sie, dass sie nur danach trachteten, wichtige Ämter einzunehmen und auf Kosten anderer gut zu leben.

DIE SADDUZÄER

Sie legten großen Wert auf die Einhaltung der Vorschriften und warfen Jesus unter anderem vor, dass er am Sabbat Kranke heilte, obwohl das an diesem Tag verboten war. Jesus sagte, dass die Menschen wichtiger wären als die Gesetze.

DER LEIDENSWEG UND DER TOD JESU

1 Der Garten Getsemani am so genannten Ölberg, wo Jesus gefangen genommen wurde.

2 Das Haus des Hohen Priesters Kajaphas, in dem Jesus vom Hohen Rat verurteilt wurde.

3 Der Palast des römischen Statthalters Pilatus, wo Jesus ausgepeitscht wurde. Von dort aus musste er mit dem Kreuz auf den Schultern zur Hinrichtungsstätte gehen.

4 Der Palast von König Herodes Agrippa, der Jesus verhöhnte.

5 Die Schädelhöhe, auch Golgota genannt, auf der Jesus gekreuzigt wurde.

6 Das Grab Jesu, aus dem er am dritten Tag auferstand.

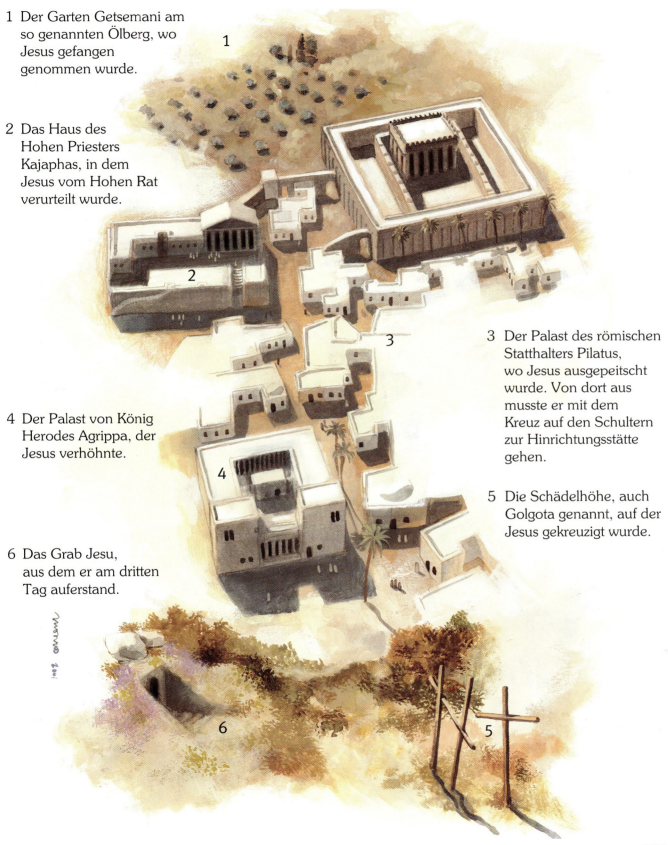

Die ersten Jünger Jesu

Als Jesus die Botschaft Gottes zu verkünden begann, wählte er aus seinen ersten Jüngern zwölf aus, die ihn von da an überallhin begleiteten. Diese Zwölf forderte er auf, nach seiner Rückkehr zu seinem himmlischen Vater dasselbe zu tun wie er. Und er nannte sie APOSTEL, was »Gesandte« bedeutet. Jesus versprach ihnen, immer bei ihnen zu sein, bis zum Ende der Welt. Nach Jesu Auferstehung und Himmelfahrt empfingen sie daher an dem Tag, den wir heute Pfingsten nennen, den Heiligen Geist. Danach begannen sie überall zu verkünden, dass Jesus auferstanden war und dass er der Herr des Himmels und der Erde war.

DIE ERSTE CHRISTLICHE GEMEINSCHAFT

Die Apostel verkündeten den Juden von Jerusalem, dass Jesus auferstanden war und lebte. Alle, die ihnen glaubten, erhielten die Taufe und schlossen sich der Gruppe der Jünger Jesu an. Sie lebten zusammen wie eine Familie: Alles, was sie hatten, ihr Geld und ihre Häuser stellten sie den anderen zur Verfügung. Sie beteten gemeinsam, hörten den Lehren der Apostel zu und vollzogen das Abendmahl. Sie pflegten einen liebevollen Umgang miteinander und halfen sich gegenseitig, wo sie konnten.

DIE APOSTEL

Es waren zwölf:

Simon (Petrus) und sein Bruder Andreas, Jakobus und sein Bruder Johannes (die Söhne des Zebedäus), Philippus, Bartholomäus, Thomas, Matthäus, Jakobus (der Sohn des Alphäus), Thaddäus, Simon und Judas Iskariot.

Nach dem Tod des Verräters Judas Iskariot wurde Matthias zum zwölften Apostel ausgewählt.

So entstand die erste christliche Gemeinschaft, die auch Kirche genannt wurde. Ihre Lehrer waren die Apostel, insbesondere Petrus.

DIE VERSAMMLUNG VON JERUSALEM

Jesus war Jude und die ersten Christen ebenfalls. Als auch Leute, die keine Juden waren, Christen werden wollten, stellte sich die Frage: »Kann auch jemand, der kein Jude ist, Christ werden?« Um über diese Frage zu beraten, beriefen die Apostel eine große Versammlung ein, auf der beschlossen wurde, dass es nicht nötig ist, zuerst Jude und dann Christ zu werden. Es genügte, wenn man an Jesus glaubte und sich taufen ließ.

DIE DIAKONE

Unter den ersten Christen wurde das Essen so geteilt, dass jeder genug zum Leben hatte. Aber einige beklagten sich, dass es nicht gut verteilt wurde. Da übertrugen die Apostel ein paar Mitgliedern der Gemeinde die Aufgabe, die Lebensmittel gerecht an alle zu verteilen. Diese Leute wurden Diakone genannt, was »Diener« bedeutet. Einer von ihnen war Stephanus, der erste christliche Märtyrer.

Die Botschaft Jesu verbreitet sich immer weiter

Wenige Jahre nach dem Tod Jesu gab es in Jerusalem bereits eine recht große Christengemeinde. Als die religiösen Führer der Juden sahen, dass immer mehr Leute sich zum Christentum bekehrten, begannen sie die Christen zu verfolgen. Daher verließen viele Christen Jerusalem und ließen sich in anderen Städten nieder. Überall, wo sie hinkamen, erzählten sie den Leuten von Jesus und seiner Botschaft. So entstanden neue christliche Gemeinden, die die Kirche bildeten.

Paulus aus Tarsus

Paulus gründete viele christliche Gemeinden. Er reiste unermüdlich durch die ganze Region und verkündete die Botschaft Jesu in den bedeutendsten Städten. Er soll auch in Spanien gewesen sein.

Paulus schrieb Briefe an die christlichen Gemeinden, in denen er deren Mitglieder ermutigte und lehrte wie Jünger Jesu zu leben.

Neue christliche Gemeinden

Die erste christliche Gemeinde war die von Jerusalem. Die nächste entstand in Antiochia. Dort wurden die Jünger Jesu zum ersten Mal Christen genannt. Die Bezeichnung Christen leitet sich von Christus, dem griechischen Wort für Messias, ab. Die Christen wurden immer zahlreicher.

Zu Anfang wurden sie von den Juden verfolgt, dann von den Römern, weil sie sich weigerten, den römischen Kaiser wie einen Gott zu verehren. Viele Christen starben den Märtyrertod, nur weil sie an Jesus glaubten. Auch Petrus und Paulus wurden hingerichtet.

Die Evangelien

Evangelium bedeutet »gute Nachricht«.
Die Evangelien, die Teil des Neuen Testaments sind, wurden so genannt, weil sie von Jesus und seiner Botschaft handeln, die eine gute Nachricht für die ganze Menschheit ist.

Es sind vier Evangelien, die nach denen benannt wurden, die sie geschrieben haben.

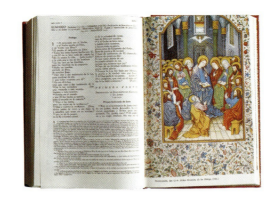

Das Matthäus-Evangelium

Man nimmt an, dass der Apostel Matthäus es verfasste, aber das ist nicht sicher. Sein Symbol ist ein Mann mit Flügeln, weil Matthäus besonders das Menschsein Jesu betonen wollte.

Das Markus-Evangelium

Es ist das älteste Evangelium. Markus war ein Freund von Paulus und ein Mitarbeiter von Petrus. Sein Evangelium beginnt mit einer Geschichte über Johannes den Täufer in der Wüste. Deshalb ist sein Symbol ein Löwe, der als Tier der Wüste galt.

Das Lukas-Evangelium

Lukas war Arzt. Er begleitete Paulus auf einigen Reisen. Am Anfang seines Evangeliums stellt er den Priester Zacharias vor, der im Tempel Opfer darbringt. Daher ist sein Symbol ein Stier, ein Opfertier.

Das Johannes-Evangelium

Sein Verfasser ist Johannes, der jüngste der zwölf Apostel. Sein Symbol ist ein Adler, weil dieses Evangelium in einer Sprache geschrieben ist, die so feierlich wirkt wie der Flug eines Adlers. Es war das letzte Evangelium, das verfasst wurde.

Christliche Symbole und Gebete

Die Menschen benutzen von jeher Symbole, um sich mit Gott in Verbindung zu setzen. Das können Gesten, Handlungen, Worte oder Elemente der Natur sein, die für etwas stehen, was man nicht sieht. Verschiedene Symbole der ersten Christen werden bis heute benutzt. Sie erinnern die Christen an Jesus und ihre Gemeinschaft mit ihm und lassen sie die Liebe Gottes zu den Menschen und die Liebe der Menschen zu Gott spüren.

DAS WASSER

Es ist das Symbol der Reinigung und des Lebens. Bei der Taufe symbolisiert es den Beginn eines neuen Lebens als Kind Gottes.

DAS BROT

Es ist ein Symbol für das Teilen. Beim letzten Abendmahl nahm Jesus das Brot, verteilte es an alle und sagte: »Nehmt und esst, denn das ist mein Leib.«

DER WEIN

Er ist das Symbol der Freude. Beim letzten Abendmahl nahm Jesus einen Kelch mit Wein und sprach folgende Worte: »Trinkt alle daraus, denn das ist mein Blut.«

DAS ÖL

Es symbolisiert Stärke. Früher rieben die Athleten sich mit Öl ein, um ihre Muskeln zu stärken. Man benutzt es zum Beispiel bei der Taufe und bei der Firmung als Symbol der Gegenwart von Gottes Geist, der Stärke verleiht.

CHRISTLICHE GEBETE

Durch das Gebet nehmen die Christen Verbindung mit Gott auf. Alle Gebete enden mit dem Wort Amen, das bedeutet »so ist es« oder »so sei es«.

DAS ZEICHEN DES KREUZES

Es ist das Zeichen der Christen, weil Jesus an einem Kreuz starb.

Wenn sie das Kreuzzeichen machen, sprechen die Gläubigen:

Im Namen des Vaters, des Sohnes und des Heiligen Geistes. Amen.

DAS AVE-MARIA

Dies ist ein Gebet der Katholiken. Es ist Maria gewidmet und enthält Worte, die im Lukas-Evangelium geschrieben stehen.

*Gegrüßet seist du, Maria, voll der Gnade,
der Herr ist mit dir,
du bist gebenedeit unter den Frauen
und gebenedeit ist die Frucht deines Leibes, Jesu.
Heilige Maria, Mutter Gottes, bitte für uns Sünder
jetzt und in der Stunde unseres Todes. Amen.*

DAS GLORIA

Es ist ein Gebet zum Lobe Gottes, der Vater, Sohn und Heiliger Geist ist.

*Ehre sei dem Vater
und dem Sohne
und dem Heiligen Geist,
wie im Anfang,
so auch jetzt und alle Zeit
und in Ewigkeit. Amen.*

DAS VATERUNSER

Dieses Gebet lehrte Jesus seine Jünger.

*Vater unser im Himmel,
geheiligt werde dein Name.
Dein Reich komme.
Dein Wille geschehe, wie im Himmel,
so auf Erden.
Unser tägliches Brot gib uns heute.
Und vergib uns unsere Schuld,
wie auch wir vergeben unsern Schuldigern.
Und führe uns nicht in Versuchung,
sondern erlöse uns von dem Bösen.
Denn dein ist das Reich und die Kraft
und die Herrlichkeit in Ewigkeit. Amen.*

Das christliche Kirchenjahr

Zu bestimmten Zeiten im Jahr feiern die Christen bedeutende Ereignisse, in deren Mittelpunkt Jesus steht. Die beiden wichtigsten christlichen Feste sind Weihnachten und Ostern.

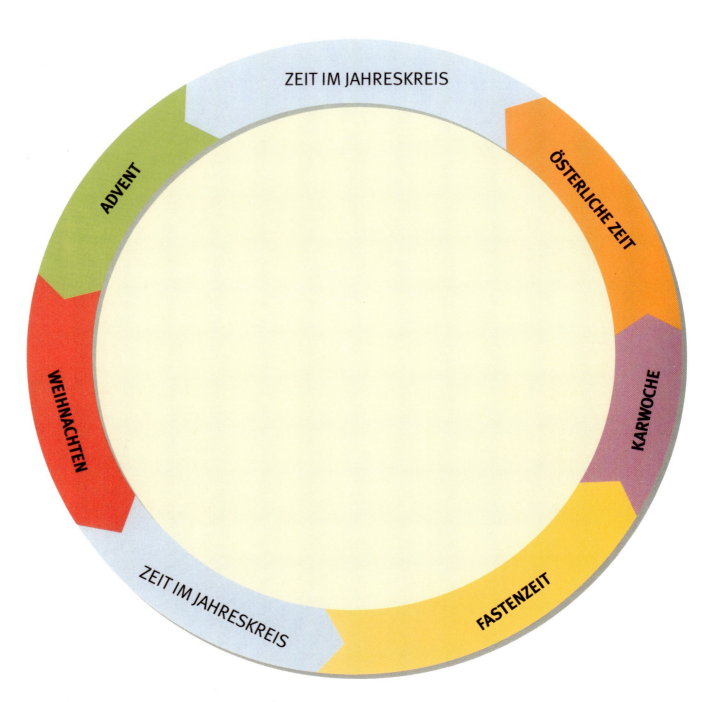

ADVENT

Advent bedeutet »Ankunft«. In der Adventszeit bereiten sich die Christen darauf vor, die Ankunft Jesu in der Welt zu feiern.

WEIHNACHTEN

In der Weihnachtszeit feiern die Christen, dass Jesus, der Messias, geboren wurde.

25. Dezember
Fest der Geburt Jesu

1. Januar
Bei den Katholiken Fest der Gottesmutter Maria

6. Januar
Dreikönigsfest, auch Epiphanias genannt

DIE FASTENZEIT

In dieser Zeit, die vierzig Tage dauert, bereiten sich die Christen auf die Karwoche vor, in der Jesus starb und wieder auferstand.

Aschermittwoch
Der Tag, an dem das Aschekreuz ausgeteilt wird.

Palmsonntag
Einzug Jesu in Jerusalem

OSTERN

In der Karwoche erinnern sich die Christen an die Ereignisse um den Kreuzestod Jesu.

Gründonnerstag
Letztes Abendmahl Jesu in Jerusalem

Karfreitag
Leiden und Sterben Jesu

Ostersamstag
Jesus im Grab

Ostersonntag
Auferstehung Jesu

DIE ÖSTERLICHE ZEIT

Christi Himmelfahrt
Jesus wird in den Himmel aufgenommen.

Pfingstsonntag
Der heilige Geist kommt in die Welt.

Die Bibel in der Kunst: das Alte Testament

Zu allen Zeiten, von der Antike bis heute, inspirierten die großen Themen der Bibel Künstler zu Meisterwerken. Das zeigen die zahlreichen Gemälde und Skulpturen, die sie uns hinterließen.

Mose mit den Gesetzestafeln, **unbekannter Künstler**

Die Erschaffung der Tiere, **Tintoretto**

Die Arche Noach, **unbekannter Künstler**

Die Erschaffung des Adam, **Michelangelo**

Die Opferung Isaaks, **Veronese**

Daniel in der Löwengrube, **unbekannter Künstler**

frühchristliche Darstellung Jonas, **unbekannter Künstler**

Ester vor Artaxerxes, **Veronese**

Tobits Genesung, **Rembrandt**

Der Turmbau zu Babel, **Breughel**

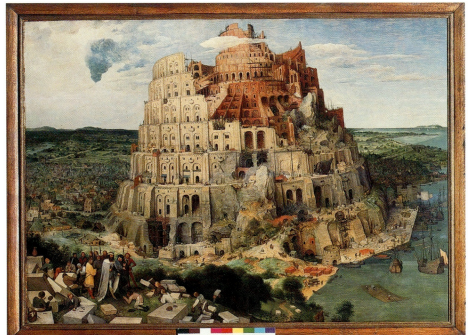

David, Verrocchio

Die Bibel in der Kunst: das Neue Testament

Kein Thema hat so viele Künstler verschiedener Epochen zu Arbeiten angeregt wie das Leben Jesu. Sie hielten seine ganze Geschichte von der Ankündigung seiner Geburt bis zu seinem Leiden und Sterben, seiner Auferstehung und seiner Himmelfahrt in zahlreichen Werken fest.

Die Rückkehr des verlorenen Sohnes, **Rembrandt**

Die Geburt Jesu, **Memling**

Die Ausgießung des Heiligen Geistes, **El Greco**

Die Verkündigung, **Fra Angelico**

Die Anbetung der Könige, **Fra Angelico**

Das letzte Abendmahl, **Duccio di Buoninsegna**

Die Auferstehung, **Fra Angelico**

Die Flucht nach Ägypten, **Giotto**

Eine Hochzeit in Kana, **Fernando Gallego**

Jesus am Kreuz, **unbekannter Künstler**

Die Taufe Christi, **Piero della Francesca**

Die Bibel im Film

Die großen Themen der Bibel wurden in vielen Kinofilmen aufgegriffen. Manche stützen sich auf das Alte Testament, andere stellen das Leben und Leiden Jesu dar und wieder andere handeln von der Ausbreitung und dem Siegeszug des Christentums.

1956
DIE ZEHN GEBOTE
Regisseur: Cecil B. de Mille

Dieser Monumentalfilm schildert in allen Einzelheiten das Leben Mose ab dem Augenblick, in dem seine Mutter ihn in einem Korb im Schilf am Nilufer aussetzt, sein Leben im Palast des Pharaos Ramses, der voller Neid beobachtet, wie das Volk Israel wächst, Mose Berufung zum Führer der Israeliten aus der Knechtschaft in Ägypten, die Plagen und den langen Marsch zum Gelobten Land. Es ist ein spektakulärer Film, der mit aufwändigen Bauten und einem Riesenaufgebot an Komparsen in historisch originalgetreuen Kostümen jene Zeit lebendig werden lässt.

1953
DAS GEWAND
Regisseur: Henry Koster

Ausgehend von der Bibelstelle über den Streit um das Gewand Jesu zwischen den Soldaten, die ihn kreuzigten, erzählt der Film eine erfundene Geschichte darüber, was mit diesem Gewand geschieht: Demetrius, ein Sklave von Marcellus (dem römischen Soldaten, der das Gewand beim Würfeln gewann), stiehlt das Gewand und flieht mit ihm. Es bewegt ihn dazu, sich zum christlichen Glauben zu bekehren. Daher gehorcht er auch nicht dem Befehl von Kaiser Caligula, es zu zerstören.

1950
QUO VADIS?
Regisseur: Melvyn LeRoy

Der Film schildert die grausame Verfolgung der ersten Christen durch den römischen Kaiser Nero. Der Schwerpunkt liegt eher auf spektakulären Szenen als auf religiösen Aspekten.

1959
BEN HUR
Regisseur: William Wyler

Der Film erzählt die Geschichte des Fürsten Ben Hur und seiner Beziehung zum Prätor des Römischen Reiches, der mal sein Freund und mal sein Feind ist. Eine besonders fesselnde und dramatische Szene ist das Wagenrennen. Den Hintergrund des Geschehens bildet die Jesusgeschichte.

1961
KÖNIG DER KÖNIGE
Regisseur: Nicholas Ray

Dieser Film setzt sich ernsthaft mit Christus auseinander und zeigt, dass seine Lehre die Menschheit dazu anleitete, ihre innere Freiheit zu bewahren. Außerdem erfährt man, wie wichtig die Missionsarbeit der Apostel und die Aufopferung für die anderen für die frühen Christen waren. Die Gestalt Jesu wird mit sehr großem Respekt behandelt.

1965
DIE GRÖSSTE GESCHICHTE ALLER ZEITEN
Regisseur: George Stevens

Ein Film mit Starbesetzung. Obwohl er ein biblisches Thema – die Geschichte Jesu – aufgreift, erfährt man wenig über die religiösen Seiten, aber vom technischen Standpunkt aus ist der Film gut gemacht.

1973
JESUS CHRIST SUPERSTAR
Regisseur: Norman Jewison

An den Erfolg des gleichnamigen Musicals anknüpfend, erzählt der Film die Geschichte von Jesus Christus, der hier als spiritueller Führer der Jugend dargestellt wird.

1964
DAS ERSTE EVANGELIUM MATTHÄUS
Regisseur: Pier Paolo Pasolini

Eines Tages besuchte der Regisseur dieses Films das Kloster von Assisi, um an einer kulturellen Veranstaltung teilzunehmen, die die Franziskaner organisierten. In der Zelle, die man ihm als Zimmer zur Verfügung stellte, lag ein Evangelienbuch. Er las das Matthäus-Evangelium, und obwohl er nicht an Gott glaubte, fand er, das dieses ein hervorragendes Drehbuch sein könnte. In seiner Verfilmung predigt ein strenger Jesus das Reich Gottes mit den Worten, die im Matthäus-Evangelium stehen.

1977
JESUS VON NAZARET
Regisseur: Franco Zeffirelli

Da in diesem Film versucht wurde alles besonders schön darzustellen, wird er dem echten Jesus von Nazaret nicht gerecht.

Biblische Gestalten

Die Bibel erzählt Geschichten, in denen Personen vorkommen, von denen wir wissen, dass sie wirklich gelebt haben, wie König David, Jesus oder Maria. Andere sind dagegen Teil von Mythen und Legenden wie Adam und Eva oder Noach. Aber alle biblischen Gestalten waren von großer Bedeutung und hatten großen Einfluss auf die Kultur der westlichen Welt, sowohl auf die Kunst wie auch auf die Literatur, die Musik, die Philosophie und die Wissenschaft.

DAS ALTE TESTAMENT

ABRAHAM
Der erste der Stammväter des Alten Testaments, der ein Bündnis mit Gott schloss. Daher gilt er als der Vater aller, die an einen einzigen Gott glauben.

JAKOB
Er kaufte seinem Bruder für einen Teller Linsen sein Erstgeburtsrecht ab. Aus ihm gingen die zwölf Stämme Israels hervor.

MOSE
Prophet und Führer des Volkes Israel. Er wurde von Gott dazu auserwählt, die Israeliten aus der Knechtschaft in Ägypten zu befreien. Mit ihm erneuerte Gott das Bündnis, das er mit Abraham geschlossen hatte, und ihm übergab er die Gesetzestafeln mit den Zehn Geboten.

ADAM UND EVA
Sie waren die ersten menschlichen Wesen. Gott schuf sie nach seinem Ebenbild. Von ihnen stammen alle Menschen ab.

DAVID
Ein Schafhirte, der dazu auserwählt wurde, Saul als König von Israel zu ersetzen. Er war ein tapferer Krieger, der Goliat besiegte. Jesus stammt von ihm ab.

JONA
Ein Prophet, der sich dem Auftrag Gottes durch Flucht zu entziehen versucht und von einem riesigen Fisch verschlungen wird. Als dieser ihn an Land spuckt, geht er in die Stadt Ninive, um den Auftrag Gottes zu erfüllen.

NOACH
Er wurde von Gott dazu auserwählt, die Menschheit vor einer Sintflut zu retten. Er baute eine Arche, in der er mit seiner Familie und jeweils einem Paar von jeder Tierart Schutz suchte.

RUT
Die gute Schwiegertochter, die ihre verwitwete Schwiegermutter Noomi nicht verlässt.

TOBIT
Ein guter Mann, der, obwohl er erblindet, den Glauben an Gott nicht verliert.

DANIEL
Ein Prophet, der in die Löwengrube geworfen wird, aber nicht darin umkommt, weil Gott an seiner Seite ist.

DAS NEUE TESTAMENT

Maria
Sie wurde von Gott zur Mutter Jesu auserwählt. Sie sieht ihren Sohn am Kreuz sterben und ist Zeugin seiner Auferstehung. Die Katholiken verehren sie als Heilige und halten Gottesdienste zu ihrem Lob ab.

Elisabet
Eine Verwandte Marias.

Sie freut sich, dass Maria zur Mutter des Erlösers auserwählt wurde.

Sie ist die Mutter von Johannes dem Täufer.

Jesus Christus
Für die Christen ist er der Sohn Gottes, der Messias, den Gott schickte, um die Welt von ihren Sünden zu erlösen und die ganze Menschheit zu retten.

Johannes der Täufer
Ein Verwandter von Jesus, der dessen Ankunft verkündet. Er predigt in der Wüste und tauft die Leute im Fluss Jordan. Er tauft auch Jesus.

Petrus
Einer der ersten Jünger, die Jesus auserwählte. Er war ein Fischer aus Galiläa und wurde später zum ranghöchsten Apostel. Die Katholiken sehen in ihm das Oberhaupt der ersten christlichen Gemeinde.

Die zwölf Apostel
Die zwölf engsten Freunde von Jesus, die er dazu auserwählte, seine Botschaft überall zu verkünden. Ihnen ist es zu verdanken, dass sich das Christentum auf der ganzen Welt ausbreitete.

Lazarus
Ein guter Freund von Jesus, der von Jesus wieder zum Leben erweckt wird, nachdem er drei Tage tot war und im Grab lag.

Maria Magdalena
Sie war eine Anhängerin von Jesus und die Erste, die ihn nach seiner Auferstehung sah.

Paulus aus Tarsus
Ein Römer, der die ersten Christen erbittert verfolgte, bis ihm Jesus erschien. Danach wurde er zum eifrigsten Verfechter des Christentums und verbreitete es auf der ganzen Welt.

Stephanus
Nach dem Tod Jesu wurde er von den Aposteln zum Diakon ernannt. Er war der erste christliche Märtyrer.

Verzeichnis der Bibelbegriffe

A

Abendmahlsaal
Raum, in dem die Mahlzeiten aufgetragen wurden und wo Jesus am Vorabend seines Todes mit seinen Freunden das Abendmahl einnahm.

Ältester
Familienoberhaupt. – Die Ältesten leiteten die jüdische Gemeinschaft und bildeten einen Teil des Hohen Rats.

Almosen
Alles, was man aus Nächstenliebe gibt, im Allgemeinen Geld. – Jesus fordert uns dazu auf, den Armen Almosen zu geben und damit die Liebe zum Nächsten zu bekunden.

Altar
Im Alten Testament meint man damit einen Tisch, auf dem religiöse Riten vollzogen werden, wie Opfergaben oder Tieropfer.

Apostel
Gesandter. – Jesus wählte zwölf Apostel, damit sie ihn überallhin begleiteten und das Werk, das er begonnen hatte, fortsetzten. Jesus versprach ihnen, immer bei ihnen zu sein. Deshalb sandte er ihnen am Pfingsttag den Heiligen Geist.

Armut
Jemand ist arm, wenn ihm lebenswichtige Dinge fehlen. – Im Alten Testament galt Armut als Strafe Gottes. – Jesus stammte aus einer bescheidenen Familie und teilte mit den Armen sein Brot. – Er spricht von den Armen im Geiste (den Demütigen), die ins Reich Gottes eingehen werden. – Jedem Christen sollte klar sein, dass mit allen Armen, die ihm begegnen, ihm gleichzeitig Jesus entgegentritt.

Auferstehung
Nach dem Tod werden die Menschen wiederkehren, um auf andere Art und Weise für immer zu leben. – Jesus hat einige Tote zum Leben auferweckt. – Die Auferstehung Jesu ist das Versprechen dafür, dass alle Menschen auferstehen werden. Sie bildet den Kernpunkt des Glaubens und der Predigt.

Ausruhen
Auf Hebräisch bedeutet das »Sabbat feiern«. – Als Gott die Welt erschaffen hatte, ruhte er am siebten Tag aus.

Ausweisung, Verbannung
Dabei wird jemand aus dem Land gewiesen. – Das Volk Israel wurde aus Assyrien und Babylonien ausgewiesen.

B

BAUM
Symbolisches Element. – In der Genesis gibt es den Baum des Lebens und den Baum der Erkenntnis von Gut und Böse.

BUND
Der Pakt, den Gott mit den Menschen geschlossen hat. – Das Zeichen für den Bund mit Noach ist der Regenbogen. – Das Zeichen für den Bund mit Abraham ist die Beschneidung. – Das Zeichen für den Bund mit Mose: Das Volk Israel verpflichtet sich das Gesetz Gottes zu erfüllen. – Die Propheten kündigten ein neues Bündnis an. – Durch Jesus schloss Gott den Bund mittels des Abendmahls; sein Symbol ist der Wein.

BECHER
Trinkgefäß; aus demselben Becher zu trinken ist ein Zeichen dafür, dass man etwas miteinander teilt.

BEKEHRUNG
In der Bibel bedeutet »zu Gott umkehren« sein Leben zu ändern. Die Propheten forderten die Menschen auf, sich zu bekehren. – Johannes der Täufer taufte diejenigen, die sich bekehren wollten. – Jesus sagt, dass Gott sich über jede Bekehrung eines Sünders freut, und schickt seine Jünger aus, das Evangelium zu verkünden, damit sich die Menschen bekehren.

BESCHNEIDUNG
Ein runder Schnitt an der Spitze des männlichen Gliedes. – Ritual der Zugehörigkeit zur jüdischen Gemeinschaft. – Das Zeichen des Bundes Gottes mit dem Volk Israel. – Jesus wurde im Alter von acht Tagen beschnitten.

BLASPHEMIE
Wort oder Ausdruck der Beleidigung von etwas, das als heilig angesehen wird, insbesondere Beleidigung von Gott. – In Israel war die Blasphemie gesetzlich verboten und wurde mit Steinigung bestraft. – »Du sollst deinen Gott nicht missbrauchen« lautet das zweite Gebot der Zehn Gebote.

BLINDHEIT
Fehlen oder Verlust des Augenlichts. – Blindheit wurde als Strafe Gottes angesehen. – Jesus heilte viele Blinde. – Blind nannte er jene, die nicht an das Reich Gottes glaubten.

BROT
Im Mittelmeerraum Grundnahrungsmittel. – Wurde als Opfergabe für Gott verwendet. – Eines der wichtigsten christlichen Symbole. – Jesus konnte Brot vermehren. – Er bezeichnet sich auch als Brot des Lebens und wählt es zusammen mit Wein als Symbol des Abendmahls.

BRÜDER
Brüder sind durch ihre Verwandtschaft verbunden. Im Neuen Testament sind außerdem all diejenigen Brüder und Schwestern, welche die Gemeinschaft der Gläubigen bilden.

BUNDESLADE
Truhe aus Akazienholz, mit Gold überzogen. Darin wurden die Gesetzestafeln aufbewahrt. – Für die Israeliten war sie das Zeichen für die Gegenwart Gottes. – David brachte sie nach Jerusalem und Salomo überführte sie in den Tempel.

C

CHRIST
Anhänger Jesu Christi. Die ersten Christen waren die Mitglieder der Gemeinde von Antiochia.

CHRISTUS
Das Wort kommt aus dem Griechischen und bedeutet »der Gesalbte«. – So bezeichnen die Christen Jesus von Nazaret nach der Auferstehung.

D

DÄMON
Ein böser Geist, der sich dem Willen Gottes entgegenstellt. – In der Wüste besiegte Jesus die Versuchungen des Teufels, der auch ein Dämon ist. – Jesus vollzog viele Teufelsaustreibungen und verlieh seinen Jüngern die Macht, es ebenfalls zu tun.

DIAKON
Diener. Die Apostel ernannten Diakone, die ihnen bei der Verteilung der Lebensmittel halfen. – Stephanus war einer.

E

EDEN
Park, Garten. – In der Bibel steht, dass Eden das Paradies war, in dem Adam und Eva lebten. – Jesus verspricht dem guten Dieb am Kreuz, dass er bei ihm im Paradies sein werde.

EHEMANN, EHEFRAU
Bezeichnung für den Mann bzw. die Frau nach der Heirat.

ENGEL
Bote, Gesandter. – In der Bibel spricht Gott mit den Menschen mittels der Engel.

ERBE
Gesamtheit des Vermögens, das den Nachkommen vermacht wird.

ERKENNTNIS
Das Gute und das Böse erkennen. – Vom Baum der Erkenntnis zu essen bedeutete Gott gleich und Herrscher über alles zu sein.

ERSTGEBORENER
Der erste Sohn, der geboren wird. – In der Bibel empfängt er vom Vater einen besonderen Segen. – Er wird Gott im Tempel geweiht. Bei dieser Zeremonie geben die Eltern eine Opfergabe.

ERWÄHLEN
Gott erwählt sein Volk. – Jesus wird von Gott als Messias erwählt. – Jesus wählt zwölf Apostel aus.

EUCHARISTIE, ABENDMAHL
Dankes- und Erinnerungshandlung. – Mit Eucharistie bezeichnen die Christen das Mahl des Herrn oder das Brotbrechen. Damit wollen sie die Erinnerung an die Worte, die Jesus sprach, bevor er das Brot brach und den Wein verteilte, bewahren. – Die Katholiken glauben, dass sich in der Eucharistie verwandeln sich Brot und Wein in den Leib und das Blut Christi verwandeln.

EVANGELIUM
Frohe Botschaft. – In den vier Evangelien werden die wichtigsten Lebensstationen Jesu und seine Botschaft beschrieben.

EXODUS
Auszug. – Die Bibel erzählt vom Auszug der Israeliten aus Ägypten. Ihr Ziel ist das Gelobte Land. – Das ist im Buch Exodus zu lesen.

F

FASTEN
Völliger oder teilweiser Verzicht auf Nahrung. – Dies war eine der religiösen Praktiken des Judentums, zusammen mit dem Gebet und dem Almosengeben. – Jesus zog sich in die Wüste zurück und nahm vierzig Tage und vierzig Nächte lang keine Nahrung zu sich.

FREUDE
Gefühl des Wohlbefindens mit religiösem Gehalt: die Freude über das Reich Gottes, das kommen wird; Freude, die Rettung bringt; Freude über Sünder, die sich bekehren; Freude über Kranke, die geheilt werden.

Friede
Auf Hebräisch heißt Friede *shalom*. Mit diesem Wort grüßen sich die Juden. – Der Friede kommt von Gott, er ist die innere Freude der Menschen. – Jesus hat den Frieden gebracht.

Fusswaschung
Wenn man einem Reisenden Obdach gewährte, bot man ihm an, die Füße zu waschen, damit er sich den Staub der Straße abwaschen konnte. – Normalerweise war das die Aufgabe der Diener. Deshalb waren die Apostel verwundert, als Jesus ihnen die Füße waschen wollte. – Die israelitischen Priester wuschen sich, bevor sie sich dem Altar näherten, Hände und Füße.

G

Garbe, Bündel
Ein zu einer Garbe zusammengebundes Ährenbündel. – Josef erzählt seinen Brüdern einen Traum, in dem seine Brüder Ährenbündel sind und sich vor seinem Bündel verneigen.

Gebet
Lobpreisung oder Bitte an Gott. – Jesus betete häufig und lehrte seine Jünger das Vaterunser.

Geist des Herrn oder Heiliger Geist
Kraft Gottes. Wirkt bei der Schöpfung mit. – Jesus sandte den Heiligen Geist nach seiner Auferstehung und Himmelfahrt über die Apostel und alle, die glaubten, damit er ihnen Kraft gebe und sie bei ihrer Aufgabe erleuchte.

Gelähmter
Kranker, der nicht gehen kann. – Jesus heilte viele Gelähmte.

Gemeinde
Das vereinigte Volk Gottes. – Die ersten christlichen Gemeinden lebten wie eine große Familie, alles gehörte jedem und sie versammelten sich, um zu beten und das Abendmahl miteinander zu feiern. – Später nannte sich die christliche Gemeinde Kirche.

Gesetz
Im Alten Testament eine Sammlung von Geboten und Regeln, die Mose als Botschafter Gottes dem Volk Israel mitteilte.

Gewänder
Kleider sind ein notwendiger Schutz für den Körper. Es gab unterschiedliche Gewänder für die verschiedenen Ämter.

Glaube
Vollkommenes Vertrauen in Gott und in die Botschaft Jesu.

Gnade
Gabe oder freiwillige Gunst Gottes zur Errettung. – Der Engel sagt zu Maria, sie habe Gnade gefunden, da Gott ihr seine Gunst geschenkt hat.

Götzenbilder
Falsche Götter, meistens in Form von Statuen, welche die Nachbarvölker der Israeliten anbeteten. – Die Israeliten errichteten in der Wüste ein Götzenbild in Form eines Goldenen Kalbes.

Goldenes Kalb
Die Israeliten leisteten Mose in der Wüste Ungehorsam, indem sie ein Götzenbild, das Goldene Kalb, errichteten, um es anzubeten wie einen Gott.

Gott
Schöpfer des Himmels und der Erde. – Als Mose ihm begenet, nennt Gott sich selbst Jahwe (ein hebräischer Name). – Die Israeliten glauben im Unterschied zu den anderen Völkern, von denen die Bibel erzählt, an einen einzigen Gott, an einen lebendigen Gott. – Für die Christen ist dieser Gott der Vater Jesu.

Grab
Im Grab werden die Toten bestattet. Gewöhnlich wird das Grab in den Felsen gehauen.

H

Härenes Gewand
Grobes Wolltuch, das zur Buße getragen wurde.

Handauflegen
Beim Handauflegen werden die Hände ausgebreitet und jemandem auf den Kopf gelegt. Dadurch wird der Heilige Geist weitergegeben. – Im Allgemeinen erfolgt die Handauflegung, wenn jemandem eine verantwortungsvolle Aufgabe in der Kirche übertragen wird.

Hebräer
Fremder, Emigrant. Bezeichnung für die Israeliten in Ägypten im Gegensatz zu ihren Herren, den Ägyptern.

Heiden
Als Heiden bezeichnete man alle, die nicht der jüdischen Religion angehörten.

Heiliger Geit
siehe Geist des Herrn

Herr
So bezeichneten die Jünger Jesus. Auch Gott wird in der Bibel so bezeichnet: Herr des Himels und der Erde.

Himmel
Firmament, das von Gott geschaffen wurde. – In der Bibel heißt es, Gott sei im Himmel. – Wenn man in den Himmel kommt, begegnet man Gott.

Himmelfahrt
Feierliche Aufnahme Jesu in den Himmel nach seinem Tod und seiner Auferstehung. – Für die Christen bedeutet Himmelfahrt der Übergang des Menschen von dieser Welt in das Reich Gottes.

Hirte
Jemand, der das Vieh hütet. – Jesus sagt, dass Gott wie ein Hirte ist, der seine Schafe hütet und sie nie im Stich lässt. – Petrus bekommt von Jesus den Auftrag, seine Schafherde zu hüten. Damit meint er die Gemeinschaft der Gläubigen. – Die Katholiken nennen den Papst (der Nachfolger Petrus') und die Erzbischöfe Hirten der Kirche.

Hochzeit
Heirat und Hochzeitsfest. – Jesus wirkte sein erstes Wunder bei einer Hochzeit in Kana, bei der er Wasser in Wein verwandelte.

Hoher Priester
Der höchste Priester. Er gehörte zum Hohen Rat und leitete die großen Zeremonien.

Hoher Rat
Höchste religiöse Einrichtung des jüdischen Volkes. – Er bestand aus 71 Mitgliedern, die unter den Ältesten, den Hohen Priestern und den Rechtsgelehrten gewählt wurden. – Zur Zeit der Römer besaß er nicht die Macht, einen Angeklagten zum Tode zu verurteilen.

Hymne, Loblied
Gesang zur Ehre Gottes. In der Bibel gibt es viele Loblieder. Eines der berühmtesten ist das Magnifikat oder Marienlied.

I

Immanuel
Gott mit uns. – Auch Jesus, der Nachfahre Davids und Marias, nannte sich so.

J

Jude
Jemand, der in Judäa geboren ist. In religiöser Hinsicht derjenige, der sich an das Gesetz und die jüdischen Traditionen hält.

Jünger
Im Neuen Testament werden die Anhänger Jesu, die in enger Verbindung zu ihm stehen, als Jünger bezeichnet. – Der von Jesus Berufene, der seinen Weg geht. – In der Apostelgeschichte steht, dass die Jünger Jesu an ihn glauben und sich taufen lassen.

Jungfrau
Ein Mädchen, das noch keinen sexuellen Kontakt hatte. – In der Prophezeiung heißt es, dass der Messias von einer Jungfrau geboren wird. – Die Evangelien berichten, dass Maria noch Jungfrau war, als sie durch Wirken des Heiligen Geistes Jesus empfing.

Kerubim
Skulpturen von geflügelten Wesen im Tempel von Jerusalem. – Sie sind ein Zeichen für die Gegenwart Gottes.

Kirche
Gemeinschaft der Gläubigen.

Körper
Die Bibel spricht vom Leib Christi. – Vor seinem Tod führte Jesus das Abendmahl ein, mit dem wir seinen Leib (in Gestalt des Brotes) und sein Blut (den Wein) zu uns nehmen können. Das tun die Gläubigen in Erinnerung an Jesus.

Kommunion
Zusammenschluss oder Teilnahme an der Gemeinschaft (Gemeinde).

Krankheit
Im Alten Testament wurden Krankheiten als eine Strafe Gottes für die Sünder angesehen. – Jesus widmet sich der Heilung der Leprakranken, Gelähmten und Besessenen. – Die jüdischen Gesetze verboten eine Heilung am Sabbat (für die Juden der Tag des Herrn), aber Jesus heilte am Sabbat. Er sagte, die Menschen seien wichtiger als Gesetze.

Kreuz
Holzpfahl, an den die Römer zum Tode verurteilte Sklaven schlugen. – Jesus schleppte sein Kreuz, an das er später geschlagen wurde und an dem er starb, auf dem Rücken. – Es ist das Zeichen der Christen.

Kult, Gottesdienst
Gesamtheit von Riten und Zeremonien, mit denen man der Gottheit huldigt. – Im Alten Testament huldigte man Gott mit Opfergaben. – Die Priester hielten in den Heiligtümern Gottesdienste nach sehr strengen Regeln ab. – Jesus sagte, um Gott zu huldigen, ist es wichtiger, den Nächsten zu lieben als Opfer darzubringen.

Lamm
Opfertier. – Am Paschafest wurde ein Lamm geschlachtet und als Braten verspeist. Dazu reichte man bittere Kräuter und ungesäuertes Brot.

Lebensmittel
Die Juden unterteilten die Nahrungsmittel in reine, die gegessen werden konnten, und unreine, die man nicht essen durfte, wie zum Beispiel Schweinefleisch. – Jesus erklärte alle Nahrungsmittel für rein. – Bei der Eucharistie werden der Leib und das Blut Christi verzehrt.

Lepra
Hautkrankheit, die man als Strafe Gottes ansah. Die Leprakranken waren aus der Gesellschaft ausgeschlossen. Wenn sie durch die Straßen gingen, mussten sie eine Glocke läuten, damit sich die Leute entfernen konnten. – Jesus hat viele Leprakranke geheilt.

Liebe
Gefühl der Zuneigung und der Zusammengehörigkeit. – Das Gesetz Mose befiehlt Gott und den Nächsten zu lieben. – Gott liebt sein Volk und als Zeichen seiner Liebe schließt er einen Bund mit ihm. – Das Reich Gottes ist ein Reich

der Liebe. – Jesus lehrte das Gebot der Nächstenliebe: »Liebt euren Nächsten so, wie ich euch geliebt habe.« – Jesus starb als Zeichen seiner Liebe am Kreuz, um alle Menschen zu retten.

Märtyrer
Zeuge. – Die Christen, die für ihren Glauben an Gott und an Jesus Christus, den Sohn Gottes, starben, waren Märtyrer. – Stephanus war der erste christliche Märtyrer.

Mahl
Mit dem österlichen Abendmahl wird die Befreiung der Israeliten aus der Sklaverei gefeiert, die dank dem Eingreifen Gottes möglich war. – Jesus feiert in der Osternacht mit seinen Jüngern das letzte Abendmahl, aus dem sich die Eucharistie entwickelte.

Manna
Diese Nahrung sandte Gott dem Volk Israel, als es die Wüste durchquerte.

Messias
Gesalbter. – Der von Gott Gesandte, der die Menschen retten soll.

Myrrhe
Rauchharz für Düfte, das von einem Baum in Arabien gewonnen wird. – Die Weisen bringen Jesus Myrrhe als Geschenk mit.

Nazarener
Bewohner Nazarets. Auch Jesus wurde manchmal der Nazarener genannt.

Öl
Nahrungsmittel, das man durch Pressen von Oliven erhält. – Ein Zeichen des Wohlstands und der Stärke. Die Juden verwendeten Öl zur Salbung der Könige oder Priester, nachdem diese gewählt worden waren. – Öl diente auch zur Heilung von Wunden und als Brennstoff für Lampen.

Offenbarung
Gott offenbart sich, das heißt, er zeigt sich den Menschen, damit sie ihn kennen lernen, ihn lieben und gerettet werden. – Gott offenbart sich als Schöpfer, als Stammvater seines Volkes oder als Retter Israels. Die letzte Offenbarung erfolgt am Ende aller Zeiten.

Olivenbaum
Typischer Baum der Mittelmeergegend. – Jesus zog im Triumph in Jerusalem ein. Mit Olivenzweigen ließ man ihn hochleben. – Im Osten von Jerusalem befindet sich der Ölberg, ein Garten mit Olivenbäumen, wo Jesus Todesangst gelitten hat.

Opfer
Eine Opfergabe an Gott als Zeichen des Dankes, der Bitte um Gunst oder der Buße. – Der Christ bringt sich selber als Opfer dar, das heißt, er schenkt sein Leben Gott.

Opfergabe
Gabe oder Opfer, das der Gottheit dargebracht wird.

Parabel
Gleichnis in Form einer Geschichte, die eine Lehre vermittelt. – Jesus erzählte viele Gleichnisse, um das Reich Gottes zu erklären.

PARADIES
siehe Eden

PASSION, LEIDENSWEG
Das Leiden Jesu vor seinem Tod. – Die Christen erinnern in der Karwoche daran.

PATRIARCH
Person, die in einer Gemeinschaft wegen ihres Alters und ihrer Weisheit mit großem Respekt behandelt wird. – Abraham, Isaak und Jakob gelten als die Patriarchen Israels.

PHILISTER
In der Antike Bewohner einer Gegend im Westen Palästinas und Feinde der Israeliten. – David gelingt es, sie zu besiegen, indem er Goliat tötet.

PLAGE
Unglück, das einer Gemeinschaft zustößt. – Die Plagen Ägyptens sind berühmte Beispiele dafür.

PREDIGT
Eine Rede, die etwas lehren will. – Die berühmteste ist die Bergpredigt Jesu.

PRIESTER
Derjenige, der den Gottesdienst gestaltet. Dazu gehören die Opfer, die Gott dargebracht werden, und die Deutung des Gesetzes.

PROPHETEN
Gesandte Gottes, welche die Ankunft des Messias ankündigten und das Volk zur Umkehr aufforderten.

PROPHEZEIUNG
Etwas, das die Propheten ankündigten und sich danach tatsächlich erfüllte.

PSALM
Gedicht mit musikalischer Untermalung, in dem Gott gepriesen wird. – Es gibt verschiedene Psalmen: Psalmen der Danksagung, der Lobpreisung, der Vergebung… – David hat viele Psalmen verfasst, die in der Bibel im Buch der Psalmen zu finden sind.

REICH GOTTES
Im Reich Gottes leben die Menschen in Liebe und Frieden. Es ist kein Reich irdischer Güter. – Sichtbar wird es durch Jesus und seine Jünger. – Am Ende der Zeiten wird es vollendet sein.

REINIGUNG
Ritual, bei dem sich die Priester vor dem Gottesdienst Hände und Füße waschen mussten. – Jesus spricht von der inneren Reinigung des Menschen, nicht von den äußeren Formen.

RETTUNG
Befreiung aus einer Gefahr oder einer Notlage. – Gott ist der Retter schlechthin: Er befreit sein Volk aus der Sklaverei und bietet ihm in Gestalt von Jesus Christus die Rettung an, das heißt das ewige Leben.

RUHM, HERRLICHKEIT
Die Engel priesen die Herrlichkeit Gottes. – Am stärksten strahlt die Herrlichkeit Gottes durch Jesus.

SABBAT
Auf Hebräisch bedeutet *schabat* »Ruhe«. – Der siebte Tag der jüdischen Woche (nach unserem Kalender der Samstag) ist der Ruhe gewidmet. An diesem Tag geht man in die Synagoge. – Das jüdische Gesetz erlaubte es nicht, am Sabbat zu heilen, aber Jesus sagte, der Mensch sei nicht für den Sabbat geschaffen, sondern der Sabbat für den Menschen.

SALBEN
Vorgang der Salbung

SALBUNG
Jemand, der eine wichtige Aufgabe erfüllen soll, wird mit Öl oder einer duftenden Salbe bestrichen. – Könige und Priester wurden gesalbt. – Jesus wird auch der Gesalbte genannt (ebenso Messias oder von Gott erwählter Christus).

SCHLANGE
Dieses Tier gilt als unrein. In der Genesis ist die Schlange ein Bild für die Versuchung Adams und Evas.

SCHÖPFUNG
Gesamtheit aller Dinge, die je geschaffen wurden. – Gott schuf die Welt aus dem Nichts.

SEGEN
Jemandem Gutes wünschen. – Der größte Segen, den Gott den Menschen erteilte, bestand darin, dass er ihnen seinen Sohn, Jesus Christus, sandte.

SEGNEN
Etwas Gutes sagen. Für die Hebräer bedeutete es, einem anderen etwas Gutes zu tun.

SELIGPREISUNG
Ausdruck eines Wunsches um Glück und Freude. – In der Bergpredigt sprach Jesus von den Seligpreisungen und kündigte damit das Reich Gottes an.

SENDEN
Gott sandte die Propheten, um die Ankunft des Messias zu verkünden. – Gott sandte Jesus, um die Frohe Botschaft zu verkünden, die Ankunft des Reiches Gottes. – Jesus wiederum sandte die Apostel, um sein Evangelium überall zu verbreiten.

SINTFLUT
Ein sehr starker Regen, der zu Katastrophen führt. – In der Bibel wird erzählt, wie Gott Noach, Noachs Familie und ein Paar jeder Tiergattung vor der Sintflut errettet hat.

SKLAVE
Jemand, der unfrei ist und deshalb unterdrückt wird. – Gott befreite die Israeliten aus der Sklaverei in Ägypten. – Jesus kam in die Welt, um uns von der Sklaverei der Sünde zu befreien.

STEIN
Jesus rettete eine Sünderin davor, zu Tode gesteinigt zu werden, indem er zu der Menge sprach: »Derjenige, der frei von Sünde ist, werfe den ersten Stein.« – Im übertragenen Sinne nannte Jesus Petrus »Stein«. Er sagte ihm, dass er auf ihm seine Kirche errichten würde. Die Katholiken glauben deshalb, dass Petrus zum ersten Kirchenoberhaupt bestimmt war.

STEINIGUNG
Man bewirft jemanden so lange mit Steinen, bis er stirbt.

SÜNDE
Taten, Worte oder Gedanken, die nicht dem Willen Gottes und seinen Geboten entsprechen. – Die Bibel erzählt, dass Adam und Eva die erste Sünde begangen haben, als sie wie Gott sein wollten.

SYNAGOGE
Gebetsversammlung. – Ein Ort, an dem man sich zum Gebet und zur Auslegung der Heiligen Schrift versammelte. – Schule für die Jungen.

T

TAUFE
Ritual, bei dem man im Wasser untertaucht. – Johannes der Täufer taufte im Jordan. – Auch Jesus ließ sich von ihm taufen. – Jesus sandte seine Apostel, damit sie getauft wurden. – Durch die Taufe wird der Gläubige errettet. – Die Taufe befreit von Sünde und schafft einen neuen Menschen. – Eines der sieben Sakramente in der katholischen Kirche.

TEMPEL
Ort oder Gebäude, wo der Gottesdienst abgehalten wird. – Salomo baute den Tempel von Jerusalem. – Jesus verglich seinen Tod mit der Zerstörung des Tempels.

TIERE
Sie wurden von Gott für den Menschen erschaffen. – Die jüdischen Gesetze unterteilten sie in reine und unreine. Jesus betrachtete alle als rein.

TRÄUME
In der Bibel drücken Träume oft eine Begegnung Gottes mit den Menschen aus. – Berühmt sind die Träume von Jakob, Josef, von König Nebukadnezzar und von Josef, dem Gemahl von Maria.

TREUE
Ergebenheit gegenüber Gott. – Erfüllung von Versprechen. – Gott hält seine Versprechen immer und ist deshalb treu.

TRIBUN
Römischer Beamter, der die Interessen des Plebs, das heißt des Volkes, vertritt.

TRIBUT, ABGABE
Ein Staatsbürger zahlt dem Staat Abgaben für öffentliche Ausgaben.

TUGEND
Eine Eigenschaft, die als gut oder positiv angesehen wird.

UNFRUCHTBAR
Eine Frau, die keine Kinder bekommen kann, ist unfruchtbar. – Gott versprach Abraham viele Nachkommen. Obwohl seine Frau Sara unfruchtbar war, bekam sie einen Sohn, Isaak. – Im Alten Testament galt Unfruchtbarkeit als Strafe Gottes.

UNGESÄUERTES BROT
Man verzehrte es in der Woche der ungesäuerten Brote, einem ländlichen Fest, und später am Paschafest – als Beilage zum Paschalamm. – Es diente auch als Opfergabe.

UNGLÄUBIGE
Ungläubige = Heiden

URTEIL
Ein Richter oder ein Gericht spricht das Urteil, er oder es legt das Maß der Strafe fest. – Jesus erschien vor verschiedenen Gerichten, bevor er zum Tode verurteilt wurde.

VATER
Gott ist der Vater des Volkes Israel. – Jesus nannte ihn immer Vater, wenn er sich an ihn wandte.

VATERUNSER
Jesus lehrte dieses Gebet seinen Jüngern. Damit lernten sie zu bitten und Gott Dank zu sagen.

VERFOLGUNG
Das Volk Israel hat wegen seines Glaubens an Gott viele Verfolgungen erlitten, ebenso die ersten Christen.

VERLOBEN
Sich die Ehe versprechen. In der Bibel bedeutete eine Verlobung das Gleiche wie eine Heirat. – Maria verlobte sich mit Josef.

VERSCHWENDERISCH
Jemand, der seinen Reichtum verschleudert, ist verschwenderisch. – Jesus erzählte das Gleichnis vom verschwenderischen Sohn, auch der verlorene Sohn genannt. Dieses Gleichnis zeigt, dass Gott seinen Kindern immer verzeiht, egal, was sie getan haben.

Versuchung
1. Durch die Versuchung wird die Treue des Menschen auf die Probe gestellt. 2. Impuls, der zu einer bösen Tat verleitet. Kommt nicht von Gott, sondern vom Teufel oder vom Menschen. – Jesus wurde in der Wüste in Versuchung geführt.

Vision
Die Bibel erzählt von Visionen, um zu zeigen, was Gott den Menschen offenbaren möchte.

Volk
Eine Gruppe von Menschen, die alle in einem Land leben, die gleiche Sprache sprechen oder gemeinsame Merkmale besitzen. – Gott wählt das Volk Israel, um mit ihm einen Bund zu schließen.

Volkszählung
Vorgang, bei dem sich alle Einwohner eines Landes in eine Liste eintragen mussten. – Rom benutzte eine solche Liste, um die Steuern einzutreiben. – Maria und Josef mussten sich nach Betlehem begeben, um sich in die Liste einzutragen. Dort wurde dann Jesus geboren.

Vorstellung
Wenn das Kind zum ersten Mal in den Tempel gebracht wird, um es Gott darzubieten. – Jesus wurde in den Tempel gebracht und seine Eltern opferten zwei junge Tauben.

Wanderheuschrecke
Eine Heuschrecke, die alle Ernten vernichtet. – Die Heuschreckenplage war die achte Plage in Ägypten.

Wasser
Wasser steht für Reinheit, Segen, Leben und Rettung. – Man benutzte es bei einigen Ritualen: Vor dem Essen wusch man sich Hände und Füße, man wusch sich bei den Reinigungen, welche die Priester vornahmen, und bei der Taufe.

Weg
Jesus erzählte ein Gleichnis, in welchem der Weg das Leben bedeutet. – Er pflegte zu sagen, dass er der Weg der Errettung sei, der Weg, um zu Gott zu gelangen.

Weihe
Der Vorgang, bei dem ein Mensch oder eine Sache geweiht wird.

Weihrauch
Harz aus dem Stamm verschiedener Bäume. – Eine der beliebtesten Gaben als heiliges Opfer. – Die Weisen aus dem Morgenland brachten Jesus Weihrauch als Geschenk mit.

Die Weisen aus dem Morgenland
So werden die drei Fremden genannt, die Jesus in Betlehem besuchten. Die Christen haben in ihnen sogar drei Könige gesehen: Melchior, Kaspar und Balthasar. Ihr Erscheinen bedeutet, dass Jesus kam, um die ganze Welt zu retten – und nicht allein das Volk Israel.

Weissagung
Zukunftsdeutung durch Zauberkunst. – Die Weissagung war bei den Völkern der Antike üblich, aber das Volk Israel musste darauf verzichten.

Wunder
Vorgang, der nicht durch eine wissenschaftliche Begründung oder natürliche Ursachen erklärt werden kann, sondern nur durch das Wirken Gottes oder einer übernatürlichen Kraft.

Wüste
Nach dem Auszug aus Ägpyten muss das Volk Israel die Wüste Sinai durchqueren, um zum Gelobten Land zu gelangen. – Bevor Jesus zu predigen anfing, zog er sich vierzig Tage in die Wüste zurück, um zu fasten und zu beten. Dort wurde er vom Teufel in Versuchung geführt.

Z

ZEHN GEBOTE, DEKALOG
Zehn Worte. – Auf dem Berg Sinai nahm Mose die Tafeln entgegen, welche die Zehn Gebote des Gesetzes Gottes enthielten. – Mit den Zehn Geboten besiegelte Gott den Bund mit seinem Volk. – Jesus sagte, das wichtigste Gebot bestehe darin, Gott und seinen Nächsten zu lieben wie sich selbst.

ZELT
Während der Zeit seiner großen Wanderung lebte das Volk Israel in Zelten. – Im Offenbarungszelt wurde während der Wüstendurchquerung die Bundeslade aufbewahrt. – Die Israeliten feiern das Fest der Zelte, das Laubhütten-Fest.

ZENTURIO
Anführer des römischen Heeres, der eine Zenturie befehligte. Eine Zenturie besteht aus hundert Soldaten.

ZEUGE
Jemand, der ein Geschehen als wahr bezeugt. – Die Jünger Jesu waren Zeugen seiner Auferstehung.

ZÖLLNER
Jüdischer Beamter, der von Rom beauftragt wurde Steuern einzutreiben. – Sie besaßen einen sehr schlechten Ruf (sie galten als Betrüger), aber Jesus behandelte sie freundlich und speiste mit ihnen.

ZWÖLF
Im Alten Testament symbolisiert diese Zahl die Gesamtheit des Volkes Gottes, die zwölf Stämme Israels. – Im Neuen Testament bezieht sie sich auf die Gruppe der zwölf Apostel, die Jesus überallhin folgten und seine Botschaft verbreiteten.